康德元年版
滿洲國名士錄

-日文原書復刻典藏本-

原編輯　內尾直昌
主編　蔡登山

編輯說明：

本書原由日人內尾直昌編著，於昭和九年（一九三四年）由日本東京：株式會社人事興信所出版。今重新出版後，由文史專家蔡登山老師擔任主編，並執筆撰寫序文。而內頁上方之書眉亦為原版所無，係本版新增。特此說明。

序　《康德元年版滿洲國名士錄》重印說明

文／蔡登山

「滿洲國」是日本在發動九一八事變佔領中國東北（滿洲）後，結合部分清朝宗室以及漢人將領、權貴建立的國家，為日本軍國主義者所扶持的傀儡政權。前後共十日年（一九三二年三月一日－一九四五年八月十八日）。滿洲國初期為共和體制，以清朝遜帝溥儀為元首，稱號為「執政」，年號「大同」；一九三四年三月改政體為帝國，國號滿洲帝國（又稱大滿洲帝國），「執政」改稱「皇帝」，年號「康德」。

《滿洲國名士錄》（康德元年版）是由日人內尾直昌編著，於昭和九年（一九三四年）由日本東京：株式會社人事興信所出版。該書將當時「滿洲國」的官場人士及工商實業界等方面的重要人士，包括中國及日本籍的，總共一千餘人收錄在其中。這些人包括出生地、出生年月、學經歷以及重要事蹟都詳加記載。是研究「滿洲國」的重要參考書籍，為許多研究者所依據及引用。基於其史料價值之高，而一般圖書館又極少收藏，因此加以重印，便於研究者容易查考。

昭和九年十月刊行
第十版人事興信録別冊

康德元年版

滿洲國名士録

株式會社
人事興信所

序

本書は日滿兩國間の親善及其特殊關係に鑑み明治三十六年（千九百三年）初版以來連續刊行の第十版「人事興信錄」別冊として編纂せるものにして弊社獨特の調査と資料蒐集とにより從來其の例を見ざる滿洲國名士の家系及家族狀態をも記載し得たるは斯の種出版物中本書を以て嚆矢となすべく聊か時代の要求に貢献するところあらむか

昭和九年十月

編　者　識

康德元年版滿洲國名士錄

凡例

一、本書は現代滿洲國官界實業界等各方面及日本人たる滿洲國官吏の名士壹千有餘名に亘り氏名竝に字、出生地、生年、現職及經歷より其の家系家族關係に及び記錄せり、採錄の範圍は出來得る限り之を廣めたるも經歷其他の資料編纂締切に遲れたるものは割愛せり

一、官等職名等は努めて康德元年七月現在に依りたるも官制の變更官職の移動等により尙完備し能はざるを免れ難し

一、滿洲國人の記事中地名、官等、職名には前淸時代の特殊呼稱あり爲めに用語の統一充分ならざるものあり

一、日本國の勳位學位稱號等を有するものは【　】印を以て之を區別せり

一、參照の項は判明せる親族關係を示せり

一、目次は便宜上日本音（漢字五十音順）を以て通俗の發音に從ひ日滿兩國人名を區別せず同音倂列の方法を採り別に姓氏頭字畫索引を揭げ以て所在を示せり

一、本文記事の年號は大同元年以前に付ては滿洲國人に西洋曆（生年のみに支那年號を註記し前淸同治以前のものには特に「淸」の文字を附して判別に資せり）日本國人に日本年號を用ひたり、尙年號照合の爲最近百ケ年間の日滿支及西洋曆對照表を添附せり

姓氏頭字畫索引

滿洲國名士錄目次

ア之部

イ(ヰ)之部

ウ之部

エ(ヱ)之部

オ(ヲ)之部

カ之部

サ之部

シ之部

ス之部

セ之部

ソ之部

タ之部

ネ之部

ハ之部

ヒ之部

フ之部

ヘ之部

ホ之部

終

康德元年版滿洲國名士錄

康德元年版滿洲國名士錄

滿洲帝國

皇帝　御名　溥儀　故醇親王王子

御降誕　光緒三十一年

御即位　康德元年三月

皇后　御名　鴻秋　榮源女

皇弟　御名　溥傑　故醇親王王子

皇妹　韞穎　故醇親王王女

皇后弟ニシテ前清御前侍衛内務大臣榮源ノ男潤麒令室タリ

皇妹　韞熹　故醇親王王女

勳一位國務總理大臣兼文敎部大臣鄭孝胥ノ孫隣鼓令室タリ

ア之部

阿罕台

薦任六等、興安東分省公署理事官、總務廳會計科長
興安東分省人

君は興安東分省布特哈左翼旗人にして千九百四年（光緒三十年）を以て生る千九百二十七年南京政治學校を卒業す曾て江蘇省政府實習たりし事あり千九百三十二年滿洲國成立するや興安東分省公署事務官に任じ總務廳會計科長たり康德元年七月同署理事官に昇任し以て今日に至る（興安東分省札蘭屯）

阿納斯他西也夫

北滿特別區教育廳督學
露國在籍

君は露國人にして千八百七十八年（光緒四年）を以て生る夙に莫斯科法政大學を卒業す曾て教育界に入り露國商業學校副校長代理たりしが後赤塔教育部長に任じたる事あり千九百三十二年滿洲國成立後任官して現時北滿特別區教育廳督學たり（哈爾濱市道裏砲隊街）

阿部國太郎

薦任七等、民政部事務官、警務司總務科勤務、群馬縣在籍

君は群馬縣人にして明治二十二年を以て生る夙に陸軍經理學校を卒業し累進して陸軍一等主計に陞り關東軍經理部公主嶺派出所長たりしか大同元年滿洲國成立するに及び聘せられて民政部事務官に任じ警務司總務科勤務となり今日に及ぶ曩に外國語學高等試驗支那語科初兼試驗に合格す（新京市大經路民政部警務司總務科內電四〇八七、四〇八八）

艾廼芳

滿洲石油㈱副理事長
奉天省人

君は又撫華と稱し奉天省瀋陽縣人にして千八百九十三年（光緒十九年）を以て生れ夙に陸軍軍官學校を卒業す曾て陸軍第二十八師軍官團區隊長兼教官に任じ後東三省陸軍講武堂交通學教官陸軍第二十七師二等參謀陸軍工兵營長東省鐵路護路軍總司令部軍務處等に歷任して吉林軍務善後事宜公署上校參謀となり次で少將參謀に進級す其後吉海鐵路局幫辦を經て千九百三十一年吉海鐵路局總辦に任じ滿洲事變後東北交通委員會委員を兼ね大いに盡すところあり新國家成立後中東鐵路理事として北滿交通界に重をなしたりしが滿洲石油會社設立さるるや入りて副理事長となり今日に至る尚氏名と字の原音は Ai Nai-fang 及 Hsieh-hua なり（哈爾濱市南崗花園街二二）

相賀兼介

薦任二等、國務院總務廳技正、需用處營繕科長、岡山縣在籍

妻　サト　明三〇、六生、山口兼重繁藏三女
男　憲三　大八、二生
女　雅子　大六、六生

君は岡山縣人相賀喜平太の二男にして明治二十二年十二月十四日を以て生る大正二年東京高等工業學校建築科選科を卒業し同年南滿洲鐵道會社技術局に入り建築課勤務を命ぜられしが同十一年辭し後横井建築事務所設計主任小野木横井共同建築事務所々員となり昭和二年再び滿鐵に入り同五年地方部工事課社宅係主任に進む同七年滿鐵技師に轉じ大同元年滿洲國成立後其招聘に應じ現時國務院總務廳技正にして需用處營繕科長たり家族は尚二女桂子（大一〇、一生）三女妙子（同一二、三生）

五女蓉子（同一五、一〇生）六女郁子（昭四、五生）二男丞次（同六、六生）の外兄瀧治（明一〇、一〇生、現戶主）同妻榮（同一四、七生、岡山、板谷與十郎姉）及其子女あり（新京市崇智胡同四一〇電四五〇四）

相川岩吉

薦任七等、國務院總務廳事務官、人事處人事科勤務　佐賀縣在籍

君は佐賀縣人にして明治十八年を以て生る夙に官途に志し同四十二年關東都督府雇を拜命す爾來中日合辦振興鐵鑛公司職員南滿洲鐵道會社員等を經て昭和六年自治指導部員を命ぜられしが大同元年四月滿洲國に聘せられ國務院總務廳事務官に任じ人事處人事科勤務を命ぜられ今日に及ぶ（新京市大車路國務院總務廳人事處人事科內電四五四四長四〇三七）

會田常夫

簡任二等、財政部營口稅關長　秋田縣士族

妻　愛子　明三二、二生、廣島塚越德次郎長女、ランバース女學院出身

男　常溫　昭二、九生

女　素子　昭五、六生

君は秋田縣士族會田有仲の長男にして明治十五年十二月十九日を以て生れ昭和二年家督を相續す明治三十八年上海東亞同文書院を卒業し直に軍政署管理の營口鈔關事務官に任ぜられ同四十年大連海關設置せらるるに當り同海關に移る爾來支那各港に歷任し昭和七年大連に於て海關接收に盡力し滿洲國稅關に入り同九年八月營口稅關長に就任し今日に至る趣味は大弓とゴルフにて祖父素山宗匠の流を汲みて蕉風の俳諧を好くし愚孫と號す（奉天省營口稅關內）

靑木英三郎

薦任四等、興安總署理事官、總務處調査科長、京都府在籍

君は京都府人にして明治二十二年を以て生る大正二年陸軍士官學校を卒業し更に山口高等商業商校支那貿易科に學び累進して陸軍步兵大尉に陞る後軍籍を退き京都講武館々長となり大同元年滿洲國成立後聘せられて興安總署事務官に任じ總務處調査科長たりしが康德元年七月興安總署理事官に榮進し以て今日に至る（新京市崇智路三一四電四二四一）

靑山敬之助

薦任五等、實業部技正、農務司林務科勤務、愛知縣在籍

君は愛知縣人にして明治二十六年を以て生る大正六年東北帝國大學を卒業し王子製紙會社々員たりしが後南滿洲鐵道會社に轉じ同社々員となり傍ら南滿洲工業專門學校講師を兼ね大同元年滿洲國成立後聘せられて實業部技正に任じ農務司林務科勤務を命ぜられ今日に至る（新京市馬濠門外實業部農務司林務科內電四〇六七）

赤瀨川安彥

薦任四等、實業部技正兼興安總署技正、鑛務司鑛業科長　鹿兒島縣士族

妻　滿洲子　明二九、一〇生、佐賀、岡田時太郎二女、東京女大出身

男　學　昭八、三生

君は鹿兒島縣士族にして明治三十四年一月を以て鹿兒島市に生る大正十一年旅順工科大學工學專門部採鑛冶金學科を卒業し直に南滿洲鐵道會社地質調査所に入る同十四年社命に依り滿二ケ年間支那に留學して同國立北京大學に於て地質學を研究の傍ら支那語を習得す

歸國後引續き同社に勤務昭和七年滿洲事變以來關東軍司令部囑託として滿洲產業復興の任に當り滿洲國建國に際し其の招聘に應じて實業部に入り今日に至る現時國務院實業部技正にして興安總署技正を兼ね鑛務司鑛業課長の要職にあり幾に支那鑛業事情調査の爲南北支那を視察すること數回にして支那の地質及鑛業に關する研究著述數種あり洋畫讀書ゴルフに趣味を有す（新京市北安南胡同八一一電三五五八）

秋田文之　薦任八等、國務院總務廳事務官、主計處一般會計科勤務　廣島縣在籍

君は廣島縣人にして明治三十三年を以て生る夙に京都府立平安中學校を卒業し稅務署屬に任ぜられしが大同二年滿洲國政府に聘せられ國務院總務廳事務官に任じ主計處一般會計科勤務を命ぜられ今日に至る（新京市六東路國務院總務廳主計處一般會計科內電四二〇六）

秋山太助　薦任八等、首都警察廳警正、警察隊副隊長、新潟縣在籍

君は新潟縣人にして明治二十一年を以て生る夙に東京神田中學校を卒業し軍籍に入り東京憲兵練習所に入所し憲兵少尉に陞る共間青島金澤各憲兵隊勤務關東州柳樹屯憲兵分遣隊長東京憲兵隊所澤分遣所長千葉館山憲兵分遣隊長等に歷補す大同元年滿洲國成立するや首都警察廳警正に任じ警察隊副隊長に補せられ今日に及ぶ（新京市入船町一ノ七電四五六一）

淺野良三　薦任八等、興安總署事務官、總務處總務科勤務、大阪府在籍

君は大阪府人にして明治四十一年を以て生る昭和四年大阪外國語學校蒙古科を卒業し直に南滿洲鐵道會社に入り鄭家屯勤務を經て滿洲國成立後國務院興安總署事務官に任じ現に總務處總務科勤務たり新京市八島通六「勤務先」同市興安總署總務處總務科內電四二三八）

朝岡三郎　薦任八等、稅務監督署事務官、吉林稅務監督署監察科長　茨城縣在籍

君は茨城縣人にして明治二十八年を以て生る夙に官途に志し大正五年稅務署屬に任じ次で稅務監督局屬に轉ず其後川崎稅務署間稅課長に進みしが大同元年滿洲國建設せらるゝに及び聘せられて稅務監督署事務官に任じ吉林稅務監督署監察科長に補せられ以て今日に至る（吉林稅務監督署內）

天野作藏　薦任三等、專賣公署理事官、事業科長　鳥取縣在籍

君は鳥取縣人にして明治十七年を以て生る同四十年文官普通試驗に合格し稅務署屬となりに大正十二年關東廳理事官に進み金州民政署庶務課長を經て大連民政署庶務課長に補せらる尋で關東廳事務官普蘭店民政署長となり後關東廳專賣局理事官庶務課長を經て大同元年滿洲國成立後聘せられて財政部に入り專賣公署事務官に任じ事業科長に補し康德元年七月專賣公署理事官に陞り以て今日に至る（新京市八島通七電三六八五）

荒井靜雄　簡任二等、參議府祕書局長、新潟縣士族

父　賢太郎　文久三、一〇生、現戶主

妻　鶴　明三八、一生、故樞密顧問官水町袈裟六二女、三輪田高女出身
男　定夫　昭三、八生

君は樞密顧問官荒井賢太郎の長男にして明治二十七年十一月二日を以て生る大正八年東京帝國大學法學部政治學科を卒業し同年南滿洲鐵道會社に入社昭和七年之を辭す大同元年六月滿洲國に聘せられ參議府祕書局長の要職に就き以て今日に至る家族は尚長女明子（大一五、四生）あり（新京市錦町一ノ三電三五四四）

參照　荒井賢太郎※倉富鈞の項

安　惠民

成裕昌西記油房經營
山東省人

君は山東省福山縣人にして千八百八十一年五月二十四日（光緒七年）を以て生る千八百九十八年本村學校高等科を卒業す實業界に志して翌年芝罘に出で同地聚成仁油房に入り商務を見習ふ千九百十六年同油房解散に當り退店翌年成裕昌油房執事となり業績を揚ぐるところあり千九百二十四年成裕昌西記油房を經營し以て今日に至る（大連市千代田町三五電五〇三五）

安　集雲

薦任五等、財政部稅務監督署理事官、奉天稅務監督署徵權第二科長、奉天省人

君は奉天省遼陽縣人にして夙に日本に留學し千九百二十八年東京帝國大學農學部農學科を卒業し歸國後奉天省立第一農科高級中學校長兼農科職業學校長たりしが後奉天財政廳統稅科長徵權科長等に歷任す千九百三十二年滿洲國成立により財政部に入り現時奉天稅務監督署徵權第二科長の職にあり（奉天市大東關額宅胡同一三三電五三二五）

安　祥

薦任七等、奉天省公署事務官、實業廳勤務、奉天省人

君は又雲五と稱し奉天省撫順縣人にして千八百九十九年（光緒二十五年）を以て生る夙に日本に留學し千九百二十一年日本大學法科を卒業す曾て奉天交涉署科員を經て同署日文科長より奉天實業廳祕書長に任じたる事あり千九百三十二年滿洲國成立するや奉天省公署事務官に任ぜられ實業廳勤務となり以て今日に至る（奉天省公署實業廳內）

安　召棠

瑞康百貨店經理
山東省人

君は山東省福山縣人にして千八百九十四年四月三十日（光緒二十年）を以て生る千九百十年本村學堂を卒業するや實業界に志して直に大連に出で源盛德に入店して實務に從事すること久しく大いに經驗を積み信用厚く其後瑞康百貨店に轉じて現時經理として活躍す（大連市奥町五一瑞康百貨店電六四〇八）

安藤一郎

【從七位勳六等】簡任二等、財政部承德稅關長、栃木縣在籍

母　芳子　慶應二、一生
妻　富子　明二八、七生
女　廣子　大八、二生、札幌北星女學校在學

君は栃木縣人にして夙に東京高等師範學校附屬中學岡山第六高等學校を經て明治四十三年東京帝國大學法科大學政治學科卒業後横濱函館各稅關に勤務尋で大正三年十二月歐洲戰爭中青島陷落後同地に渡り同四年九月支那海關員として同地稅關に在勤す爾來廣東青島大連龍井村各稅關に歷任し昭和八年（大同二年）二月熱河征戰開始と同時に熱河に入り同年七月一日承德稅關を創設し同稅關長に就任し以て今日に至れりゴルフ乗馬旅行謠曲尺八讀書等に趣味を有す（熱河省承德稅關內）

イ(ヰ)之部

井戸川一　薦任六等、安東航空局事務官　宮崎縣士族
父　辰三　明二、一二生、現戸主
妻　ミハ　明三八、一〇生、東京、士、大島雅太郎三女
男　宏　昭二、八生
君は宮崎縣士族陸軍中將井戸川辰三の長男にして明治三十一年十一月を以て生る大正十四年京都帝國大學法學部法律學科を卒業し日本郵船會社に勤務し後大同二年滿洲國に聘せられ航空局事務官に任じ安東航空局勤務となり今日に至る（安東市興隆街安東航空局內）
參照＝井戸川辰三、大島雅太郎の項

井上仁三郎　薦任六等、宮內府警衞處保安科長
君は明治三十五年を以て生る昭和二年東京外國語學校支那語科を卒業し天津日本總領事館警察署勤務となる滿洲國政府の設立するや執政府警衞處警務科長に聘せられ尋いで康德元年宮內府警察處保安科長に轉じ今日に及ぶ（新京市宮內府警衞處保安科內）

井上元四郎　薦任七等、民政部事務官、土地局審査處審査科長　東京府在籍
君は東京府人にして明治三十二年を以て生る夙に東京帝國大學經濟學部を卒業し直に東洋拓殖會社に入り大連支店勤務を經て大同元年滿洲國成立後其招聘に應じ國務院民政部事務官に任じ現に土地局審査處審査科長たり（新京市新發屯「勤務先」同市民政部土地局審査處審査科內電四〇八九）

井本幸一　薦任七等、法制局統計處統計官兼事務官總務科勤務　鳥取縣在籍
君は鳥取縣人にして明治二十一年三月を以て生る夙に大阪高等簿記學校を卒業し同四十五年南滿洲鐵道會社に入り爾來總務部調査課に勤務せり大同元年滿洲國成立後法制局統計處統計官兼事務官に任ぜられ現に總務科勤務たり（新京市崇智路三〇二電三五九七）

五十嵐浩五郎　薦任八等、興安總署事務官、總務處調査科調査股長　福島縣在籍
君は福島縣人にして明治三十七年を以て生る大正十五年東京外國語學校支那語部貿易科を卒業し大連新聞社々員となり更に南滿洲鐵道會社に奉職せしが大同元年滿洲國建設と共に聘せられて興安總署事務官に任じ總務處調査股長に補せられ今日に至る（新京市大經路興安總署總務處調査科內電四五三六）

伊　里春　前東支鐵道管理局副局長
君は早くより交通事務に從業し曩に東支鐵道理事會經濟調査局局長に任じて北滿の交通及經濟研究に盡すところあり次いで滿洲國成立後東支鐵道管理局副局長に擧げられたり尙氏名の原音は I Li-chun なり（哈爾賓市）

伊地知綱彥　薦任五等、國都建設局技佐、技術處土木科勤務　鹿兒島縣在籍
君は鹿兒島縣人にして明治三十一年を以て生る大正七年仙臺高等工業學校を卒業し東京府道路技手同技師を經て大

同二年滿洲國に聘せられ國都建設局技正に任じ技術處土木科勤務を命ぜられ尋で康德元年七月同技佐に進み今日に至る（新京市國都建設局技術處土木科内電八三三五）

伊藤慶二　薦任一等、實業部技佐、工商司勤務　宮城縣在籍

君は宮城縣人にして明治十九年を以て生る夙に官途に就き仙臺工業學校教諭となり爾來農商務省技手同技師商工省技師等を歷任して大同二年實業部技正に任じ尋で康德元年七月同技佐に榮進し工商司勤務を命ぜられ今日に至る（新京市馬濠門外實業部工商司内電四二六五・四二六六）

伊村長吉　薦任五等、吉黑榷運署事務官、間島緝私局長、靜岡縣在籍

君は靜岡縣人にして明治十八年を以て生る夙に軍籍に入り陸軍士官學校を卒業し陸軍步兵少尉に任じ昭和五年同中佐に陞る後軍務を辭し東三省鹽運使署囑託となり大同元年滿洲國の建設を見るや吉黑榷運署事務官に任じ間島緝私局長に補せられ今日に至る（吉林省延吉間島）

居川進一　【正五位勳四等、陸軍一等主計正】薦任三等、國道局理事官、總務處經理科長　廣島縣在籍

君は廣島縣人にして明治十七年を以て生る夙に軍籍に入り同四十年陸軍經理學校を卒業し同年三等主計同四十三年二等主計大正五年一等主計同十三年三等主計正昭和七年一等主計正に昇進し同年豫備役被仰付大同二年五月聘せられて渡滿國道局事務官に任じ總務處經理科長となり尋で康德元年七月國道局理事官に進み今日に至る（新京市興安大街國道局總務處經理科内電四五五九）

依艮藩　薦任五等、奉天省公署事務官、教育廳社會教育科長　奉天省人

君は又成言と稱し奉天省開原縣人にして千九百一年（光緒二十七年）を以て生る千九百二十二年北京中國大學文科を卒業し文教育英に志し開原縣立第六國民學校長第八小學校長同縣立師中學校國文經學教員等を經て後奉天教育廳第一科員股長兼奉天通志館教育分纂留日學生特殊試驗委員瀋陽縣公署總務科長兼祕書代理等を歷任して瀋陽縣長に昇任し千九百三十二年滿洲國成立後奉天省教育事務籌備處第一科長に任ぜられ新興國の教育事務に參畫するところあり現に奉天省公署事務官にして教育廳禮教科に勤務し後社會教育科長に轉ず（奉天大北門內路西三三）

倭克吉布　薦任六等、興安北分省公署理事官、民政廳地方科長　興安北分省人

君は又治安と稱し興安北分省東索旗人にして千八百八十四年（光緒十年）を以て生る曾て呼倫貝爾蒙旗官錢局經理たりしが千九百三十一年滿洲事變後新國家成立するや大同元年興安北分省公署祕書官に任ぜられ次で翌年同省民政廳地方科長となり康德元年七月理事官に昇任以て今日に至る（興安北分省海拉爾西大街）

韋煥章　簡任二等、奉天省公署教育廳長　奉天省人

君は又秀實と稱し奉天省遼陽縣人にして千八百八十二年（光緒八年）以て生

れ曾て奉天に於て中等學校長教育會長奉天教育廳總務科長を歷任して永年育英に從事したるが千九百三十一年滿洲事變後奉天省教育事務籌備處長に任ぜられ教育組織の建設と奉天全省の教育恢復に盡力し現に奉天省公署教育廳長の職にあり尙氏名と字の原音は Wei Hsun-chang 及 Hsiu-shih なり（奉天城內瀋陽縣胡同六九）

飯澤重一 薦任四等、法制局參事官、第二部長、逆產處理委員會幹事 長野縣士族

君は長野縣士族にして明治三十五年を以て生る昭和三年東北帝國大學法文學部を卒業す同年文官高等試驗司法科試驗に合格し南滿洲鐵道會社に入り同六年關東軍囑託を命ぜられ又吉林省政府顧問となる大同元年滿洲帝國成立と共に其招聘に應じ法制局參事官に任ぜられ現時第二部長逆產處理委員會幹事たり（新京市錦町四ノ二三電三五七三）

飯塚敏夫 【從五位】薦任二等、司法部理事官、刑事司長、新潟縣在籍

君は新潟縣人にして大正十年東京帝國大學法學部英法科を卒業し判事に任じ昭和六年東京控訴院判事に補せらる同八年司法書記官に轉じ司法省刑事局勤務を經て同九年三月退官滿洲國の招聘に應じ現に國務院司法部理事官にして刑事司長の要職に在り（新京市司法部刑事司內電九二〇）

生松淨 薦任二等、國務院總務廳理事官、主計處司計科長 神奈川縣在籍

君は神奈川縣人にして明治三十四年を以て生る大正十四年東京帝國大學經濟學部經濟學科を卒業し昭和三年南滿洲鐵道會社に入社し大同元年滿洲國成立後其招聘に應じ國務院總務廳理事官に任じ現に主計處司計科長にして積缺善後委員會幹事國都建設助成融資損失補償審查會幹事たり（新京崇智路四一二電三五一〇）

池宮城克愼 薦任七等、國務院總務廳事務官、主計處司計科勤務 沖繩縣在籍

君は沖繩縣人にして明治二十九年を以て生る大正二年那覇市立商業學校を卒業し臺灣銀行に入り後南滿洲鐵道會社に轉ず昭和七年同社を辭し滿洲國に聘せられ國務院總務廳事務官に任じ主計處司計科勤務を命ぜられ今日に至る（新京市六車路國務院總務廳主計處司計科內電四二八三）

石井靜人 薦任七等、民政部事務官、地方司財務科長、廣島縣在籍

君は廣島縣人にして明治三十五年を以て生る大正十三年拓殖大學を卒業し同大學講師となり再び倫敦大學を卒業し昭和四年以來拓殖大學助教授となり次で東京巢鴨高等商業學校教授を經て大同元年滿洲國成立後其招聘に應じ國務院民政部事務官に任じ現に地方司財務科長たり（新京市新發屯聚合住宅七電長三五八二）

石井保之 薦任五等、興安警察局警正、達爾罕王府督察科長 福岡縣在籍

君は福岡縣人にして明治二十二年を以て生る夙に軍籍に入り同四十五年陸軍士官學校を卒業し陸軍步兵少尉に任官し大正十一年同大尉に陞る後軍務を退

き長崎縣壹岐中學校教諭となりしが大同元年滿洲國の建設なるや聘せられて興安警察局警正に任じ達爾罕王府興安警察局督察科長を命ぜられ今日に至る（興安南分省達爾王府興安警察局內）

石川忠三郎　薦任六等、交通部技佐、路政司第四科勤務、埼玉縣在籍

君は埼玉縣人にして明治三十三年を以て生る大正十三年東京高等商船學校を卒業し川崎造船所に技師として奉職す大同元年滿洲國の建設なるや同社を辭し渡滿交通部技正に任じ路政司第四科の勤務を命ぜられ次で康德元年七月交通部技佐に轉じ以て今日に至る（新京市濠門門外交通部路政司第四科內**電長四〇五六**）

石田茂　【正八位】薦任六等、黑龍江省克東設治局參事官、兵庫縣在籍

養父　龍　哉　慶應元、一生、正七位勳六等、前姬路市會議長

妻　精　子　明三五、一二生、兵庫、田中榮之助長女縣立姬路高女出身

君は兵庫縣人森久之助の九男にして明治三十四年三月十八日を以て生れ大正十四年石田龍哉の養子となる同年拓殖大學を卒業し東洋紡績會社姬路工場に奉職昭和二年中國合同電氣會社姬路支社に轉じ大同元年滿洲國成立と共に入りて民政部警務司勤務たりしが同二年現職に任ぜられ薦任八等に叙せらる陸上水上各競技登山に趣味を有して拓大在學中は水陸兩競技部の主將たり家族は尙長女章子（大一五、一生）あり（黑龍江省克東設治局內）

石橋東洋雄　薦任一等、監察院審計官、審計部勤務、栃木縣在籍

君は栃木縣人にして明治二十二年を以て生る夙に栃木縣師範學校を卒業し朝鮮銀行に勤務す後四平街銀行南滿洲鐵道會社等に勤務せしが大同元年滿洲國建設を見るや聘せられて監察院審計官に任じ審計部勤務となり今日に至る（新京市西北門外監察院審計部內**電四二五九**）

石丸志都磨　【正四位勳三等功五級陸軍少將】滿洲國陸軍中將、侍從武官、宮內府侍從武官處勤務、佐賀縣在籍

妻　壽　子　明二一、一一生、兵庫、士、松居吉統二女

男　志　滿　一　明四三、五生、日大在學

男　武　順　大元、一〇生、神戶商大在學

女　壽　磨　子　大三、六生、弘前高女出身

君は佐賀縣士族相良賴懷の二男にして明治十一年八月二十五日を以て生れ佐賀縣人石丸順の養子となり大正二年家督を相續す夙に軍籍に入り累進して昭和三年陸軍少將に任ず其間步兵第十七聯隊長步兵第十四旅團長第八師團司令部附等を歷補したるが昭和六年三月豫備役に編入せらる同七年滿洲國建設の後同國政府の招聘に應じ現時同國陸軍中將にして侍從武官たり家族は尙二男志都夫（大六、六生）二女美彌子（同一二、八生）あり（新京市宮廷內侍從武官處**電四一二四**「留守宅」東京市北多摩郡砧村宇奈根上ノ臺七九成城學園住宅地第六區）

一條林治　薦任六等、文教部事務官、學務司專門教育科勤務、福島縣在籍

君は福島縣人にして明治十九年を以て生る大正十四年東京帝國大學文學部教育學科を卒業し昭和三年旅順師範學堂教諭となる大同元年滿洲國建設なるや入りて文教部事務官に任ぜられ學務司專門教育科勤務を命ぜられ今日に至る（新京市新發屯大同自治會館電長四二九一）

市川敏　薦任四等、交通部理事官、路政司第一科長、山口縣在籍

君は山口縣人にして明治三十七年を以て生る夙に京都帝國大學經濟學部を卒業し南滿洲鐵道會社に入り四平街驛貨物助役を經て大同元年滿洲國成立後其招聘に應じ交通部事務官に任ぜられて路政司第一科長たりしが康德元年七月交通部理事官に轉じて現時前記の職に在り（新京市錦町四ノ七電四〇四九）

入江貫一　【從三位勳二等】特任宮內府長官　東京府士族

妻　トキ　明一三、三生、山口士、妻木栗造妹

男　弘　明三九、七生【從七位、商工省事務官、特許局勤務、法學士】

婦　君江　明四四、四生、長男弘妻、福岡、野田健男姉

男　遠　明四〇、一二生、化學研究所員、理學士

男　毅　明四二、一一生

男　明　明四五、二生

女　美代子　大四、六生

君は子爵野村益三の弟にして野村省吾の兄なり明治十二年三月六日を以て生れ同十三年先代クメの養子となり家督を相續す同三十九年東京帝國大學法科大學獨法科を卒業し內務省に入り爾來山梨縣事務官樞密院書記官議長秘書官法制局參事官內閣恩給局長兼樞密院書記官內大臣祕書官長內藏頭帝室會計審查局長官日本銀行監事等に歷任し昭和九年四月滿洲國の招聘に應じ同國宮內次長に就任し後長官に陞進す家族は尙採紀（昭七、二生、長男弘長男）あり（新京市宮內府內「留守宅」東京市淀橋區戶塚町四ノ七四二電牛込三一〇〇）

參照＝子爵野村益三、妻木栗造※子爵本野盛一※男爵福原俊丸※松島鑑の項

岩島勇太郎　薦任六等、吉林省公署事務官、警務廳特務科長、北海道在籍

父　勇次郎　文久三、九生、現戶主

母　キワ　明二、五生

妻　ヨネ　明三一、八生

男　勇夫　大一一、四生

君は北海道人岩島勇次郎の四男にして明治二十八年十月五日を以て生る大正四年騎兵第七聯隊に入隊し同六年滿洲派遣を命ぜられ動員下令と同時に西比利亞戰に參加す同八年憲兵に轉科し奉天大連公主嶺に勤務し昭和四年選ばれて憲兵練習所に入る同七年吉林省に於て勤務を命ぜられしが後之を辭し現時吉林省公署事務官警務廳特務科長たり家族は尙長女壽美江（大九、八生、丹波天理高女在學）二男勇馬（同一三、七生）二女雅枝（同一五、九生）三男雅人（昭四、三生）四男洋憲（同六、三生）あり（吉林省城陽明街第六號地電二〇八一）

岩間德也　【勳六等】薦任四等、文教部督學官　秋田縣在籍

君は秋田縣人にして明治五年三月二十六日を以て生る同三十七年上海東亞同文書院を卒業し同年外務省囑託となり

同三十九年關東州公學堂教員兼堂長に就任同四十年公學堂南金書院長公得同年金州尋常高等小學校長心得大年十二年金州農業學堂長同年現職の儘奉天省長公署顧問に歴任し昭和四年南滿洲鐵道會社囑託となり滿洲國建設成るに及び大同元年十月招聘に應じ現時文教部督學官たり（新京市祝町五ノ二電四三七七）

尹　怡　恩

熱河全省商會聯合會主席、熱河商會主席熱河軍警糧秣管理委員會常務委員
雲南省人

君は又錫三と稱し雲南省宜良縣人にして千八百七十三年（清同治十二年）を以て生れ夙に熱河自治研究會並に熱河警官傳習所を卒業し曾て熱河農會長熱河警察廳督察長同全區警務處長兼警察廳長代理熱河總商會長熱河興業銀行協理熱河省財政管理委員會委員同省教育基金保管委員會委員中國紅卍字會熱河分會長に歴任し熱河省に於ける著名の實業家にして現時熱河全省商會聯合會主席の外前掲の公職にあり尚氏名と字の原音は Yin I-en 及 Hsi-san なり（熱河省）

尹　永　禎

薦任六等、奉天省公署事務官、瀋陽警察署警務科長、奉天省人

君は又善符と稱し奉天省柳河縣弧山子人にして千八百八十八年（光緒十四年）を以て生る千九百六年奉天師範學堂を卒業す初め海龍府朝陽鎭小學堂教員たりしが其後更に奉天高等巡警學堂を卒業す官界に入りて復縣警務長より穆稜縣知事輝南縣知事に進みたる事あり次で奉天市政公署警政處長奉天省公署警務廳司法科長を經て現時瀋陽警察警務科長たり（奉天商埠地三緯路）

尹　祚　乾

江防艦隊司令官
湖南省人

君は湖南省芷江縣人にして夙に日本に留學して高等商船學校及海軍砲術學校に學び以て軍事殊に海軍方面に於ける新知識たり歸國後東北江防艦隊の主力江通艦長として活動したりしが滿洲事變起るに及び自から江防艦隊を率ゐて新國家建設の大業に投じ當時警備の手薄なる東北國境に於いて克く日本軍と協力し以て李杜丁超等の反政府軍と戰ひ之れを敗逃せしめたり現に江防艦隊司令の要職にあり尚氏名の原音は Yin Tsu-kan なり（哈爾濱市道裏炮隊街三六電三八二一）

ウ之部

于維翰 薦任六等、黑龍江省公署技佐、實業廳工商科勤務、奉天省人

君は又仲騰と稱し奉天省金縣人にして千八百九十八年（光緒二十四年）を以て生る千九百二十三年美國米西根大學を出で更に千九百二十七年美國麻省工業專修大學を卒業す歸國後千九百二十九年東北交通大學敎授兼英文祕書に任じ翌年安東市政籌備處工程師に轉じたりしが滿洲新國家成るや大同元年六月黑龍江省公署技正に任じ實業廳工商科に勤務す康德元年七月同署技佐に昇任し以て今日に至る（黑龍江省城內）

于學道 薦任六等、黑龍江省公署事務官、警務廳司法科長、安徽省人

君は又效初と稱し安徽省壽縣城內人にして千八百九十二年（光緒十八年）を以て生る千九百十一年東三省講武堂を卒業す軍警界に入り曾て黑龍江省警務處第三科長同第四科長同第二科長等を歷任したる事あり千九百三十二年滿洲國成立後黑龍江省事務官に任じ警務廳司法科長となり以て今日に至る（黑龍江省公署警務廳內）

于鏡濤 哈爾濱遊動警察隊總隊長、吉林省人

君は又鑑寰と稱し吉林省長春縣人にして千八百九十六年（光緒二十二年）を以て生れ夙に哈爾濱高等學校を卒業し警備事務を瘁にして東省鐵路警處副處長に任ぜられしが滿洲國成立後東省特別區警備隊總隊長の重職にある傍ら警官高等學校敎務長を兼ねしが次で哈爾濱遊動警察隊總隊長に任じ康德元年四月渡日各方面を視察するところありたり尙氏名と字の原音は Yu Ching-tao 及 Chien-huan なり（哈爾濱市）

于克巳 薦任八等、外交部事務官、北滿特派員公署調査科長、吉林省人

君は吉林省伊通縣人にして千九百一年（光緒二十七年）を以て生る夙に日本に留學して千九百二十五年東京高等師範學校を卒業す歸國後吉林交涉署參事官たりし事あり其後外交部事務官に任ぜられ現に北滿特派員公署調査科長たり（哈爾濱市北滿特派員公署內）

于國翰 鴨綠江採木公司理事長、奉天省人

君の兄于珍は元東北軍閥の雄にして日本陸軍士官學校步兵科を卒業し奉天軍に投じ遂に第三第四方面軍第十軍長兼第八師長に進み千九百二十六年京畿衞戍總司令翌年安國鎭威軍第十軍長に任じ前敵總指揮として河南に出征したるが慘敗して後京綏方面檢閱使東北邊防軍司令長官公署參議となり滿洲事變勃發に及びたるものなり、君は又一之と稱し奉天省鐵嶺縣人にして千八百八十六年（光緒十二年）を以て生れ千九百十一年日本陸軍士官學校步兵科を卒業す君亦早くより東北派軍閥に投じ千九百十四年奉天第二十七師參謀となる爾來奉天講武學堂敎員黑龍江督軍署副官吉林督軍署軍務課長保安總司令部參謀長安國軍總司令部軍務廳長に歷任し潘復內閣の軍事部參謀次長軍事部次長兼參謀處長に累進し千九百二十八年張作霖の北京退去に同伴し危く爆死を免れて後東北邊防軍司令長官公署參議として軍政に參與し傍ら鴨綠江採木公司理事長を兼ねしも滿洲國成立と共に東北軍閥の滅亡に會ひたるを機に軍事方面

の關係を絕ち現時專ら前掲公司理事長として實業に從事す尙氏名と字の原音は Yu Kuo-han 及 I-Chih なり（安東市鴨綠江採木公司內）

于　佐　廉　薦任六等、奉天省公署祕書官、總務廳勤務、奉天省人

君は奉天省遼陽縣人にして千八百九十六年（光緒二十二年）を以て生る夙に奉天高等師範學校英語科を卒業す曾て國立瀋陽師範學校教授を經て後官界に入り東三省交涉總署員外交部遼寧特派員同辦事處員等を歷任したる事あり大同二年奉天省公署祕書官に任ぜられ以て今日に至る（奉天省公署總務廳內）

于　作　霖　薦任八等、吉林稅務監督署事務官、經理科長、吉林省人

君は又翊鄉と稱し吉林省永吉縣人にして千八百八十五年（光緒十一年）を以て生る夙に官界に入り曾て吉林府屬を經て吉林省行政公署科員財政廳科員を歷任し次で吉林菸統稅局科長に進みたることあり千九百三十二年滿洲國成立後吉林稅務監督署事務官に任じ經理科長たり（吉林省城）

于　芷　山　勳一位、陸軍上將、第一軍管區司令官、奉天省人

君は又瀾波と稱し奉天省蓋安縣人にして千八百八十二年（光緒八年）を以て生れ夙に奉天講武學堂を卒業し警察官出身なるが早くより東北軍閥に入り其總帥たる張作霖に從屬すること多年遂に第三第四方面軍團第八師長を經て張作霖の衛隊司令より千九百二十七年張の大元帥就任と共に其侍從武官長に累進せり後支那本土に於ける國民革命軍の勢力增大に當り張作相の下に第五方面軍第三十軍長として國民革命軍の北伐に備へ之れを要擊せしが利あらず奉軍の總退却に際し身を以て關外に退きたり其後張作霖の死後尙東北派勢力の補强恢復に盡力し張學良擁立に奔走して所謂學良側近の新人派と合はず爲めに舊派の長老として勢力を張るに至りしが尙東北鎭守使兼東北邊防軍司令長官公署軍事參議官の重職にありて奉天東邊道二十餘縣の總司令たり滿洲事變の勃發するや機を見るに敏なる其智能は克く時勢順應の擧に出で直に獨立を宣言して東邊保安司令となり吉林省の勢力家熙洽と連絡して新興國家建設に盡すところあり滿洲國成立後陸軍上將に用ひられ康德元年五月勳功により勳一位に叙せられ景雲章を賜る奉天省警備司令官たりしが同年軍管區成立により第一軍管區司令官に補せらる尙氏名と字の原音は Yu Chi-shan 及 Lan-po なり（奉天市）

于　駟　興　黑龍江省公署顧問、安徽省人

君は又振甫と稱し安徽省壽縣人にして千八百六十二年（淸同治元年）を以て生れ曩に吉林西北路分巡道より濱江關監督となり次で黑龍江都督府祕書長黑龍江省交涉總局總辦を經て同省政務廳長及敎育廳長等の重職に歷任し吳俊陞の死後押されて千九百二十二年黑龍江省長を代理せしが東北派勢力の沒落と共に千九百二十八年以來引退して野に在り專ら身を守り居たるも黑龍江省事情に精通せる有爲の士たるを以て滿洲國成立後招かれて黑龍江省公署の顧問となれり尙氏名と字の原音は Yu Ssu-hsing 及 Chen-fu なり（黑龍江省齊々哈爾市）

于　治　功　陸軍上校、第三軍管區司令部附、奉天省人

君は又靖天と稱し奉天省金縣人にして千八百九十四年（光緖二十年）を以て生る旅順第一中學校を經て日本に留學し步兵學校を卒業す曾て山東第四十七旅上尉を經て東北陸軍整理處少將に進み其後安東水上警察廳長奉天省情報處長等に歷任したる事あり大同二年陸軍上校に任じ黑龍江警備司令部附に補せられ康德元年軍管區成立により現職となる（黑龍江省城）

于　承　武　協源昶經營　山東省人

君は山東省福山縣人にして十歲の時鄉里の小學校に入り修學後實業界に志し滿洲に於て身を立てんとし齡十七歲大連に到り協源昶に就職し實務に從事すること久しく經驗を積む現時尙同舖にありて信用厚く業績を揚げ同地の實業家として知らる（大連市監部通六七協源昶電七〇一一）

于　振　塵　雙泉堂澡塘經營　山東省人

君は山東省福山縣煙臺三馬路人にして千八百八十九年（光緖十五年）を以て生る幼少より本村私塾に於て修學成るや夙に實業界に志して商業に從事すること久しく滿洲に到りて身を立て現時大連にあり雙泉堂澡塘を經營し業績を揚げ信用厚し（大連市浪速町三四雙泉堂電三三二六）

于　琛　澂　勳一位、陸軍上將、第四軍管區司令官　吉林省人

君は又險舟と稱し吉林省雙城縣人にして千八百七十八年（光緖四年）を以て生れ前淸時代より吉林軍界にあり千九百二十二年吉林第十旅長翌年吉林勦匪司令に任じ千九百二十五年には東北陸軍第十六師長に累進したるが翌年之れを辭し以來久しく鄉里に引退し居たりしが滿洲事變後熙洽を助けて吉林勦匪司令となり中東鐵路護路軍副司令を兼ね專ら吉林省內の警備治安維持に盡力し大同元年陸軍中將に任じ北滿鐵路護路軍總司令たりしが康德元年七月陸軍上將に擧げられ現に第四軍管區司令官に補せらる又勳功により康德元年五月勳一位に叙せられ景雲章を賜はるところあり尙氏名と字の原音は Yu Shen-cheng 及 Hsien-chou なり（吉林市）

于　晴　軒　薦任五等、熱河省公署事務官、民政廳勤務、關東州人

君は關東州大連市沙河口人にして千九百一年（光緖二十七年）を以て生る夙に大連商業學校を出で日本に留學して早稻田大學專門部を修業す初め大連機械製作所員たりしが後民政部屬官となり大同二年熱河省公署事務官に任ぜられ民政廳勤務を以て今日に至る（熱河省承德）

于　靜　遠　駐日本國公使館參事官、奉天省人

君の父は舊奉天文治派の長老にして且つ滿洲國建設の產婆役たりし監察院長故于沖漢なり沖漢は又雲章と稱し千八百七十一年（淸同治十年）を以て生る日露戰爭に當り日本軍の爲めに特別任務に服し後北京政府並に東北軍閥に重用され千九百二十年には東三省官銀號總辦東三省巡閱使署總參議たり又靳雲鵬內閣には奉天派を代表し國務院參議たり後東省特別區行政長官東支鐵道督辦を歷任し袁金凱と共に故王永江の流を汲む文治派の双璧なり張作霖の死後下野して遼陽電燈公司及鞍山鐵鑛振興公司の總辦として實業界の重鎭たりしが新興國家の建設に際し身命を賭して盡力し大いに其將來を期待せられしも千九百三十二年大連に於て逝去す尙滿洲

國政府は其功績に對し康德元年六月勳一位を追敍し景雲章を追賜さる、君は又任樸と稱し奉天省遼陽縣人にして千八百九十八年(光緒二十四年)を以て生れ夙に瑞西國陸軍士官學校を卒業したる智識なり歸國後身を文治に投じ東北大學教授東省特別區警察第三總署長東省鐵路護路軍總司令部參謀東北船政局顧問東省特別區行政長官公署參議等に歷任したり滿洲事變後奉天自治指導部顧問兼自治訓練處長として自治行政の指導確立に任ずるところありしが大同元年七月建國精神の普及徹底民族協和に依り建國の基礎確立の使命を果すべく創立されし滿洲國協和會の總務處長となり同會を代表して渡日する等大いに活躍するところありしが同二年十二月外交部に入り現時駐日本國公使館參事官たり尙氏名と字の原音は YuChing-yuan 及 Jen-pu なり(日本東京市麻布區滿洲國公使館內**電青山七〇五五**)

于　靜　波

德泰百貨店經營
河北省人

君は河北省豐潤縣人にして千八百八十四年三月十九日(光緒十年)を以て生る千九百四年本村私塾の修學成るや實業界に志して芝罘に出で商業に從事すること千九百十六年に及び大いに經驗を積む後滿洲に於て身を立て大連に到り現時德泰百貨店經營の任に當りて業績益々隆昌なり(大連市奥町五五德泰百貨店**電四一八七**)

于　宗　海

奉天高等法院長推事
山東省人

君は又岱東と稱し山東省高秘縣人にして千八百八十二年(光緒八年)を以て生る夙に山東第一法政學校を卒業す嘗て江蘇江寧地方審判廳推事を經て第一高等審判分廳推事となり更に奉天高等審判廳鐵嶺地方審判廳昌圖分監督各推事となり後遼陽高等法院長奉天高等法院長各代理たりし事あり大同元年奉天高等法院長に任ぜらる尙氏名の原音は Yu Tsung-hai なり(奉天市)

于　宗　海

同聚福經營
山東省人

君は山東省榮城縣汗涯村人にして千八百七十八年(光緒四年)を以て生る幼少より本村私塾に修學五箇年後實業界に入りて北平に出で實務に從事すること六箇年間滿洲に於て身を立てんとし其後旅順に五箇年大連に二十六箇年の執務經驗を積み大いに得るところあり且つ信用厚く千九百十六年自ら同聚福を開設主人となり業績益々隆昌を致し以て今日に至る尙氏名の原音は Yu Tsung-hai なり(大連市西崗街一三一**電二一三三六**)

于　長　鄉

奉天省台安縣長
奉天省人

君は奉天省金縣人にして千八百九十三年(光緒十九年)を以て生る千九百十六年奉天法政專門學校を卒業す官界に志して千九百三十一年滿洲事變後新國家成るや奉天省總務廳屬官たりしが大同二年擧げられて奉天省台安縣長に任ぜらる(奉天省台安縣)

于　文　英

黑龍江省依安縣長
黑龍江省人

君は又慄三と稱し黑龍江省泰來縣人にして千八百九十二年(光緒十八年)を以て生る夙に黑龍江省高等警察學堂を卒業す官界に入りて嘗て鳳山設治局長徵收局長等に歷任したる事あり千九百三十二年滿洲國成立後黑龍江省依安縣長に任ぜらる(黑龍江省依安縣)

于 文華 薦任六等、奉天省公署祕書官、總務廳勤務、奉天省人

君は又英堂と稱し奉天省遼陽縣人にして千八百八十二年（光緒八年）を以て生る夙に日本に留學し千九百八年振武學校を出で更に千九百十八年物理學校を卒業す歸國後奉天高等師範學校教授を經て技術界に入り長嶺鐵鑛山主任奉天兵工廠工學校長より奉天省政府諮議たりしが大同元年奉天省公署祕書官に任ぜられ以て今日に至る（奉天市大東關華家胡同一一二）

于 文順 怡順東油坊經營 關東州人

君は關東州金州城麥家街人にして千八百六十七年（清同治六年）を以て生る千八百八十三年本村私塾の修學成るや實業界に志して翌年金州に於て實務に從事し經驗を積む千八百八十六年自ら粉房業を經營して大いに得るところあり遂に千九百六年大連に出で怡順東油房を開設その經營に當り業績を揚げ既に約三十年の沿革を經て信用厚く益々隆昌を致す同地方の著名實業家として知られ以て今日に至る（大連市德政街二五電四六七九）

于 耀洲 薦任七等、國務院總務廳事務官、主計處勤務、奉天省人

君は又榮五と稱し奉天省開城縣人にして千八百九十八年（光緒二十四年）を以て生る夙に日本に留學し東京商科大學本科銀行科を卒業し歸國後奉天東三省官銀號總號に勤務し次で遼寧迫礮廠上校祕書に任じたりしが千九百三十二年滿洲國成立後國務院總務廳事務官に擧げられ主計處勤務たり（新京市六馬路國務院總務廳主計處內電四〇四三）

宇佐美勝夫 【正三位勳一等、貴族院議員】國務院國務顧問、山形縣在籍

明一六、四生、宮崎

妻 トク 四屋惠太郎姉

男 洵 明三四、二生、三菱銀行員、慶大經濟學部出身

男 毅 明三六、一二生、內務省勤務、法學士

男 宏 明三九、二生、經濟學士

君は山形縣士族宇佐美勝作の二男同辰五郎の養叔父元米澤市長同俊太郎の弟にして明治二年五月十二日を以て生れ同四十五年兄駿太郎方より分れて一家を創立す同二十九年東京帝國大學法科大學政治學科を卒業し直に官職に就き內務屬德島縣京都府各參事官內務書記官內務省參事官富山縣知事等に歷任し同四十三年統監府參與官に轉じ次で朝鮮總督府內務部長官となり同府濟生院長同府土木局長を兼ね大正八年依願免官同十年東京府知事に任ぜられ同十四年賞勳局總裁に轉じ次で昭和二年資源局長官に任じたりしも同七年退官し現時滿洲國國務院國務顧問たり昭和九年七月貴族院議員に勅選せらる盆栽釣魚に趣味を有す家族は尚六男新（大一四一生）あり（新京市平安町一ノ三「留守宅」東京市品川區上大崎中丸四四四電高輪七九一）

參照＝宇佐美辰五郎※鴨川清の項

宇山兵士 薦任五等、民政部事務官、總務司調查科長、山口縣在籍

君は山口縣人にして明治三十七年を以て生る大正十四年東京帝國大學經濟學部經濟學科を卒業し南滿洲鐵道會社に入り經理課會計課主計課勤務を經て昭和六年關東軍囑託となり次で吉林政府

顧問たりしが滿洲國成立後其招聘に應じ國務院總務廳主計處事務官に任じ次で民政部事務官に轉じ現に總務司調査科長たり（民政部總務司調査科內電四〇一三）

烏雲達賚

薦任七等、興安南分省公署視學、民政廳文教科勤務
內蒙古人

君は內蒙古吐默特旗人にして千八百九十五年（光緒二十一年）を以て生る夙に日本に留學し千九百二十九年早稻田大學政經科を卒業す歸國後興安南省警備軍大隊長となりし事あり千九百三十二年滿洲國成立後大同二年興安南分省公署視學に任じ現時民政廳文教科勤務たり（鄭家屯興安南分省公署後胡同）

烏澤聲

北滿鐵路督辦公署參賛、吉林省人

君は又諤生と稱し吉林省人にして千八百八十四年（光緒十年）を以て生れ夙に日本早稻田大學を卒業し歸國後千九百十三年第一國會に蒙古代表として參加以來幾度か衆議院議員參議院議員に當選し文筆に長し議論家として知らるる又新聞事業經營者として北京に於て大同報國華報毎日新聞新民報等を主宰して論陣を張り曾て袁世凱の帝制問題起るや大いに帝制を鼓吹す千九百十八年北京記者團一行と共に渡日視察するところあり其後內務總長及農商總長の祕書となり東支鐵道圖書館長に任ず千九百三十年露支會議に際し支那代表祕書長として莫斯科に赴きたりしが滿洲事變勃發露支交涉中絕に至り歸國す新國家成立後北滿鐵路督辦公署參賛に任じ現時滿露間の北鐵交涉問題に活躍し大いに期待さる尙氏名と字の原音は We Tsc-sheng 及 Tsc-sheng なり（哈爾濱市）

烏力圖

薦任六等、興安南分省公署理事官、民政廳地方科長、內蒙古人

君は又壽彭と稱し內蒙古哲里木盟科爾沁左翼前旗大屯人にして千九百二年（光緒二十八年）を以て生る千九百十九年奉天省立中學校を卒業し曾て本旗參議札監兼祕書官たりし事あり千九百三十一年滿洲事變勃發後新國家成るや大同元年興安南分省公署事務官に任ぜられ民政廳地方科長たり康德元年七月同署理事官に昇任し以て今日に至る（遼源縣西北街四）

鵜飼敏文

薦任三等、司法部事務官、總務司人事科長、鹿兒島縣在籍

君は鹿兒島縣人にして明治二十年を以て生る大正四年東京帝國大學法科大學を卒業し大阪毛斯綸紡織會社に入社せしが後同社を辭し辯護士を開業す大同二年滿洲國に聘せられ司法部事務官に任じ總務司人事科長となり今日に至る（新京市大同廣場司法部總務司人事科內電四〇一五）

鵜澤祐

薦任八等、國都建設局事務官、總務處土地科勤務
千葉縣在籍

君は千葉縣人にして明治十五年を以て生る夙に東京主計學校を卒業し鐘淵紡績會社に入社せしが同四十一年同社を辭し官途に就き朝鮮總督府に入り昭和七年に至る迄勤務す大同元年滿洲國の建設を見るや入りて國都建設局事務官に任じ總務處土地科勤務となり以て今日に至る（新京市國都建設局總務處土地科內）

上杉益喜　薦任七等、奉天省錦縣參事官　熊本縣在籍

妻　藤枝　明三八、二生、醫學博士、內藤宗雄妹、熊本縣立山鹿高女出身
男　伸一　照五、一一生
男　滿　昭七、四生

君は熊本縣人にして明治三十三年三月二日を以て生る大正十一年上海東亞同文書院を卒業し直に南滿洲鐵道會社に入り營口商業學校長春實業補習學校各教諭等を經て國際運輸會社に轉じ長春營口大連本社の勞務係主任たりしが昭和六年滿洲事變勃發に際し關東軍司令部の招きに應じ奉天自治指導部地方自治指導委員を拜命し同七年一月四日錦州入城に當り錦西縣錦縣兩縣委員長を兼任し累進して錦縣參事官となり現在に至る曩に在學中北支南支西藏方面等各地を跋涉し該地方の事情を研究し國際運輸社員時代「仲仕苦力の研究」の著あり尺八謠曲圍碁劍道テニス等に趣味を有す昭和七年七月錦州城內に來往し夫人は日滿雙方の婦人會副會長として活躍す（奉天省錦縣公署參事官公館電一七）

上田茂登治　薦任六等、司法部事務官、行刑司刑政科長、京都府在籍

君は京都府人にして明治二十四年を以て生る夙に臺灣總督府通信手を拜命し爾後看守長司法屬典獄補等を經て大同二年滿洲國司法部に聘せられ司法部事務官に任じ行刑司刑政科長に補せられ今日に至る（新京市司法部行刑司刑政科內電九四三、九四四）

上野巍　薦任三等、國務院總務廳理事官、祕書處總務科長　新潟縣在籍

父　勵助　明九、一一生、現戶主
母　セイ　明一五、六生、新潟上野善多二女

君は新潟縣人上野勵助の長男にして明治三十七年十二月十八日を以て生る昭和二年東京外國語學校支那語貿易科を卒業し同三年大阪商科大學助教授に任ぜらる同五年文部外務兩省より支那視察を命ぜられ同六年關東軍司令部囑託に轉ず滿洲國建設後其招聘に應じ國務院總務廳事務官にして祕書處總務科長たりしが康應元年七月國務院總務廳理事官に轉じ現時前記の職に在り「最新華語分類新篇」の著あり家族は尙弟宏（明四二、一生）妹節子（大三、二生）弟歆（同五、八生）同貢（同八、一〇生）あり（新京市國務院總務廳祕書處總務科內電四五七七）

上野猛雄　薦任四等、馬政局馬政官兼奉天國立賽馬場長、新潟縣在籍

君は新潟縣人にして明治二十一年を以て生る夙に軍籍に身を投じ陸軍士官學校を卒業し陸軍騎兵少尉に任じ少佐に陞る大同二年渡滿し現職に就任今日に至れり（新京市六車路馬政局內電長四五五一）

上村哲彌　簡任二等、文敎部理事官、學務司長　鹿兒島縣在籍

君は鹿兒島縣人にして明治二十六年七月三十一日を以て生る大正八年東京帝國大學法科大學政治學科を卒業し同年南滿洲鐵道會社に入社同十四年歐米に留學し滯在二ケ年歸朝後昭和五年同社參事に累進す同七年八月滿洲國建設成るに及び同國の招聘に應じ現に文敎部理事官にして學務司長たり（新京市崇

智胡同三一二電三六八八）

植田貢太郎

薦任三等、監察院審計官、審計部長代理滿洲國京師佛教會幹事長、香川縣在籍

君は香川縣人にして明治二十六年を以て佛生山町に生る夙に高松商業學校を卒業し同四十五年南滿洲鐵道會社に入り會計經理事務に携り昭和六年同社參事となり監理部計畫課主任として五十有箇の傍系會社の統制管理に當り大同元年三月滿洲國建國に際し關東軍司令官よりの特命に依り滿洲國に入り監察院審計部長代理となり現在に至る、南大麓と號す（新京市錦町四ノ二七電四三九一）

內田孝

薦任七等、承德稅關總務科長兼稅務科長和歌山縣在籍

君は和歌山縣人にして明治二十年を以て生る同四十年神戸稅關に職を奉じ後大藏省技手に任ぜらる其間專修大學夜學專門部に學び大正十三年南滿洲鐵道會社に入り鐵道部埠頭事務所に勤務す次いで昭和七年琿春分關長事務取扱を命ぜられしが大同元年滿洲國財政部に聘せられ承德稅關總務科長兼稅務科長の職に就き今日に至る（承德稅關內）

內田弘四

薦任五等、國道局技佐、齊齊哈爾國道建設處勤務岡山縣在籍

君は岡山縣人にして明治三十七年を以て生る昭和三年東京帝國大學工學部土木工學科を卒業し同年朝鮮總督府技手となり同六年同技師に進み內務局勤務を命ぜらる尋で大同二年滿洲國政府の招聘に依り國道局技正に任じ第一技術處計畫科勤務たりしが康德元年七月國道局技佐に轉じ齊齊哈爾國道建設處勤務を命ぜられ以て今日に至る（國道局齊齊哈爾國道建設處內）

內海二朗

薦任七等、交通部事務官、郵務司郵務科勤務、廣島縣在籍

君は廣島縣人にして明治二十八年を以て生る大正四年關西大學を卒業し官途に就き通信事務官たりしが大同元年滿洲國政府の招聘に依り交通部事務官に任じ郵務司郵務科勤務を命ぜられ今日に至る（新京市新發屯聚合住宅五六電長四五九七）

梅澤修平

（勳三等）薦任四等、國道局技佐、新京國道建設處哈爾濱事務所長、宮城縣在籍

君は宮城縣人にして明治十二年を以て生る同三十二年陸軍士官學校を卒業し同三十三年陸軍工兵少尉に任じ累進して大正十一年中佐に陞り豫備役被仰付大同元年滿洲國成立後聘せられて國道局技正に任じ奉天國道建設處平泉建設事務所長となり次で新京國道建設處哈爾濱事務所長に轉ず康德元年七月國道局技佐に進み現時前記の要職に在り（國道局新京建設處哈爾濱事務所內）

梅津理次

薦任四等、哈爾濱市政公署技正、工務處河川科長宮城縣在籍

君は宮城縣仙臺市人にして明治二十四年を以て生る大正二年東北帝國大學工學專門部を卒業し曾て內務部技手を經て同技師に昇任し內務省仙臺土木出張所に勤務したる事あり其後滿洲國成立後招かれて大同二年哈爾濱市政公署技正に任じ同署工務處河川科長となり以て今日に至る（哈爾濱市政公署河川科內）

梅原 小次郎　薦任六等、黑龍江呼倫縣參事官　長崎縣在籍

君は長崎縣人にして明治二十八年を以て生る大正九年長崎縣高等商業學校を卒業し同年南滿洲鐵道會社に入りて會計課勤務を經由農務課勤務となり次で齊々哈爾公所鐵道部等に勤續したりしが辭して滿洲國に招かれ大同元年黑龍江省呼倫縣參事官に任ぜられ以て今日に至る（齊々哈爾市）

梅村 圓次郎　薦任三等、民政部理事官、警務司偵緝室勤務、兵庫縣在籍

君は兵庫縣人にして明治二十八年を以て生る夙に陸軍士官學校を卒業し憲兵少佐に陞る其間大正十四年支那研究の爲北京に留學し土浦憲兵分隊長奉天憲兵分隊長等に歷補す大同元年滿洲國の建設を見るや聘せられて民政部事務官に任じ警務司偵緝室勤務を命ぜられ康德元年七月同理事官に任ず（新京市大經路民政部警務司偵緝室內**電四〇九〇**）

梅本 長四郎　薦任八等、民政部事務官、衛生司勤務、和歌山縣在籍

君は和歌山縣人にして明治三十七年を以て生る夙に中央大學法學科を卒業し高等試驗司法科に合格す爾來稅務署屬大藏屬稅務監督局事務官等に歷任し大同元年滿洲國成立するに及び聘せられて財政部事務官に任じ總務司文書科勤務たり次で民政部事務官に轉じ衛生司勤務を命ぜられ今日に至る（新京市大經路民政部衛生司內**電四一九七・四二〇九・四〇八二**）

梅谷 斌雄　薦任五等、外交部理事官、政務司文書科長、靜岡縣在籍

君は靜岡縣人にして明治三十二年を以て生る大正十一年東京外國語學校支那語部を卒業し外務省に入り累進して副領事に陞る大同二年滿洲國に轉じ外交部事務官に任じ政務司文書科長に補せられ尋で康德元年七月外交部理事官に進み以て今日に至る（新京市室町四外交部政務司文書科內**電四一八〇**）

浦島 喜久衛　薦任六等、交通部事務官、郵務司郵務科長、熊本縣在籍

君は熊本縣人にして明治三十七年を以て生る昭和三年東京帝國大學法學部を卒業し高等文官試驗行政科に合格す曾て遞信局書記を經て通信事務官たりしが滿洲國成立後招かれて渡滿し康德元年交通部事務官に任ぜられ郵務司郵務科長となり今日に至る（新京市）

浦田 中藏　薦任八等、鹽務署技正、福岡縣在籍

君は福岡縣人にして明治二十九年を以て生る夙に福岡縣立中學修猷館を卒業す曾て專賣局技手となり神戸專賣支局網干八木專賣官吏派出所主任たりし事あり滿洲國成立後大同二年鹽務署技正に任ぜられ今日に至る（新京市鹽務署內）

エ(ヱ)之部

江崎猛　薦任五等、國都建設局理事官、總務處庶務科長、長崎縣在籍

妻ム子　明二六、五生、長崎諸岡繁夫三女

君は長崎縣人江崎萬吉の長男にして明治二十五年十一月七日を以て生れ昭和三年家督を相續す明治四十五年長崎海星商業學校を卒業し同年七月南滿洲鐵道會社に入社爾來長春鐵道事務所經理長鐵道部臨時建設事務所庶務主任甘井子建設事務所庶務主任工事部庶務課計算係主任を經て同七年地方部工事課工務係主任となり同年十月辭職す同年滿洲國建設後聘せられて國都建設局事務官總務處庶務科長に任ぜられ同九年七月同局理事官に轉ず國都建設助成金融資損失補償審査會幹事を兼任し今日に至る家族は尙弟廣次(明二八、一二生)同妻カヨ(同三六、一一生、長崎、弟子丸源吉長女)及其一男二女弟健次(同三一、四生)同妻セン(同三四、一二生、長崎、山本幸市姪)弟定夫(同三八、一一生)同妻ミツ(大三、二生、鳥取、澤田庄吉姪)及其一男弟政雄(明四一、九生)あり(新京市國務院國都建設局總務處內電**八一一**)

江藤夏雄　薦任四等、民政部理事官、總務司人事科長、佐賀縣士族

當家は先々代贈正四位江藤新平より家名を揭ぐ新平は佐賀藩士にして明治維新の鴻圖に參畫して功あり明治新政府に仕官し文部大輔副議長に歷任して明治五年司法卿に陞り同六年參議に任ず時に西鄕隆盛等と征韓論を主張し議行はれずして遂に內閣を去り同志と共に佐賀城に據り兵を擧ぐ利あらず捕へられ梟首せらる其子新作其後を承く夙に上京して同人社及英語學校尋で長崎英語學校に學び又東京法學校に法律を修む大井憲太郞新井章吾等と事を朝鮮に擧げんとし發覺し囚へらる大阪事件是なり出獄後進步黨に加はり明治三十六年鄕里より衆議院議員に擧げられ後當選三回に及ぶ君は新作の二男にして明治三十六年を以て生る第五高等學校を經て京都帝國大學經濟學部經濟學科を卒業す爾來南滿洲鐵道會社鐵道部東亞經濟調査會各勤務を經て大同元年滿洲國成立後其招聘に應じ熱河省公署事務官に轉じ民政廳行政科長たりしが翌三年民政部事務官に任じ前記の要職に補せらる康德元年七月民政部理事官に榮進す文藝哲學に趣味あり(新京市大經路民政部總務司人事科電**四〇六九**「留守宅」佐賀市赤松町)

江幡寬夫　薦任五等、文教部編審官、茨城縣在籍

君は茨城縣人にして明治三十六年を以て生る昭和三年東京帝國大學法學部政治學科を卒業し更に大學院に於て研鑽す大同元年滿洲國建設後聘せられて文教部事務官に任じ禮教司勤務たりしが現時文教部編審官たり(新京市文教部編審官室電**八八四・八八五・八八六**)

江原綱一　薦任一等、哈爾濱副稅關長、岡山縣在籍

君は岡山縣人にして明治二十九年を以て生る大正十二年東京帝國大學法學部英法科を卒業し大連海關に入る爾來江門青島漢口營口各海關に勤務す大同二年滿洲國に職を奉じ哈爾濱副稅關長に任じ以て今日に至る(哈爾濱稅關內)

英春英　興順利絲房支配人　山東省人

君は山東省黃縣人にして千八百八十八年（光緒十四年）を以て生る早くより商業に志し實務を習得し山東省の富豪單興順の出資に係る興順利絲房に入り現時支配人たり同店の開設は前清順治元年と稱せらるる老舖にして奉天に興順義興順西利記棧等の關係店舖を有する外に新京の興順西老興順吉林の興順合鄭家屯の興順公等何れも支店なり奉天を中心として北滿各地に迄販路を廣め賣上年額二百三十萬元に及ぶ（奉天市城裡賈記胡同興順利內）

英順　前東北航務局董事長　吉林省人

君は又積華と稱し吉林省旗人にして千八百七十年（淸同治九年）を以て生れ夙に東三省講武堂騎兵科を卒業し早くより張景惠に隨從して東省特別區警察總管理處副處長に任じ又東省特別區行政長官公署名譽顧問たりし事あり滿洲事變に際しては黑龍江省の獨立に參畫盡力せしが新國家建設後は東北航務局に董事長として專ら交通運搬事業に從事するところあり尙氏名と字の原音は Ying Shun 及 Chi-hna なり（哈爾濱市）

榮安　薦任三等、興安北分省公署總務　興安北分省人

君は又錦堂と稱し興安北分省達呼爾人にして千八百六十九年（淸同治八年）を以て生れ參議府參議貴福の弟なり多年呼倫貝爾にあり同地方の名門にして民國成立後呼倫具爾特別政廳右廳長兼巡警總辦たりしが千九百二十年呼倫貝爾自治取消に至り轉じて輔國公に封ぜられ蒙古政廳呼倫貝爾副都統公署會辦たり滿洲國成立の後名門と聲望を以て新國家の內蒙古行政に參畫し現に興安北分省公署總務廳長たり尙氏名と字の原音は Jung An 及 Chin-tang なり（興安北分署海拉爾西大街）

參照＝貴福の項

榮厚　勳二位、滿洲中央銀行總裁、滿洲旗人

男　伊　秉　東

君は又叔章と稱し滿洲鑲監旗人にして千八百七十四年（淸同治十三年）を以て北京に生れ北京刑部衙門出仕を經て奉天省遼瀋道尹兼營口交涉員に任用せられ東三省財政正監理官兼度支使司度支使黑龍江省財政廳長黑河道尹兼璦琿交涉員吉林省財政廳長兼吉林永衡官銀號督辦吉長道尹兼長春交涉員等の要職に歷任し著名なる財政家として知られ千九百二十五年には吉林財政廳長兼永衡官銀號督辦となり益々其手腕を發揮す滿洲事變後は吉林省公署高等顧問となり同地方の財政金融問題の安定基礎確立に盡力し次いで新國家建設の後滿洲中央銀行組織せらるゝや鄭孝胥國務總理を會長とする滿洲中央銀行繼承資產審定委員會の委員となり現に同行總裁の重職にあり此の間大同二年十月日本各地を歷訪して經濟狀態を視察したることあり又其財界實業界に於ける功蹟により康德元年勳二位に叙せられ景雲章を賜はる家族は尙弟榮勛字旣明男伊秉中あり女伊克莊は胡氏に同伊克賞は周氏に嫁せり尙氏名と字の原音は Jung Hou 及 Shu-chang なり（新京市北大掛路西門牌四滿洲中央銀行內電三九一一）

榮孟枚　簡任二等、吉林省公署參事官、吉林省人

君は又叔右と稱し吉林省阿城縣人にして千八百七十八年（光緒四年）を以て生れ夙に日本に留學して千九百十年法政大學を卒業す歸國して江蘇巡撫署祕書を經て奉天法政專門學校教授たりしが後吉林東北邊防軍副司令公署祕書に任ぜらる滿洲事變に至り熙洽に從ひて吉林獨立に參畫盡すところあり千九百三十二年新國家成立後擧げられて吉林大學校長の外に吉林省公署教育廳長たりしが康德元年六月吉林省公署參事官に任ぜられ國立高等師範學校長に擬せらる尚氏名と字の原音は Jung Meng-mei 及 Shu-Yu なり（吉林省城財神廟胡同）

枝國勇夫

薦任八等、民政部技正、土地局測量處測量科長、福岡縣在籍

君は福岡縣人にして明治三十九年を以て生る夙に南滿洲工業專門學校を卒業し後東京府八王子市役所技手を經て臺北州羅東郡技手たりしが大同元年滿洲國建設と共に其招聘に應じ民政部技正に任ぜられ現時土地局測量處測量科長たり（新京市民政部土地局測量處測量科內）

袁希懋

奉天復縣地方法院長、江蘇省人

君は又勉之と稱し江蘇省蕭縣人にして千八百八十八年（光緒十四年）を以て生る夙に北京中央法政專門學校を卒業す曾て錦縣地方審判廳推事を經て遼寧高等法院推事たる事あり其後奉天省復縣地方法院長に擧げられ以て今日に至る（奉天省復縣城）

袁金鎧

勳一位、特任、參議府參議、憲法制度調査委員會委員、奉天省人

君は又潔珊と稱し奉天省遼陽縣人にして千八百七十年（淸同治九年）を以て生れ故王永江の流を汲む奉天文治派の長老として著名なり曾て奉天書院の教職にありしが團匪事件に際し遼北百六十個村の自治團體を組織して鄉黨の保衞に任ず是れ誠に君が地方自治運動に投じたる第一步なり日露戰爭後遼陽巡警總局長奉天諮議局議員兼副議長に擧げられ民國成立後參政院參政に任ぜられしが千九百十六年奉天督軍張作霖の祕書長千九百十九年黑龍江督軍孫烈臣の祕書長となりしが共に志を得ずして間も無く轉す千九百二十二年第一奉直戰の結果奉天派敗れて勢力稍々衰ふるや直隸派政府より押されて奉天省長に任ぜられたるも張作霖の猜疑を避けて就任するを得ず大連の客舍に悠遊す後鮑貴卿王占元等と謀り奉直和議に奔走せるも遂に成らず其後奉天派代表として東支鐵道理事となり千九百二十七年鎭威上將軍公署高等顧問兼淸史館編修たりしが張作霖の死後東北地方保安聯合會副會長となりやがて東北政務委員會委任東北邊防軍司令長官公署參議に歷任し千九百三十一年國民政府監察委員の傍ら通志館副館長となり專ら編纂事務に當り文筆を樂みしつつありしが滿洲事變勃發により再び活躍す事變直後の治安民心混亂に當り闞朝璽等と共に地方維持委員會を組織して自ら委員長となり同會解散後奉天省長を經て省政府最高顧問となり地方の治安維持に努め傍ら新國家建設に盡す滿洲國成立後憲法制度調査委員會委員たる外に參議府參議として最高政務の諸問機關に席を有す康德元年五月其功績により勳一位に叙せられ景雲章を賜はる尚氏名と字の原音は Yuan Chin-kai 及 Chieh-shan なり（新京市西三道街益發銀號電四五四七）

參照＝袁慶清の項

袁慶清　薦任三等、參議府理事官、祕書局勤務、奉天省人

君は奉天省遼陽縣人にして勳一位特任參議府參議袁金鎧の長男なり千八百九十八年（光緒二十四年）を以て生る夙に奉天瀋陽高等師範文科及千九百二十三年北京國立大學文科を共に卒業す曾て吉林省舒蘭縣長に任じ次で吉林省長公署諮議に轉じたりしが千九百三十二年滿洲國成立後參議府祕書官に擧げられ後同府理事官となり以て今日に至る（新京市六馬路參議府祕書局事務室內電四〇二三）

參照＝袁金鎧の項

袁慶灑　簡任二等、濱江稅務監督署長、奉天省人

君は奉天省遼陽縣人にして千八百九十四年（光緒二十年）を以て生る夙に國立瀋陽高等師範國文科を卒業す曾て奉天省教育廳視學より長春電燈廠長に轉じ次で哈爾濱稅捐局長となり長春及濱江稅捐局長等に歷任したる事あり滿洲國成立するや大同元年濱江稅務監督署長に任せらる（哈爾濱市）

袁國徐　奉天東豐地法分廳長、奉天省人

君は奉天省黑山縣人にして夙に奉天法政專門學校を卒業し司法官を志し現時奉天省東豐地法分廳長たり（奉天省東豐縣地法分廳內）

袁子敏　和泰油坊執事、山東省人

君は山東省黃縣城二聖廟街人にして千八百七十四年一月十一日（清同治十三年）を以て生る千八百九十年本村中華漢文學堂を卒業す實業界に志して翌年鄉里の雜貨商和泰公に見習として入り實務に從事すること多年大いに經驗を積む其後滿洲に到り千九百二十二年大連に於て和泰油坊を出資經營し監査人として活躍するところあり千九百三十年十一月監査人を辭し執事となり業務執行を擔任し以て今日に至る（大連市千代田町一〇和泰油坊電三三一二・六七一八）

袁嵩瑞　新京鐵路局總務處長

君は早くより鐵道運搬事務に身を起し嚢に吉海鐵路管理局總務處長を經て滿洲事變當時は同鐵路管理局幫辦たり新國家成立後同局總辦に昇任せしが新京鐵路局組織せらるゝに當り現時同局總務處長たり尙氏名の原音は Yuan Sung-Jui なり（新京市新京鐵路局總務處內）

袁賓秋　糧棧代理店雜山貨商、天和湧支配人、山東省人

君は山東省黃縣人にして千八百六十九年（清同治八年）を以て生る早くより實業界に志して多年實務に從事し千九百十六年開設に係る糧棧代理雜山貨商天和湧支配人として活躍し賣上年額約五十五萬元と稱す販路は南滿各地にして市中に天和湧係屬支店を有す尙出資者は袁昆山なり（奉天市小西關大清官胡同天和湧內）

圓城寺半藏　薦任八等、國務院總務廳事務官、人事處人事科勤務、千葉縣在籍

君は千葉縣人にして明治三十四年を以て生る大正六年東京鐵道教習所を卒業し同九年南滿洲鐵道會社に入社す爾來安東驛小荷物方奉天列車區車掌運輸部運輸課勤務鐵道部庶務課勤務を經て同

社を辭し大同元年國務院總務廳事務官に任じ人事處人事科勤務を命ぜられ以て今日に及ぶ（新京市大馬路國務院總務廳人事處人事科内電四五四四・長四〇三七）

遠藤柳作

【從四位勳三等】埼玉縣多額納税者、特任國務院總務廳長
埼玉縣在籍

母　そよ　安政五、六生、埼玉山中祐右衛門二女
妻　タネ　明二五、三生、埼玉横川重次姉
男　陸奥彦　大一五、三生
女　重子　大三、一生、女子學習院高等部出身
女　由貴子　大八、一生、女子學習院在學

君は埼玉縣人遠藤幸五郎の二男にして明治十九年三月を以て生れ大正十三年家督を相續す明治四十三年東京帝國大學法科大學獨法科を卒業し文官高等試驗に合格す直に朝鮮總督府に入り試補事務官書記官を經て祕書官に任ぜられ後東京府産業部長千葉縣内務部長青森三重各縣知事に歷任昭和三年衆議院議員に當選し辯護士を開業す又武藏野鐵道會社長に就任同六年再び仕官して神奈川縣知事に任じ同七年愛知縣知事に轉任同七年滿洲國建國後同國政府に聘せられ國務院總務廳長の要職に在り曩に歐米各國を視察す家族は尚二男龍彦（昭三、四生）あり長女經（明四五、三生）は茨城縣人川崎佐に養子光（同三七、九生、埼玉、吉田武平姪）は同縣人鈴木恭介に嫁し弟靜一（同三三、三生）は分家せり（新京市崇智路四〇五電四〇四七「留守宅」東京市豐島區池袋三ノ一四四八電大塚三四〇）

參照＝横川重次※吉田丹治兵衛の項

閻恢原

奉天省雙山縣長
關東州人

君は又家恩と稱し關東州金州人にして千八百九十六年（光緒二十二年）を以て生る千九百十六年北京朝陽大學を卒業す夙に官界に志し千九百三十一年滿洲事變勃發後新國家成るや大同元年奉天省康平縣長兼治安維持會顧問たりしが翌年同省雙山縣長に轉じ以て今日に至る（奉天省雙山縣）

閻鈞

吉林省濱江縣長
吉林省人

君は又伯時と稱し吉林省永吉縣人にして千八百八十七年（光緒十三年）を以て生る千九百十三年吉林警察學校を卒業す夙に官界に志し曾て濱江税捐局長たりし事あり其後擧げられて吉林省濱江縣長となる（吉林省濱江縣）

閻子興

醒泉湧燒鍋酒局支配人、山西省人

君は山西省徐溝縣人にして千八百七十一年（清同治十年）を以て生る夙に實業界に志して商業に從事すること多年經驗深く千八百六十六年開設に係る醒泉湧燒鍋酒局支配人として信用厚く賣上年額六十八萬元に及ぶと云ふ販路は奉天地場を主とし營口遼陽方面に有し出資者は富森垓錢舖なり（奉天市小北關大街醒泉湧燒鍋酒局内）

閻振聲

鮮果海産物雜穀問屋順發盛支配人
奉天省人

君は奉天省綏中縣人にして千八百八十年（光緒六年）を以て生る夙に實業界に志して商業に從事すること久しく千九百二十七年開設に係る鮮果海産物雜穀順發盛支配人として信用厚く仕入先を大連熊岳城蓋平縣昌黎縣方面に有し滿鐵奉山瀋海四洮沿線各地に大手の販路あり賣上年額二十四萬五千元を算す

るに至る皇姑屯驛前に支店を置き馬雲峰永德長及德記糧棧を出資者とす（奉天市小西關小什字街南頭路東順發盛電局二四〇五・三八七八）

閻　澤　溥　元奉天邊業銀行總裁　河北省人

君は又庭瑞と稱し河北省天津縣人にして千八百七十九年（光緒五年）を以て生れ張作霖の腹心にして特に其私經濟に重用され從て實業界方面に活躍せり前清朝時代既に洮南屯墾局總辦となり一時張作霖の反感により投獄せられたることあるも後猜疑解けて却て重用されて吉林及黑龍江の權運局長奉天及山東の賑務督辦に歷任し千九百二十七年張作霖の大元帥就任潘復內閣成立するや入りて財政總長兼鹽務督辦に任ぜられ次で全國道勝銀行清理處督辦財政整理會長關稅自主委員會委員を兼ぬ張作霖に隨從する事二十餘年に及び其個人的機密事項にまで參與して一般に臺所係と稱せられし程なるが張と共に北京を退去し其死後は天津奉天等に於て主として實業方面に活動したり滿洲事變後奉天に入り邊業銀行總裁となり大いに畫策するところありしが滿洲中央銀行成立と共に邊業銀行の廢止により其總裁を辭す尙氏名と字の原音は Yen Tse-pu 及 Ting-jui なり（奉天市）

閻　傳　紱《フツ》　簡任一等、奉天市長　滿洲國協和會奉天處長、奉天省人

君は又紱韜と稱し奉天省金縣人にして千八百九十六年（光緒二十二年）を以て生れ夙に金州南金書院を卒業後渡日して仙臺の中學校及高等學校を經東京帝國大學經濟學部を卒業したる新智識なり千九百二十三年歸國大連に至り南滿洲鐵道株式會社に入社の傍ら大連中華青年會副會長の職にあり翌年關東廳囑託を兼任して日本の事情に通じたる才能を愈々發揮したるも千九百二十六年滿鐵會社職員を辭して同社囑託に專任し千九百二十八年大連市會議員に擧げらる滿洲事變の後奉天省政府諮議として大いに盡すところあり新國家成立後奉天市長の要職に擧げられ傍ら滿洲國協和會奉天處長を兼ぬ大同二年十一月日本六大都市を歷訪し市政視察をなせし事あり尙氏名及字の原音は Yen Chuan-fa 及 Jeu-tao なり（奉天市）

追　加

閻　鐘　鳴　薦任八等、司法部事務官、法務司勤務、奉天省人

君は奉天省瀋陽縣人にして千九百七年（光緒三十三年）を以て生る夙に奉天法政專門學校を卒業す曾て奉天高等檢察廳書記を經て東省特別區高等審判廳書記長となり次で奉天地方法院長たりしが現時司法部事務官に轉任して法務司勤務たり（新京市司法部法務司內）

閻　鐘　鳴　新京地方檢察廳長　奉天省人

君は又景彭と稱し奉天省法庫縣人にして千八百九十年（光緒十六年）を以て生る千九百十年奉天法政學長を卒業す曾て奉天新民地方審判廳庭長を經て長春地方審判廳代理推事吉林地方審判廳推事等より濱江地方審判廳庭長長春地方法院庭長等に歷任したる事あり大同元年法務司民事第二科長となり次で司法部事務官に任ぜられしが其後新京地方檢察廳長に昇任以て今日に至る（新京地方檢察廳內）

オ之部

小川松雄

薦任四等、濱江專賣署事務官、輯私科長
東京府在籍

君は東京府人にして明治二十一年を以て生る夙に陸軍士官學校を卒業し砲兵大尉に任ぜられ更に東京帝國大學工科大學電氣工學科選科を卒業す爾來東洋モスリン會社調査課長關東軍囑託等を經て大同二年滿洲國政府の招聘に應じ現職に任ず（濱江專賣署內）

小澤茂一

薦任八等、鹽務署事務官、總務科長
山口縣在籍

君は山口縣人にして明治十六年を以て生る同三十九年東洋協會專門學校を卒業し同四十一年南滿洲鐵道會社に入り北京公所大連埠頭事務所各勤務を經て同社參事に進む大同元年滿洲國建設なるや聘せられて現職に任ず（營口市南本街）

小田切政孝

薦任八等、國道局事務官、總務處庶務科勤務、山形縣士族

妻　よし　山形縣出身

君は山形縣人にして明治三十三年を以て生る大正十三年拓殖大學支那語科及善隣書院卒業後直に大連正隆銀行に就職して十ヶ年在勤昭和八年三月滿洲國々務院國道局に任官し同局庶務一般を擔當す大連新京各地に在りて支那語講師を囑託せられ支那事情に關する著書ありスポーツ釣魚旅行等に趣味を有す家族は尙長女萬里子（昭和八年生）あり（新京市興安胡同二〇六號地）

小野儀七郎

薦任七等、實業部事務官、總務司勤務
宮城縣在籍

君は宮城縣人にして明治三十七年を以て生る昭和五年東京帝國大學法學部法律學科を卒業し高等試驗行政科に合格商工省屬に任じ貿易局勤務を命ぜらる大同二年滿洲國に轉じ實業部屬を經て同事務官に進み現時總務司勤務たり（新京市馬濠門外實業部總務司內電話四〇六四）

小野茂

薦任八等、龍江稅務監督署事務官
北海道在籍

君は北海道人にして明治二十七年を以て生る大正三年北海中學校を卒業し稅務署屬札幌稅務署勤務專賣局書記小樽稅務署關稅課長等を經て大同元年現職に任じ今日に至る（龍江稅務監督署內）

小原一三夫

薦任三等、國道局理事官、總務處庶務科長、京都府在籍

君は京都府人にして明治三十五年を以て生る大正十五年京都帝國大學經濟學部經濟學科を卒業し昭和二年南滿洲鐵道會社に入社す大同元年滿洲國成立するや同社を辭し交通部事務官に擧げられ同二年國道局事務官總務處庶務科長に轉ず尋で康德元年七月國道局理事官に進み現時前記の官職に在り（新京新發屯電三六〇九）

大迫幸男

薦任二等、國道局總務處長
鹿兒島縣在籍

君は鹿兒島縣人にして明治三十四年を以て生る大正十四年東京帝國大學法學部政治學科を卒業し高等試驗行政科に合格直ちに南滿洲鐵道會社に入る大同元年滿洲國成立するや同社を辭し國務院總務廳事務官となり尋いで同年日本代表公署參事官に任ぜられしが同二年

國道局理事官總務處長に轉ず現時前記の官職に在り（新京市興安大街電四五五九）

大須賀國廣 薦任五等、興安總署勸業處技佐 神奈川在籍

君は神奈川縣人にして明治三十一年を以て生る大正十三年北海道帝國大學農學部を卒業し北海道廳技手に任ぜられしが滿洲國成立するに及び渡滿して同國政府に任官し大同二年興安總署勸業處技正に任じ尋いで康德元年七月現官に轉じ今日に至る（新京興安總署勸業處內電四二三四・四二三五）

大瀨戸權次郎 薦任八等、民政部事務官、土地局總務處庶務科勤務、石川縣在籍

君は石川縣人にして明治三十二年を以て生る夙に東亞同文書院を卒業大阪綿絲布商阿部市商店に入り後關東廳開原奉天各取引所書記關東軍司令部事務囑託たりしが大同元年滿洲國成立後其招聘に應じ國務院部事務官に任ぜられ現時同部土地局總務處庶務科勤務たり（新京市民政部土地局總務處庶務科內電四二〇八「自宅」同市寶町）

大達茂雄 【正五位勳四等】簡任一等、法制局長 島根縣在籍

母 喜代 慶應元、二生、島根阿部正雄姪
妻 利子 明三一、三生、東京酒井忠利三女
男 茂明 大一〇、一二生
女 和子 大七、八生

大達家は島根縣濱田町に於て柏屋と稱し世々酒造業を營み先代新作に至る君は其二男にして明治二十五年一月を以て生れ大正五年家督を相續す同四年文官高等試驗に合格同五年東京帝國大學法科大學政治科を卒業し大分新潟各縣理事官內務事務官兼內務書記官復興局書記官整理部庶務課長等に歷任したりしが昭和二年內務書記官となり衞生局醫務課長を經て同四年地方局行政課長に轉じ同七年福井縣知事に任ぜられ後退官す滿洲國成立後新國家立法事務の要職に招聘せられて康德三年五月國務院法制局長に就任傍ら同年六月臨時地方制度調査會委員を命ぜらる曩に昭和二年歐米各國に出張せり（新京市六馬路國務院法制局內電四〇二五）

參照＝酒井忠良の項

大場辰之助 薦任四等、法制局參事官、靜岡縣在籍

君は靜岡縣人大場濱吉の二男にして明治三十七年三月二十二日を以て生る昭和三年日本大學法文學部法律學科を卒業す先是大正十五年文官高等試驗行政科試驗に合格し福島縣屬兼警部に任じ同六年地方事務官島根縣商工課長を經て同八年滿洲國々務院法制局參事官に轉じ現時法制局勤務たり（新京市新發屯鴻業公司アパートＣ一五電三五四一）

大橋忠一 簡任一等、外交部次長、岐阜縣在籍

君は岐阜縣人にして明治二十六年十二月八日を以て生れ先代忠四郎の養子となり昭和九年家督を相續す大正七年東京帝國大學法科大學英法科を卒業し同年外交官試驗に及第す同年十月外務屬領事官補に任じ在米大使館に外交官補として赴任次いで書記官となり北米シヤトル、ロスアンゼルス各領事奉天領事館勤務外務省通商局第三課長華府會議隨員駐支公使館二等書記官哈爾濱總領事等を經て大同元年滿洲帝國成立するや其招聘に應じ國務院外交部次長の

重職に任じ臨時訂立條約準備委員會幹事長積缺善後委員會官衙建築計畫委員を兼ね北鐵交渉に當りては其代表として盡力す家族は養父忠四郎養母その妻愛知子女幸子あり（新京市室町外交部內電四一七五）

大林太久美

薦任六等、民政部事務官、警務司保安科長、岡山縣在籍

君は岡山縣人にして明治二十三年を以て生る夙に所定の學業を修め關東廳警視撫順警察署長東京澁谷京橋原庭各警察署長を經て滿洲國成立後其招聘に應じ國務院民政部事務官に任じ現時警務司保安科長たり柔道に秀で四段を有し劍道又初段なり（新京市大經路民政部警務司保安科內電四〇九一）

大森榮助

薦任八等、專賣公署事務官、福島縣在籍

君は福島縣人にして明治二十二年を以て生る夙に官途に志し關東都督府雇を拜命し尋いで關東廳屬に任じ民政署財務課勤務を命ぜらる後關東廳理事官に進み大同二年滿洲國に轉じ專賣公署事務官に任じ今日に至れり（新京市大同街第三廳舍專賣公署內電四五三〇）

大山顯一郎

薦任六等、達爾罕王府興安警察局警正、警務科長、東京府在籍

君は東京府人にして明治十七年を以て生る夙に軍籍に身を投じ陸軍士官學校を卒業し陸軍步兵少尉に任じ昭和三年同中佐に累進依願豫備役被仰付大同二年渡滿し達爾罕王府興安警察局警正に任じ警務科長に補せられ今日に至る（達爾罕王府興安警察局內）

太田資愛

薦任五等、國都建設局技佐、技術處建築科勤務、山形縣在籍

君は山形縣人にして明治二十三年を以て生る大正十三年早稻田大學理工學部建築科を卒業し東京市技手に任ぜらる爾來神奈川縣建築技手横須賀市技師等を歷て大同元年滿洲國建設と共に聘せられて國都建設局技正に任じ技術處建築科勤務となり次で康德元年七月國都建設局技佐に任じ以て今日に至る（新京市國都建設局建築科內電八三二一）

太田哲夫

薦任七等、民政部事務官、土木司技術科勤務、石川縣在籍

君は石川縣人にして明治三十七年を以て生る夙に金澤高等工業學校を卒業し爾來復興局雇京濱電力會社技手山陽水力電氣會社技師等を經て大同元年滿洲國建設後聘せられて民政部事務官に任じ土木司技術科勤務を命ぜられ今日に至る（新京市大經路民政部土木司技術科內電四〇八四）

王怡柳

薦任六等、吉林省公署事務官、實業廳勤務、山東省人

君は山東省壽光縣人にして千八百七十九年（光緒五年）を以て生る夙に官界に志し曾て山東省長公署祕書長に進み次で山東省財政廳長濟南治安維持委員會內務處長等に歷任したる事あり千九百三十二年滿洲國成立後大同二年吉林省公署事務官に任じ實業廳勤務を以て今日に至る（吉林省城）

王維乾

薦任七等、熱河省公署事務官、奉天省人

君は奉天省磐山縣人にして千八百八十九年（光緒十五年）を以て生る夙に奉天警官學校を卒業す官界に入り曾て吉林省依蘭道尹公署第二科長たりし事あり千九百三十二年滿洲國成立後熱河省

朝陽辨事處警務科長に任ぜられ熱河省公署事務官として今日に至る（熱河省朝陽）

王允卿 薦任一等、司法部理事官、行刑司長 奉天省人

君は奉天省海城縣人にして千八百九十年（光緒十六年）を以て生る夙に日本に留學して明治大學法科を卒業す曾て山西高等檢察廳監獄科長に進み次で山西大學教授天津地方檢察廳檢察官等より鶴岡煤礦公司營業科長となり大同元年法令審議會副委員長に任じ同二年司法部事務官を經て同部理事官に任ぜられ行刑司長となる康德元年七月同部理事官に昇任す（新京市西四馬路）

王易三 內外雜貨商信元慶支配人、河北省人

君は河北省臨楡縣人にして千八百八十九年（光緒十五年）を以て生る夙に實業界に志して商業に從事し現時內外雜貨商信元慶の支配人たり同店は開設後六十餘年を經て賣上年額數十萬元を算し販路は奉天の外に瀋海路沿線を主として大阪上海北平營口方面より仕入をなす尚出資者は王有儒なり（奉天城內大西門內大街路南信元慶內）

王炎 薦任四等、文教部事務官、總務司秘書科長、福建省人

男 亮琮 北平平民大學川身
男 亮崧 北平職業專門學校在學
男 亮瑜 輔仁大學附屬中學在學

君は代々福建省閩侯縣名家の出なり曾祖諱燮は擧人大挑知縣より甘肅平凉府知府たり祖父諱有齡は浙江浦東場大使を經て浙江巡撫に任じ咸豐庚申髮逆の際節に殉じたる忠節の士なり又父諱卿雲は擧人官刑部貴州司郎中より湖南候補知府たり君は千八百七十四年七月四日（清同治十三年）を以て生る前清の擧人同知銜にして千九百五年奉天に至り知縣に補用せられ盛京軍督轄糧餉處主稿となり同處の改稱により奉天財政總局俸餉所兼稅務所主稿に任じ更らに奉天開原牛馬稅局征收委員奉天復州稅捐局征收委員奉天東邊稅捐局征收委員を經て千九百七年津浦鐵路管理局總務處營業科に任じ翌々年直隸永七鹽務總局提調となり千九百十四年第一屆考取縣知事として千九百十六年直隸省元氏縣知事に任用し在任九箇年徐水縣知事代理たること一年此の間傳令嘉獎八次記大功十五次金質單鶴章金質棠蔭章河工一等獎章五等嘉禾章三等嘉禾章等を給せらる千九百二十三年財政部簽事次で賦稅司辦事より千九百三十年北平自治籌備委員會秘書長たりしが滿洲國成立に及び大同元年八月文敎部事務官に任じ現に同部總務司秘書科長たり（新京市富士町五丁目一〇）

王家鼎 簡任二等、奉天稅務監督署長、山東省人

君は又滋新と稱し山東省蓬萊縣人にして千八百九十四年（光緒二十年）を以て生れ夙に北京大學を卒業し捐稅事務にたづさはり曾て瀋陽稅捐局長兼煙酒事務局長に任じ又知事の職にありしことあり滿洲國成立の後奉天稅務監督署長の重職に任ず尚氏名と字の原音は Wang Chia-ting 又 Tzu-hsin なり（奉天市稅務監督署內）

王季烈 簡任、技正、宮內府內務官、江蘇省人

君は江蘇省吳縣人にして夙に資政院欽選議員たりし事あり千九百三十二年滿洲國成立後執政府內務處內務官となり

殊に技正として獨特の地位を行す執政府の改稱により現時宮內府內務官の重職に任ず尙氏名の原音は Wang chi-lieh なり（新京市）

王　玉　春　群英樓執事　山東省人

君は山東省棲霞縣城西王家莊人にして千八百八十年正月四日（光緒六年）を以て生る幼にして本村郷塾に修學し千八百九十五年北京に出で實業界に志して同前門外同臨樓に入り業務を見習ふこと約八箇年經驗を得て後天津上海各大飯莊に在りて益々業務に精通す千九百六年大連に到り初め會英樓に於て更に從業し千九百十二年群英樓開設せらるゝや聘せられて共執事となり信用厚く以て今日に至る（大連市東郷町九三　電三三五二・四九九二）

王　玉　堂　齊々哈爾商會長、質屋業、山東省人

君は山東省巴縣人にして千八百八十四年（光緒十年）を以て生れ多年質屋業「義利當」を經營する資產家にして又名望あり千九百三十年黑龍江省城商會常務委員に翌年黑龍江全省商會聯合會常務委員に擧げられ千九百三十二年齊々哈爾商會長となり同地方商業界の爲めに盡力す尙氏名の原音は Wang Chi-lieh なり（齊々哈爾市）

王　玉　璠　薦任七等、奉天省公署事務官、民政廳土地科長、奉天省人

君は又聘九と稱し奉天省遼中縣人にして千九百十四年奉天法官養成所を卒業す曾て遼中縣署第一科長を經て奉天水利局科員となり次で奉天省政府股長より同省政府第二科長に進みしも千九百三十二年滿洲國成立後奉天省公署事務官として民政廳土地科長たり（奉天市大東關小井沿胡同九三）

王　奎　壽　前奉天省公署技正、民政廳建設科長　奉天省人

君は奉天省新民縣人にして千九百四年（光緒三十年）を以て生れ千九百二十七年奉天東北大學政治科を卒業す同年鐵道運搬事務研究の爲め日本に留學を命ぜられて渡日し東京鐵道局教習所專門部に入學千九百三十一年歸國して瀋海鐵路工務處工程司に任ぜられ傍ら奉天市政公署工務處科員を兼ぬ千九百三十二年滿洲國成立するや奉天省公署民政廳建設科長に擧げられ大同元年七月同本署技正に轉任したりしが大同二年九月辭職す後再度日本に至り東京鐵道局に實務の習練をなし傍ら明治大學研究科に入學し康德元年六月實習並に研究を終へて歸國現在に至る（奉天市淺間町一ノ一）

王　荊　山　新京特別市委員會委員長、裕昌源製粉、滿日亞麻紡織各㈱取締役會長、益通商業銀行常務取締役、關東廳取引所信託㈱取締役、滿洲計器㈱監査役　吉林省人

君は吉林省長春縣人なり幼にして商業の實務に從事し小學の課程五箇年修業後直ちに黑龍江省璦琿城に商業習學に出づ是れ千八百九十年なり千九百五年裕昌源糧業を創設し次で千九百十四年裕昌源製粉會社を創立して同地方實業界に確乎たる地位を築き千九百二十一年には頭道溝商會々長に推され又長春信託會社々長に就任す其の後益々商工界に重きをなし現に裕昌製粉會社取締役會長滿洲計器會社監査役の外に前揭銀行會社の重役となり傍ら新京特別市

委員會委員國都建設計畫諮問委員會臨時委員等の公職にあり又新京自强私立學校々董として教育方面にも力を致し新京に於ける土着の有數なる實業家たり（新京市）

王　景　和　華北珐瑯磁有限公司支配人、奉天省人

君は奉天省復縣人にして千八百九十五年（光緒二十一年）を以て生る夙に商業界に入りて實務に從事し現時華北珐瑯磁公司支配人として活躍す開設は千九百二十六年なるも販路を北滿方面に迄及ぼし大阪泰東洋行及乾生棧より仕入れ業績漸次隆昌に向ひつゝあり尙大株主は奉天北平公司を始め王鏡海欒春奎閻振鐸等なり（奉天市商埠地南三經路口華北珐瑯公司內）

王　慶　三　薦任三等、實業部事務官、總務司調査科長、奉天省人

君は又輯居と稱し奉天省彰武縣人にして千八百九十六年（光緒二十二年）を以て生る夙に日本に留學し北海道帝國大學林學實業科を卒業す歸國後技術界に入りて安東鴨綠江採木公司技師を經て奉天洮昌道尹公署科長技士に任じ次で吉林實業廳技正たりしことあり千九百三十二年滿洲國成立するや實業部事務官に任ぜられ後同部理事官に陞任し總務司調査科長たり（新京市東四馬路永利公司內電三六六八）

王　慶　璋　簡任二等、民政部理事官、土木司長、奉天省人

君は又宗禹と稱し奉天省興京縣人にして千八百九十四年六月十二日（光緒二十年）を以て生る幼少にして日本に至り千九百七年香川縣善通寺小學校を經て大阪府立天王寺中學校を卒業し更に千九百二十一年東京工業大學化學科を卒業す同年東省鐵路護路軍司令部外交科長に任じたりしが翌年より技術方面に轉任して東三省兵工廠化驗廠技師東三省兵工廠長同廠兵工學校教育長兼約廠技師を歷任し陸軍砲兵上校に昇任三等文虎章を受く千九百二十七年兵工廠鑄造廠技師兼約廠技師に轉任し鑄造廠長代理として傍ら航空處講師となり翌年更に警務處技正及公安局祕書を兼務せり千九百三十一年滿洲事變勃發後自衛警察局を創立して同科長兼祕書に任じ且つ維持分會の事務を辨理してよく時局收拾治安維持の業に當り新國家成立後奉天省政府諮議に任じたりしが大同元年二月民政部理事官に擧げられ同二年三月同部土木司長として簡任二等に敍せられ以て今日に至る（新京大經路民政部　土木司長室內　電四〇一一）

王　賢　澎　薦任五等、黑龍江省公署參事官　奉天省人

君は奉天省金縣人にして千八百九十七年（光緒二十三年）を以て生る夙に奉天省立中學校を卒業す官界に志して奉天財務廳總務科員黑龍江省公署科員等を經て黑龍江省靑岡縣知事雙州縣知事等に進み次で吉林省農安稅捐局長哈爾濱及寧安稅捐徵收局長等に歷任したる事あり其後滿洲國成立後黑龍江省公署參事官に任ぜられ今日に至る（黑龍江省公署內）

王　廣　恩　奉天紡紗廠總理　奉天省人

君は又則民と稱し奉天省義縣人にして千八百九十三年（光緒十九年）を以て生れ夙に日本に留學し千九百二十二年大阪高等工業學校を卒業す歸國後京奉鐵路局技師を經て奉天迫擊砲工廠主任

に任ぜしが實業界に轉じて奉天紡紗廠協理兼工務長となり千九百三十一年同廠總理に就き今日に至る尙氏名と字の原音は WangKuang-en 及 Tse-min なり(奉天市)

王　興　義　薦任五等、文教部理事官、禮教司宗教科長、奉天省人

君は奉天省鐵嶺縣人にして夙に北京大學を卒業し教育界に入りて曾て奉天省第一商科高級中學校長たりし事ありしが千九百三十二年滿洲國成立後文教部事務官に任ぜられ同部禮教司宗教科長たり康德元年七月理事官に昇任す(新京市大同廣場文教部禮教司宗教科內電**四二七三**)

王　興　甫　山貨及細皮店全順成出資者兼支配人　河北省人

君は河北省臨楡縣人にして千八百七十四年(淸同治十三年)を以て生る早くより實業界に志して商業に從事し開設千九百四年の山貨及細皮商全順成に關係し河北省昌黎縣人楊作民と共同出資を以て經營に當り且つ支配人たり仕入先は吉林黑龍江兩省の毛皮山貨集散地に求め販路は主として大阪天津北平上海漢口大連等廣範圍に亘り賣上年額二百二十五萬元を算す支店に通遼の全順興山城子の全順成あり(奉天市小西關大街路南全順成內)

王　鴻　軒　鐵鋼陶器農具諸雜貨商義成永出資者　山東省人

君は山東省濟南縣人にして千八百七十八年(光緒四年)を以て生る早くより實業界に志して商業に從事すること多年滿洲に於て身を立て千八百八十九年開設の鐵鋼諸雜貨陶器卸小賣鐵工廠土產向農具製造業義成永の出資者として山東省招遠縣人王祥麟を支配人に重用し業績を揚ぐ賣上年額約十七萬二千元を算し營口及哈爾濱に各支店を有す大阪大連方面より仕入れ奉天地場賣の外營口哈爾濱に及ぶと云ふ(奉天市大北關財神廟東胡同義成永內)

王　克　鎭　元黑龍江省剿撫司令　奉天省人

君は又亞眞と稱し奉天省人にして夙に東三省陸軍講武堂を卒業して軍界に身を立つ黑龍江全省保安隊大隊長及黑龍江陸軍騎兵第一旅の團長に歷任して北邊保安に經驗を有し千九百三十二年滿洲國成立後擧げられて黑龍江省剿撫司令となれり尙氏名と字の原音は Wang Ko-chen 及 Ya-chen なり(黑龍江省望奎)

王　國　香　薦任六等、民政部事務官、總務司祕書科勤務、吉林省人

君は又彰若と稱し吉林省伊通縣人にして夙に日本に留學し千九百二十三年東京帝國大學造兵科を卒業したる技術家なり歸國後東三省兵工廠技師を經て火具廠長及砲廠長に累進したるが滿洲國成立の後民政部事務官となり同部總務司祕書科に勤務す(新京市大經路民政部總務司祕書科內電**四〇七二**)

王　國　藩　綿織物人造絹布製造販賣業純益繅織公司支配人、奉天省人

君は奉天省鐵嶺縣人にして千八百七十一年(淸同治十年)を以て生る早くより實業界に志して商業に從事すること久しく商取引の經驗に富めるのみならず製造方面に於ても亦實狀に通ず千九百十八年六月滿洲に於て綿織物人造絹布製造販賣を目的とする純益繅織公司

設立するや現時其支配人として活躍賣上年額數十萬元を算するに及ぶ同公司の出資額は現大洋五十萬元にして滿洲中央銀行中國銀行交通銀行の共同出資に係る滿洲有數の事業會社たり製品發賣當時にありては日本品其他の輸入品に壓迫せられしが苦心の經營と支那關稅改正以來業績良好に轉じ新國家建設後益々共將來を期待さる（奉天市大北關横街路北純益繅織公司內）

王　彩　亭　葯房天益堂支配人　河北省人

君は河北省山海關人にして千八百七十四年（清同治十三年）を以て生る夙に實業界に志して商業に從事し經驗深し現時葯房天益堂の支配人として賣上年額三十萬元以上を揚ぐ同店は奉天省錦縣人武啓明の出資に係り支店を市內及營口錦縣昌圖に有す開設は前清道光年間の老舖なり（奉天城內四平街路南天益堂內）

王　濟　衆　陸軍上校、軍政部軍需司兵器課長　奉天省人

君は又豁然と稱し奉天省北鎭縣人にして千八百九十八年（光緒二十四年）を以て生る夙に講武堂砲兵科を卒業す曾て山砲營長を經て綏遠統署中校參謀に任じ後黑龍江軍署參謀處中校課長たりし事あり千九百三十二年滿洲國成立後陸軍上校に任ぜられ軍政部軍需司兵器課長となり以て今日に至る（新京市東四道街東祥胡同電三六九六）

王　在　民　燒鍋業義盛泉支配人　山西省人

君は山西省徐勾縣人にして千八百九十年（光緒十六年）を以て生る夙に實業界に入りて商業に從事し經驗を積みて燒鍋業義盛泉の支配人となり小壯よく業績を揚げて賣上年額約一百十五萬元を算すと云ふ同店は千八百七十五年の開設にして市中小西關及遼陽縣城內二箇所に義盛泉酒局を有す尙出資者は楊有仁朱成業張步雲の三名なり（奉天市大北關大街下頭義盛泉內）

王　士　琇　陸軍上校、第三軍管區司令部參謀處長　奉天省人

君は又質彬と稱し奉天省義縣人にして千八百九十九年（光緒二十五年）を以て生る夙に陸軍々官學校を卒業す曾て東三省陸軍步兵第三旅中尉に任じ次で鎭威第十軍軍械處長上校東北軍騎兵第二旅中校第八旅參謀等に歷任したる事あり千九百三十二年滿洲國成立後陸軍上校に任ぜられ黑龍江警備司令部參謀處長たりしが康德元年軍管區成立により現職となる（黑龍江省城）

王　子　華　雜貨及綿布商德興成主、河北省人

君は河北省人にして夙に商業界に入り實務に從事して立身し現時雜貨及綿布商德興成を經營し支配人呂景陽と共に成績を揚ぐ開設千九百三十年にして未だ新舖なるに賣上年額約十萬元に達し輿地商店として名を知らる仕入先は專ら國內なり（綏中縣西門裡德興成內電長三〇七四）

王　子　香　薦任八等、監察院審計官、審計部勤務　關東州人

君は關東州金州城內人にして千九百三年（光緒二十九年）を以て生る夙に日本に留學して千九百三十一年東京商科大學本科を卒業したる新進の士なり歸國後遼寧迫擊砲廠附屬民生工廠庶務科長に進み又自治指導員として盡すところあり滿洲國成立するや監察院審計官

に任じ同院審計部に勤務す（新京市西北門外監察院審計部內電四二五九）

王子衡

薦任三等、國務院總務廳理事官、人事處調查科長、關東州人

君は關東州旅順人にて夙に日本に留學し早稻田大學政治經濟科を卒業し歸國後自治指導部長祕書兼指導部主事として活動し千九百三十二年滿洲國成立後國務院事務官に任じ同院總務廳人處調查科長たりしも康德元年七月理事官に昇任す（新京市六馬路國務院總務廳內電四〇三五）

王子臣

靴下工場華盛興、永泰長支配人　奉天省人

君は奉天省海城縣人にして千八百七十八年（光緒四年）を以て生る夙に實業界に志して多年商業に從事して經驗あり現時靴下工場經營華盛興及同永泰長の共に支配人たり前者は千九百二十三年の開設にて同縣人楊春廷を出資者とし市中日滿兩國綿絲商より材料を仕入れ販路を北滿に及ぼし賣上年額約十一萬元を算す後者は千九百十四年の開設にて河北省人王永善の出資するところ市中小南關に分工廠を設け賣上年額約九萬六千元に及ぶ市中日滿綿絲商及奉天紡紗廠を仕入先とす（奉天市小北門裡海晏胡同華盛興內）

王子星

印刷業並材料販賣福成茂出資者兼支配人　河北省人

君は河北省臨榆縣人にして千八百九十二年（光緒十八年）を以て生る夙に實業界に志して久しく印刷業務に從事し市中小西邊門外の印刷工場支配人たりし經驗により獨立して千九百二十七年現洋三千五百元を以て印刷並に材料商福成茂を經營す現在は專ら地場仕入をなし市中販賣をなすも業績見るべきものあり（奉天市小西邊門外一經路福成茂內）

王子浦

實業家　山東省人

君は山東省掖縣小西莊村人にして千八百八十八年（光緒十四年）を以て生る幼少より本村私塾に入りて修學し早くより實業界に志して商務に從事し滿洲に於て身を立て現時大連に事業を經營し同地の小壯實業家として知らる信用厚く業績を揚ぐ（大連市浪速町四六電五三二二）

王之樞

薦任七等、黑龍江省公署技佐、實業廳勤務、奉天省人

君は又可權と稱し奉天省綏中縣大王廟人にして千八百九十五年（光緒二十一年）を以て生る千九百十八年國立北京農業專門學校を卒業す翌年奉天林務局技術員を經て千九百二十六年黑龍江省立農林試驗場長となり千九百三十年同省實業廳農林技正を兼任せしが大同元年六月黑龍江省技正に任じ實業廳勤務たり康德元年七月同署技佐に昇任す（齊々哈爾市黑龍江省公署內）

王之佑

陸軍少將、軍政部宣傳部長、奉天省人

君は又立三と稱し奉天省興城縣人にして千八百九十三年（光緒十九年）を以て生る夙に奉天陸軍講武堂を卒業す曾て安國軍第五第六第七軍團參謀長に累進し次で察哈爾政務廳長より吉林全省警務處長兼省會警察廳長に任じ後吉林省政府委員兼同全省公安管理處長の要職に就き張作相系の有力者たり滿洲事變後一時賓縣政府樹立に當りしが千九百三十二年新國家成立するに及び陸軍

上校軍政部宣傳部長に任ぜられ後同少將に昇任す尙氏名と字の原音は Wang Chi-yu 及 Li-san なり（新京市四馬路四〇電四一〇七）

王　滋　棟　簡任二等、奉天省公署參事官兼奉天情報處長、奉天省人

君は又卓忱と稱し奉天省北鎭縣人にして夙に日本に留學し陸軍士官學校工兵科を卒業し歸國して軍界に入り陸軍第二十八師參謀長を經て察哈爾都統公署參謀同軍務處長察哈爾混成第一旅長東三省陸軍整理處總務處長等の要職に歴任し千九百三十二年滿洲國成立後奉天省公署參事官たり尙氏名と字の原音は Wang Tzu-tung 及 Cho-chan なり（奉天市商埠地四經路一三號 電三五四二）

王　者　興　薦任六等、吉林省公署參事官、奉天省人

君は又陰梧と稱し奉天省義縣人にして千八百八十三年（光緒九年）を以て生る夙に官界に志して五常縣知事に進み次で吉林省長官公署祕書たりし事あり千九百三十二年滿洲國成立後吉林省公署參事官に任ぜられ以て今日に至る（吉林省公署參事官室內）

王　錫　九　元黑龍江高等法院長　河北省人

君は又荷安と稱し河北省灤縣人にして千八百八十四年（光緒十年）を以て生れ夙に天津法政學堂を卒業して直ちに司法界入り黑龍江省督軍署軍法課長同省高等檢察廳長國民政府最高法院東北分院判事等に歴任し千九百二十九年黑龍江高等法院長に任ぜらる千九百三十二年滿洲國成立後最高法院判事に推されたる司法行政通なり尙氏名と字の原音は Wang Hsi-chiu 及 Ho-an なり（齊々哈爾市）

王　錫　九　絲房子雜貨麥粉石油商福恒隆及福恒泰各支配人、山東省人

君は山東省黃縣人にして千八百八十二年（光緒七年）を以て生れ早くより實業界に志して實務に從事し現時奉天に於ける有數の店舖たる福恒隆及福恒泰の支配人たり福恒泰は福恒隆の支店にして之等の出資者は曲輔臣馬雲龍李書棠の三名なり取扱品の仕入先は大連三井物產三菱商事哈爾濱双合盛上海益順恒等にして其賣上年額本店約九十萬元支店約四十萬元あり內小麥粉の販賣最も多し取引銀行には中央銀行奉天分行濟東銀號滿洲銀行等あり（奉天市小西關大街路南福恒隆內）

王　樹　聲　薦任七等、黑龍江省公署事務官　河北省人

君は河北省永平府人にして千八百八十六年（光緒十二年）を以て生る夙に日本に留學して千九百九年明治大學政治科を卒業す歸國後官界に入り黑龍江省湯原縣知事に進み次で東三省鹽運使奉天緝私局長となり更に磐石縣賓縣各知事より奉天第四軍參議中東鐵路護路軍軍法處長等に歴任したる事あり其後擧げられて黑龍江任祕書官に任じ康德元年七月同署事務官に昇任以て今日に至る（齊々哈爾市黑龍江省公署內）

王　樹　棠　前吉林警備第六旅長　吉林省人

君は又召南と稱し吉林省伊通縣人にして千八百七十一年（清同治十年）を以て生れ早くより地方軍界に入り吉林省敦化方面にありて團長たり滿洲事變勃發するや熙洽の所謂吉林新政府に投じ大いに新國家建設に盡すところあり後

吉林警備第六旅長に擧げられたる事あり尚氏名と字の原音は Wang Shu-tang 及 Chao-nan なり（吉林市）

王　緝文　絲房子及百貨店吉順絲房支配人　山東省人

君は山東省黃縣人にして千八百七十九年（光緒五年）を以て生る夙に實業界に入りて實務を習得し現時百貨店を兼營する吉順絲房の支配人たり同店は同業吉順昌の出資者山東省人林姓愼德堂に資金を仰ぎ開設以來約二十箇年の歲月に過ぎざれ共現に賣上年額一百五十萬元に及び奉天市以外北滿四洮瀋海各鐵路沿線に販賣網を有する有力商となれり（奉天城裡四平街路北吉順絲房內電㊁三八七六）

王　祝齡　黑龍江省綏稜縣長　奉天省人

君は又嶽甲と稱す奉天省開原縣人にして千八百九十五年(光緒十七年)を以て生る千九百十七年奉天法政學堂を卒業し曾て察哈爾財政廳統計科長たりしも轉じて奉天粮秣廠主任副官及科長に歷任す千九百三十二年滿洲國成立後民政部事務官となり土木司陸路科長を經て大同二年綏稜縣長に轉任す（黑龍江省綏稜縣）

王　純古　薦任五等、民政部理事官、地方司社會科長、黑龍江省人

君は又子常と稱し黑龍江省巴彥縣人にして千九百七年(光緒三十三年)を以て生る夙に北京大學豫科卒業後日本に留學して明治大學法科を卒業す歸國後官界に入り曾て東三省鹽運使署緝安緝私總局長を經て莊河縣知事に任じたる事あり千九百三十二年滿洲國成立後民政部事務官に任じ地方司社會科長となり康德元年七月同部理事官に昇任す（新京市大經路西四馬路永春路五電三六三五）

王　紹周　薦任六等、黑龍江省事務官、民政廳土地科長、吉林省人

君は又興岐と稱し吉林省扶餘縣人にして千八百八十六年（光緒十二年）を以て生る官界に志して曾て黑龍江省城巡警總局科員を經て省公署第一科長たりし事あり千九百三十二年滿洲國成立後黑龍江省事務官に任じ民政廳土地科長となり以て今日に至る（黑龍江省城）

王　紹先　薦任四等、黑龍江省公署祕書官、總務廳勤務、奉天省人

君は奉天省遼陽縣人にして千八百九十七年（光緒二十三年）を以て生る千九百十六年江蘇省立法政專門學校を卒業す官途に志し東省鐵路督辦公署祕書長となり次で徵稅事務に轉職し以て延吉稅捐局長たりし事ありしが千九百三十二年滿洲國成立するに及び大同二年黑龍江省公署祕書官に任ぜられ總務廳勤務となり以て今日に至る（黑龍江省總務廳內）

王　紹南　內外雜貨商永和堂主　河北省人

君は河北省撫甯縣人にして千八百八十一年（光緒七年）を以て生る早くより實業界に入りて志を立て現に奉天に於ける內外雜貨商永和堂の出資者として其經營に當る大阪上海天津北平營口方面より仕入れ奉天內外より北滿各地に販路を有す賣上年額數十萬元に及び中央銀行奉天分行朝鮮銀行永益和泰記錢莊等を取引銀行とす尙支配人は同縣人鄒銘三なり（奉天城內四平街路南永和堂內）

王　信　齋　益發合經理　河北省人

君は河北省樂亭縣人にして千八百八十六年十二月二十一日（光緒十二年）を以て生る夙に中等學校商業專門部に學びしが千九百三年中途より實業界に志して滿洲に到り長春益發合に店員となり實務に從事すること多年漸次經驗を積み千九百十五年進んで哈爾濱益發合副經理となる爾來信用益々厚く千九百二十三年大連益發合經理に昇任以て今日に至る（大連市紀伊町益發合電**五九九四**）

王　愼　五　廣泰德絲房支配人　山東省人

君は山東省黃縣人にして千八百八十八年（光緒十四年）を以て生る早くより商業界に入りて實務に從事し現時奉天市廣泰德絲房支配人として活躍す同店は山東省蓬萊縣人馬作孚の出資に係り設立千九百二十三年なれど賣上年額約五十萬元に達し彰武法庫新民鐵嶺遼中北鎭等に販路を有し中央銀行奉天分行朝鮮銀行等を取引銀行とす（奉天市大西關大街路南廣泰德內電**長二六一九**）

王　瑞　華　元東省特別區警察管理局長、奉天省人

君は奉天省錦西縣人にして千八百九十一年（光緒十七年）を以て生れ夙に保定陸軍々官學校を卒業し奉天第四補充旅長第二十七旅長を經て奉天第九軍長口北鎭守使第八軍副軍長を歷任し轉じて東北講武堂教育長となり進んで東省特別區警務總管理處長に任ぜられたり滿洲事變勃發するや熙洽に反抗して誠允の賓縣政府を支持したりしが同政府の倒壞新國家成立後東省特別區警察管理局長に擧げられし事あり尙氏名の原音は Wang Jui-hua なり

王　世　垣　成記菜床出資者兼支配人、河北省人

君は河北省撫甯縣人にして千八百七十一年（淸同治十年）を以て生る幼少より本村の私塾に修學し成るや實業界に志して實務に從事し多年の經驗を積み滿洲に於て身を立て現時千九百十二年七月開設に係る鮮魚野菜罐詰其他食料品販賣成記菜床を經營し信用厚く業績を揚ぐ南滿各地より仕入れ主として奉天地場賣をなす（奉天市小東門外菜行成記菜床內）

王　靜　修　簡任一等、陸軍中將　軍政部次長兼馬政局長、臨時訂立條約準備委員會委員　奉天省人

君は又襄忱と稱し奉天省承德縣人にして千八百七十九年（光緒五年）を以て生れ夙に日本に留學し千九百十一年陸軍士官學校步兵科を卒業す歸國後東北陸軍講武堂黑龍江分校教育長を經て千九百三十年黑龍江國防籌備處參謀長となり東北軍界に其頭角を顯し來る滿洲事變起るや北邊の梟雄馬占山を代表して洮南の張海鵬及日本側との交涉に活躍盡力す千九百三十二年東北邊防軍駐江副司令長官參謀長を代理し馬占山と共に滿洲國政府に歸順して馬の留守中一時軍政部總長を代理するに至れり其後馬占山は政府に反抗して自から敗走したれ共君は尙新國家の爲めに盡し擧げられて現に軍政部次長兼馬政局長の重要地位にある傍ら臨事訂立條約準備委員會委員逆產處理委員會委員國都建設計畫諮問委員會委員官衙建築計畫委員會委員等の要職にあり康德元年七月簡任一等に敍せらる尙氏名と字の原音は Wang Ching-hsiu 及 Hsiang-chen なり（新京市東小五馬路電**三六二四**）

王　宗　周　薦任四等、馬政局技佐、奉天省人

君は奉天省昌圖縣人にして千八百八十五年（光緒十一年）を以て生る夙に陸軍講武堂を卒業す曾て軍政部軍畜牧場長に進み陸軍上校に任じたる事あり大同二年馬政局技正に任ぜられ康德元年七月同局技佐に昇任す（新京市）

王　大　忠　簡任、宮內府內務官、奉天省人

君は奉天省人にして夙に日本陸軍經理學校を卒業し歸國後瀋陽陸軍糧服廠總辦を經て陸軍部海軍部々長より陸軍々需監兵站總監總司令部外交處長を歷任し千九百三十二年滿洲國建設の大業中執政府警備辦事處總辦として活躍し建國後執政府內務官に任じ宮內府の組織さるに及び康德元年宮內府內務官に轉じ現に同府內務處に出仕す尙氏名の原晉は Wang Ta-chung なり（新京市宮內府內）

王　岱　薦任六等、吉林省公署參事官、奉天省人

君は又用山と稱し奉天省錦縣人にして千八百八十四年（光緒十年）を以て生る夙に日本に留學し法政大學速成科を出身す歸國後官界に入り黑龍江省巴彥縣知事に進み次で懷德錦西各縣稅捐局長を經て吉林省政府參議祕書に任じたる事あり千九百三十二年滿洲國成立後吉林省公署參事官に任ぜられ以て今日に至る（吉林省城東胡同三）

王　澤　溥　雜貨卸商同聚源支配人、奉天省人

君は奉天省錦縣人にして早くより實業界に入り商業に從事し現時錦縣の雜貨卸商同聚源支配人たり同店は千八百九十二年の開設にして賣上年額約六十萬元を算し仕入先は專ら國內なれど支店を朝陽及北票に設置して赤峰方面に販路を有す出資者は奉天省人徐益三なり（錦縣北街天后宮胡同聚源內）

王　竹　亭　同德號經營、山東省人

君は山東省登州府福山縣由家村人にして千八百九十二年二月二十七日（光緒十八年）を以て生る千九百七年まで約六箇年鄉里に於て詩書を修學し後實業界に志す翌年福山縣謙順益錢莊に入り實務に從事すること約三箇年次で滿洲に到り千九百十一年大連福盛號雜貨店に在職約六箇年大いに經驗を積む千九百十七年十月同德號を開設經營し大いに業績を揚げ以て今日に至る（大連市松林町一一電三〇八九・四二〇二）

王　兆　琛　奉天市政公署祕書、奉天省人

君は又子玖と稱し奉天省金縣人にして千八百九十八年（光緒二十四年）を以て生る千九百十四年旅順東洋協會日語專門學校を卒業す官途に志して早くより就職し曾て吉林延吉道尹公署交涉員を經て奉天交涉署諮議及奉天公署諮議等に任じたりしことありしが滿洲新國家成るに及び大同元年奉天市政公署祕書に任ぜらる（奉天市商埠地南經路）

王　肇　勳　特別區高等檢察廳長、山東省人

君は又芷生と稱し山東省歷城縣人にして千八百八十八年（光緒十四年）を以て生る夙に奉天法政學堂を卒業す奉天都督公署祕書を經て法曹界に轉じ山西大原地方審判廳庭長に任ぜられ爾來山西大原地方審判廳長山西高等法院庭長同院長等を歷任して新京地方檢察廳長に任じ現時特別區高等檢察廳長たり（哈爾濱市南崗）

王　肇　澄　薦任六等、首都警察廳理事官兼警正、保安科長、奉天省人

君は又秩清と稱し奉天省黑山縣人にして千九百年（光緒二十六年）を以て生る夙に瀋陽高等師範學校を卒業し曾て奉天省會警察廳警務科員を經て遼寧省教育廳祕書吉林省全省警務處祕書等に歷任したる事あり千九百三十二年滿洲國成立後首都警察廳事務官警正に任じ保安科長の要職にあり康德元年七月同廳理事官に昇任す（新京市商埠地首都警察廳保安科內　電四三四六・四三四七）

王　鎭　遼源地方檢察廳長　奉天省人

君は又洗凡と稱し奉天省法庫縣人にして千八百九十二年（光緒十八年）を以て生る夙に奉天法政學校法律別科を卒業す法曹界に志して各地の司法官に任じ其後曾て遼陽地方審判廳刑庭長より各地の檢察官を經て撫順地方檢察廳派署檢察長となり次で鐵嶺地方檢察廳檢察長に進み遼源地方法院首席檢察官たりしが現時同檢察廳長たり（奉天省遼源地方檢察廳內）

王　鎭　中　錢鈔業永康銀號支配人、奉天取引所仲買人、山東省人

君は山東省蓬萊縣人にして千八百八十年（光緒六年）を以て生る夙に實業界に志して實務に從事し特に金融商務貿易等に經驗を有す孫幸堂王致和千作舟等を大株主とする錢鈔業永康銀號支配人として活躍し傍ら奉天取引所仲買人の名義を以て業績を揚げ千九百二十八年の開設に拘らず取引年額二千二百萬元を算す市中の主要銀行を取引先とし顧客は遠く新京四平街方面に及ぶ（奉天市附屬地加茂町四永康銀號內電長三六〇四・二六七五）

王　延　元　薦任八等、哈爾濱警察廳督察官、奉天省人

君は又種芾と稱し奉天省瀋陽縣人にして千八百九十三年（光緒十九年）を以て生る千九百十六年奉天陸軍軍官學校騎兵科を卒業す翌年參戰軍第三師騎兵第三團第三連排長を經て京師憲兵第五連排長奉天暫編陸軍騎兵第二團第三連長東三省陸軍軍士教導隊上尉技術教官等に任じ千九百二十一年機關槍連長兼砲兵營長となり次で東三省陸軍整理處少校副官庶務主任奉天第二游擊隊馬隊少校隊附東三省陸軍騎兵二十二團少校團附東北陸軍第十四師騎兵第一旅中校參謀中校團附より千九百二十五年騎兵第五旅上校參謀長に進む翌年黑龍江騎兵第二補充旅上校參謀長陸軍第十七師騎兵第四旅上校參謀長兼代旅長東北陸軍騎兵第二旅上校參謀長等に歷任し更に千九百二十八年第二旅少將旅附國防籌辦處參事となり翌年東省特別區警官高等學校教官同區警察管理處幫督察長に轉じ後軍警聯合辦事處警備科長たりしが滿洲國成立後哈爾濱警察廳督察官に任ぜられ現時民政部警務司勤務哈爾濱警察廳督察官たり（哈爾濱市西警察街門牌二二電二八六〇）

王　鼎　三　簡任二等、黑龍江交涉局總辦、河南省人

君は又象九と稱し河南省內鄉縣人にして千八百八十九年（光緒十五年）を以て生る曾て中學教員たりし事あり千九百十一年河南測繪學校を卒業す千九百十五年滿洲に至り吉林陸軍に入り千九百十九年吉林督軍公署測繪員兼陸軍模範營執事官たりしが千九百二十二年吉林陸軍第五混成旅少校參謀を經て千九百二十五年呼倫貝爾鎭守使署參謀長兼滿洲警備總司令部參謀長に任ず千九百

二十九年中俄事變に當り昂々溪交通主任兼戒嚴事宜に轉任大いに盡力するところあり千九百三十年哈爾濱駐在黑龍江鐵路交渉局專辦鐵路交渉事宜に任ぜらる千九百三十一年滿洲事變後新國家成立するや大同元年五月黑龍江交渉局總辦に任じ以て今日に至る尚氏名と字の原音は Wang Ting-san 及 Hsiang-chiu なり（齊々哈爾市黑龍江交渉局內）

王　惕　前吉林省公署民政廳長、浙江省人

君は又敬生と稱し浙江省紹興縣人にして千八百八十一年（光緒七年）を以て生れ吉林省永吉縣長の職にあり滿洲事變の勃發に際しては熙洽に從ひて吉林獨立に參畫盡すところあり新國家成立に及び千九百三十二年吉林省公署民政廳長として活躍したる事あり尚氏名と字の原音は Wang Ti 及 Ching-sheng なり（吉林市）

王　殿忠　前奉天暫編步兵第一旅長、奉天省人

君は又孝先と稱し奉天省蓋平縣人にして千八百八十二年（光緒八年）を以て生れ故張宗昌の舊部下として知らる奉天省盤山縣保安隊長たりしが千九百三十一年末張景惠に招撫せられて齊々哈爾警備の任に就き翌年遼西に移駐して遼西保安軍司令となる後轉じて奉山鐵路護路軍司令に任じ專ら匪賊討伐に從軍し千九百三十二年春奉天暫編步兵第一旅長となりたる事あり尚氏名と字の原音は Wang Tien-chung 及 Hsio-hsien なり

王　桐　薦任七等、交通部事務官、總務司文書科勤務、奉天省人

君は奉天省瀋陽縣人にして千八百八十四年（光緒十年）を以て生る千九百八年北京法律學堂を卒業し官界に志し曾て瀋陽鐵路局祕書たりし事ありしが千九百三十二年滿洲國成立後交通部事務官に任ぜられ總務司文書科勤務となり以て今日に至る（新京市馬濠門外交通部總務司文書科電長四〇五三）

王　桐軒　奉天市總商會長、奉天市商團長

君は奉天省地方に於ける有力なる實業家にして曩に奉天省瀋陽市商工會委員の職にあり更らに進んで奉天市總商會及同市商團の各會長となり未だ商會法の制定を見ざる現狀に於て商業の保護增進同業者の聯絡統制に盡力せり尚氏名の原音は Wang Tung-hsuan なり（奉天市）

王　得山　奉天副食品醬油公司支配人、奉天省人

君は奉天省奉天人にして千八百八十八年（光緒十四年）を以て生る夙に實業界に志して商業に從事し釀造に經驗ありて千九百二十六年開設に係る奉天副食品醬油公司支配人として活躍し小壯にしてよく賣上年額約二十萬元の業績を揚ぐ同公司は市中小東門內南市場及北市場に支店を有す出資者は常陰槐楊宇霆康福堂保康氏藏奉久潘桂廷等諸名士にして既に故人となりし者あり商業銀行世合公銀號等に取引あり（奉天市小東邊門裡奉天副食品醬油公司內）

王　德仁　義聚合經營、山東省人

君は山東省掖縣夏邱堡村人にして千八百八十九年（光緒十五年）を以て生る幼少より本村私塾に修學五箇年後實業界に入りて芝罘に出で商務に從事すること七箇年間更に青島に於て約十七箇年の經驗を積む滿洲に身を立てんとし

次で大連に到り五箇年間執務の後に信用を得て千九百三十年自ら義聚合を開設し益々隆昌を致し以て今日に至る小壯知名の實業家たり（大連市四崗街一六〇電四二二五）

王　賓　如　薦任四等、商標局理事官、評定科長兼註冊科長、河北省人

君は河北省昌平縣人にして千八百八十九年（光緒十五年）を以て生る夙に南京金陵大學を卒業す曾て京綏鐵路管理局祕書より同特科長たりし事あり滿洲國成立するや大同二年商標局事務官に任ぜられ評定科長兼註冊科長となり康德元年七月同局理事官に昇任し以て今日に至る（新京市）

王　賓　章　簡任二等、黑龍江省公署理事官、教育廳長、黑龍江省人

君は又寅卿と稱し黑龍江省泰康縣人にして千八百八十六年（光緒十二年）を以て生れ千九百十四年保定高等師範學堂地理歷史專科を卒業し歸鄉して黑龍江省全省教育會長を經て黑龍江省立第一中學校長及第一師範學校長を歷任し千九百二十七年黑龍江省教育廳長代理に任じ翌年同省政府參議を兼ね千九百三十二年滿洲國成立後黑龍江省公署參議となり現時同省理事官にして教育廳長たり尙氏名と字の原音は Wang Pin-chang 及 Yiu-ching なり（齊々哈爾市黑龍江省公署教育廳內）

王　富　海　滿洲中央銀行吉林分行、總經理

君は吉林地方に於ける金融界に著名の士なり東北政權の盛んなる頃既に官民財界に入りて曩に吉林永衡官銀號の總經理に進み重きをなしたるが千九百三十二年滿洲國成立し各地の官銀號併合統一されて滿洲中央銀行組織せらるゝや轉じて同行吉林分行總經理となる尙氏名と字の原音は Wang Fu-hai なり（吉林市）

王　富　春　滿洲中央銀行齊々哈爾分行副經理、奉天省人

君は又挹清と稱し奉天省鐵嶺縣人にして千八百八十一年（光緒七年）を以て生れ夙に財界に入り黑龍江省財政廳科長同諮議を經て奉天省財政廳稽核主任黑龍江官銀號收支黑龍江廣信公司管庫稽核等になり哈爾濱駐在吉林永衡官銀號管理兼永衡豐經理たりしが轉じて東三省銀行總經理東三省官銀號總稽核同副經理に就き進んで黑龍江省官銀號副經理となる千九百三十二年滿洲國成立し各地官銀號の併合なるや滿洲中央銀行齊々哈爾分行副經理に就任す尙氏名と字の原音は Wang Fu-chun 及 I-ching なり（齊々哈爾市）

王　輔　臣　綿絲布色綿布商恒興源支配人、山東省人

君は山東省黃縣人にして千八百八十五年（光緒十一年）を以て生る夙に商業界に入りて實務に從事し齡十五歲にして綿絲布色綿布商恒興源に入りて勤務す後昇進して同店支配人となりて既に二十年誠に格勤の士にて店員の模範たり出資者單陸吉王子佩も共に山東省黃縣人にして富豪を以て知らる曩に奉天大北關に恒祥源千代田通に恒順成の支店を始め通遼洮南雙城堡其他に十餘軒の店舖を有せしが千九百二十八年以來漸次經營の範圍を縮少し現時奉天市內二支店を維持す大阪安東營口方面に仕入先を有し正金正隆中央各銀行を取引銀行として老舖の名あり信用厚し（奉天市小西門裡大街路北恒興源內電長三四九七）

王　銘　鼎　最高法院推事　奉天省人

君は又禹聲と稱し奉天省海城縣人にして千八百八十五年（光緒十一年）を以て生る夙に北京法律學堂を卒業す曾て奉天高等審判廳推事を經て吉林高等檢察廳首席檢察官より濱江地方審判廳長に進み遼源地方法院長東省特別區高等檢察廳長たりしが現時最高法院推事に任ぜらる尙氏名の原音は Wang Ming-ting なり（新京市永長路最高法院內電長四〇〇三）

王　綿　薦任七等、哈爾濱特別市公署事務官、行政處勤務、奉天省人

君は奉天省撫順縣人にして千八百九十七年（光緒二十三年）を以て生る千九百二十二年瀋陽高等師範學校を卒業す曾て撫順地方維持委員會委員撫順縣自治執行委員等を經て東省特別區市政管理局委員たりしが後哈爾濱特別市公署事務官に任ぜられ行政處勤務として今日に至る（哈爾濱市）

王　連　興　薦任八等、立法院事務官、祕書廳庶務科長、奉天省人

君は又起凡と稱し奉天省瀋陽縣人にして千八百九十五年（光緒二十一年）を以て生る千九百十六年瀋陽師範學校を卒業す曾て千九百二十五年鎭威三四方面軍二等軍需正を經て鳳城稅捐局長となり千九百三十一年奉天市政公署財務課長たりしが後立法院事務官に任ぜられ同院祕書廳庶務科長の職にあり（新京市東四道街立法院祕書廳電四一六三）

汪　毓　昌　薦任六等、奉天省公署理事官兼視學、教育廳勤務、奉天省人

君は又星垣と稱し奉天省撫鎭縣城內人にして千八百八十四年（光緒十年）を以て生る千九百十年兩級師範學校を卒業す曾て國立瀋陽高等師範學監奉天省視學督學主任等に歷任したる事あり千九百三十二年滿洲國成立後奉天省公署視學に任ぜられ教育廳勤務となり後事務官に任じ康德元年七月同署理事官に昇任す（奉天市大南門裏高力館胡同一六）

汪　煦　前北滿特別區公署祕書官、浙江省人

君は又仲和と稱し浙江省杭縣人にして千八百七十八年（光緒四年）を以て生る曾て東鐵督辦公署祕書長を經て哈爾濱特別市政局祕書兼市政籌備所祕書となり千九百三十二年滿洲國成立後大同二年北滿特別區公署祕書官に任ぜられしが康德元年六月之を辭す

汪　康　遼陽地方檢察廳長　安徽省人

君は安徽省相城縣人にして夙に北京に出で京北法政學校を卒業し法曹界に志して各地の司法官に任じたりしことありしが千九百三十二年滿洲國成立がするに及び新政府に擧げられて遼陽地方檢察廳長に任ぜられ以て今日に至る（奉天省遼陽地方檢察廳內）

旺欽超克素榮　薦任五等、興安總署祕書官　內蒙古人

君は內蒙古郭爾羅斯花旗人旺錦臣の男にして嚢に本旗仰務札蘭章京盟長顧問となり次で長春蒙旗房基收租長を經て農安縣蒙旗徵租局總辦等を歷任して滿蒙連絡徵租の事務に盡すところあり千九百三十二年滿洲國成立後擧げられて興安總署參與官たりしが後祕書官に任じ今日に至る（新京市東四道街蒙租徵收總局電三五四〇）

翁 昭 正

薦任七等、郵政管理局事務官、山海關一等郵政局長　廣東省人

君は廣東省梅縣人にして千八百九十六年（光緒二十二年）を以て生る夙に日本に留學して明治大學短濟科を卒業す曾て廣東省九廣鐵路局科員を經て滿洲に到り黑龍江鶴岡煤礦公司營業科長たりしが轉じて奉天郵政管理局巡員たりし事あり大同元年郵政管理局事務官に任ぜられ奉天管理局山海關一等郵政局長となる（山海關一等郵政局內）

應 振 復

陸軍中將、中央陸軍訓練處步兵部長　奉天省人

君は又梓里と稱し奉天省遼陽縣人にして千八百八十四年（光緒十年）を以て生る夙に日本に留學して陸軍士官學校を卒業す曾て東三省講武堂教官より第八師參謀長同砲兵第八團長同步兵第十六旅長等に進み次で特授湛威將軍馬蘭鎭總兵兼東荒墾植局長に轉じたりしが共後東北陸軍第十六旅長同副軍長陸軍二十七師長等に歷任し更に東省特別區地畝管理局長に轉任したる事あり大同元年滿洲國陸軍少將に任ぜられ中央陸軍訓練處步兵部長に補せらる後同中將に昇任す（奉天市商埠地）

岡 田 克 巳

【陸軍步兵少佐】薦任五等、興安警察局警正、札蘭屯興安警察局督察科長　岡山縣在籍

君は岡山縣人にして明治十九年を以て生る夙に軍籍に志し大阪陸軍幼年學校陸軍士官學校を卒業し陸軍步兵少尉に任じ大正十五年同少佐に陞り官を辭す後滿洲國の成立するに及び再び官途に就き現職に任じ以て今日に及ぶ（札蘭屯興安警察局內）

岡 野 誠 治

薦任六等、外交部事務官、總務司祕書科勤務、千葉縣在籍

君は千葉縣人にして明治二十六年を以て生る大正五年朝鮮總督府警官を拜命し支那語一等通譯試驗に合格し後外務省勤務を命ぜらる大同元年滿洲國建設を見るに及び聘せられて外交部事務官に任じ總務司祕書科勤務を命ぜられ今日に及ぶ（新京市羽衣町四ノ二六ノ三、電三六四八）

岡 本 武 德

薦任八等、監察院事務官、監察部勤務　岡山縣在籍

君は岡山縣人にして明治三十五年を以て生る夙に旅順師範學堂研究科を卒業し同堂教諭として大同元年に至る同年滿洲國の建設と共に財政部屬官となり後監察院事務官に榮進し現時同院監察部に勤務す（新京市西北門外監察院監察部內電四二五九）

恩 麟

薦任一等、熱河省公署理事官、實業廳長兼民政廳長心得　奉天省人

妻　張氏靜山　一八八四（光緒一〇）年生
男　毓山　一九〇三（光緒二九）年生、北京政治中學出身
男　毓栅　一九一五（民國四）年生、省立第三科高級中學在學
女　毓芝　一九〇六（光緒三二）年生、省立女中師範學校出身

君は奉天省法庫縣人にして千八百八十二年八月二十四日（光緒八年）を以て生る千九百十二年奉天法政專門學校を卒業し直に奉天府地方看守所々官に任

じ次で遼陽第二監獄第二科長營口監獄典獄長錦縣典獄長等に歷任し千九百十七年典獄事情制度調査研究の爲め日本に派遣せられ同年四月歸國して司法部に轉じ二等銀質奬章を受く千九百二十一年熱河都統署の命により開魯縣知事兼墾務總辦に任じたりしが千九百二十三年奉天省興城縣知事兼興綏兩縣聯防總指揮となり後瀋陽縣知事兼瀋陽清鄉專辦に轉任し五等嘉禾章を給せらる千九百二十九年奉天財政廳より瀋陽縣稅捐徵收局長兼菸酒事務分局長に委任同年十一月洮南稅捐徵收局長となる千九百三十一年滿洲事變後翌年奉天市政公署祕書長兼財務處長たりしが大同二年五月熱河省公署理事官に任じ實業廳長となり同年十二月同署民政廳心得を兼任して今日に至る家族は尙三男毓川（一九一七年生）四男毓田（一九二七年生）次女毓蕙（一九二一年生）三女毓芳（一九二四年生）姪毓爾（一九一六年生）あり尙氏名の原音は En Lin なり（奉天市小南關西板西胡同一）

溫　繼　嶠　奉天省綏中縣長　奉天省人

君は又執精と稱し奉天省海城縣人にして千八百八十九年（光緒十五年）を以て生る千九百十年直隸高等工業專門學校を卒業す曾て長嶺鐵鑛公司監事たりし事あり千九百三十二年滿洲國成立後擧げられて奉天省綏中縣長に任ぜらる（奉天省綏中縣）

溫　乃　郎　薦任七等、民政部技佐、衞生司勤務　奉天省人

君は奉天省遼陽縣人にして千九百一年（光緒二十七年）を以て生る千九百三十年滿洲醫科大學を卒業す後同大學に於て微生物學教室に研究をなすところあり大同元年民政部事務官に任ぜられ衞生司勤務となり康德元年七月同部技佐に昇任し以て今日に至る（新京市曙町）

溫　寶　泉　奉天省臨江縣警務局長、奉天省人

君は又鶴巖と稱し奉天省營口縣人にして千八百八十六年（光緒十二年）を以て生る千九百二十四年奉天全省警官學校を卒業す曾て昌圖縣公安局督察長を經て鐵嶺縣公安局總務課長となり次で警務處長代理たりし事あり千九百三十二年滿洲國成立後奉天省臨江縣警務局長に擧げられ以て今日に至る（奉天省城大南關榛子董胡同）

カ之部

加藤內藏助

【從四位勳四等】簡任二等、宮內府祕書官
東京府士族

妻　ハナ　明二、二生、神奈川二上茂兵衞妹
男　悠太郎　大元、一二生
女　靜子　大三、六生

君は東京府士族加藤斌の二男にして明治十六年九月二十二日を以て生れ大正三年家督を相續す明治四十二年東京帝國大學農科大學農學科を卒業し長野縣技師となり大正四年宮內省屬に轉じ同七年式部官に任ぜられ翌年宮內事務官を兼ね主獵課長に補せらる次で宮內事務官兼式部官東伏見宮附たり後李王職事務官を經て康德元年五月滿洲國の招聘に應じ宮內府祕書官に任じ今日に至る家族は尙二男健次郎（大五、三生）の外姉柔（明八、四生）弟雞三（同四二、三生）あり長女穩子（同四三、一一生）は埼玉縣人澁澤信一に妹龍子（同三七、一〇生）は東京府人小池友德長男武夫に嫁し弟淸丸（同二一、一二生）は分家し同玄蕃（同二二、八生、法學士）は栃木縣人矢板寬長女キミの婿養子となれり（新京市大和ホテル「留守宅」東京市澁谷區榮通一ノ三八電靑山二〇七三）

參照＝矢板寬の項

加藤日吉

薦任一等、外交部理事官、通商司商政科長、佐賀縣在籍

君は佐賀縣人にして明治二十五年を以て生る大正二年東亞同文書院を卒業し三菱合資會社に入り後同社を辭し大正十一年副領事に任じ北京日本公使館附を命ぜらる次で上海駐在商務官に轉ぜしも大同元年滿洲國成立するに及び外交部事務官に任じ通商司商政科長に補せらる康德元年七月外交部理事官に進み以て今日に至る（新京市錦町三ノ七電四五八一）

何壽祥

薦任四等、國道局技佐、第二技術處勤務
浙江省人

君は又覺生と稱し浙江省杭縣人にして千八百九十年（光緒十六年）を以て生る夙に日本に留學し千九百二十年京都帝國大學土木學科を卒業す歸國後技術界に入り千九百三十一年東北交通委員會路工處長に進み新國家成立後大同元年交通部水運司港灣科長心得たりしが同二年國道局技正第二技術處勤務となり康德元年七月同局技佐に昇任す（新京市興安大街國道局內電四五五九）

賀毅

前興安北分省公署事務官、文教科長
湖北省人

君は又子仁と稱し湖北省荊州駐防八旗人にして千八百八十七年（光緒十三年）を以て生る千九百十年北京滿蒙文高等學堂を卒業す曾て黑龍江省立蒙旗中學校教員呼倫貝爾蒙旗學校長等を歷任したる事あり千九百三十二年滿洲國成立後興安北分公署事務官に任ぜられ文教科長たりしが康德元年五月之を辭す

賀嗣章

薦任五等、法制局事務官、湖南省人

君は湖南省瀏陽縣人にして千九百年の候補道臺なり千九百五年奉天礦政調査局書記官たりしが同年日本に留學して千九百十四年早稻田大學獨法科を卒業す歸國して翌年北京司法部主事に任じ千九百十八年農商總長周家彥に隨行して渡日し煙草專賣制度を視察するところあり後官を辭し千九百二十年北京新

華大學法學部長中國大學董事兼教師たる傍ら陸軍部編譯員双橋無線電信局副局長事務を擔任したり其の後滿洲事變勃發に當り滿洲に至り奉天市政公所祕書奉天文廟奉祀官を經長春立法院長祕書兼記錄處第一科長たりしが現時國務院法制局事務官に任じ同局に勤務す(新京市商埠地大平街三六號電一五五)

解　魁　源　吉林省乾安設治局長　吉林省人

君は吉林省永吉縣人にして千八百八十九年(光緒十五年)を以て生る千九百十一年吉林法政校外自修科の出身なり曾て中東路理事會特務委員たりし事あり千九百三十二年滿洲國成立後大同二年擧げられて吉林省乾安設治局長に任ぜらる(吉林省乾安設治局)

郝　殿　卿　元奉天全省商會聯合會長　河北省人

君は又相臣と稱し河北省灤縣人にして千八百七十四年(清同治十三年)を以て生れ早くより實業界に入り曾て張學良出資の厚發號の經理となり營口水道電氣會社取締役たりし事あり千九百二十五年日本三菱會社代理部を始設し次て營口總商會副會長に千九百二十八年同會長となり翌年奉天全省商會聯合會長に推されたる財界の有力者たり又財政部諮議河北同鄉會長世界紅卍字會分會長等に任ぜられ盡力するところありたり尙氏名と字の原音は Hao Tien-ching 及 Hsiang-chen なり(營口市)

郭　毓　珍　黑龍江高等法院第一分院長　奉天省人

君は又聘儒と稱し奉天省鐵嶺縣人にして千八百八十五年(光緒十一年)を以て生る夙に奉天法政專門學校を卒業す龍江地方審判廳推事を經て同廳長に進み後呼蘭地方審判廳長より通化縣知事となり更に拜泉地方法院長に任ぜられしが轉じて黑龍江高等法院第一分院長となる(黑龍江高等法院內)

郭　益　仁　和發葯局支配人　山西省人

君は山西省武安縣人にして千八百五十九年(清咸豐九年)を以て生る夙に實業界に入り商務に從事すること久しく特に藥種賣買に經驗あり現時和發葯局支配人として賣上年額約五十三萬元と云はる同店は前清嘉慶年間の開設にして哈爾濱北鎭通化山海關遼陽等に各支店を有する老舖なり營口祁州天津北平方面に仕入先を有し販路廣く市內有力銀行と取引す尙出資者は山西省太原縣人徐鏡如にして豪商且つ藥種取扱者として知らる(奉天市大北關大街路東)

郭　恩　霖　陸軍中將、軍政部參謀司長、奉天省人

君は又澤華と稱し奉天省瀋陽縣人にして千八百九十三年(光緒十九年)を以て生る夙に保定陸軍軍官學校を出で更に日本に留學し陸軍大學を卒業す歸國後鎭威軍第三旅隊少校參謀陸軍第二十七師上尉參謀同礮兵第三團中校團附等を經て陸軍第五方面少將參議に進み次で東北陸軍第十五師少將參謀たりしが滿洲事變勃發するや洽熙等と新政府樹立に盡力し賓縣政府を倒して吉林省長官公署軍政廳長中將に任じたる事あり千九百三十二年滿洲國成立後陸軍中將に任ぜられ軍政部參謀司長となる尙名氏と字の原音は Kuo En-lin 及 Tse-hua なり(新京市西三道街一六電三六三一)

郭　華　棠　協成泰新古鐵行經營　山東省人

君は山東省文登縣威海衛人にして夙に齡十八歲威海衛に增祥和雜貨舖の業務に當りて三十三歲旅順に增祥棧支店を設立し業績を揚ぐ四年の後日俄戰に逢ひしが千九百五年日俄間和議なるや再び協成泰を設立營業するところあり更

に四年の後大連に於て鐵類專門の店舖を創設し以て今日に至る信用厚く隆昌なり（大連市東郷町一二三電四八七五）

郭　藝　林　吉林永吉地方法院長　奉天省人

君は又西山と稱し奉天省義縣人にして千八百七十八年（光緒四年）を以て生る夙に京師法律學堂を卒業す曾て新民地方檢察廳檢察官を經て哈爾濱審判廳審理員となり次で長春吉林各檢察廳檢察官たりし事あり現時吉林永吉地方法院長たり（吉林永吉地方法院內）

郭　光　儀　奉天市政公署總務處長代理　奉天省人

君は又子揚と稱し奉天省金縣人にして千八百九十二年（光緒十八年）を以て生る夙に日本に留學して千九百二十三年早稻田大學商科を卒業す曾て奉天紡紗廠商務處長より四洮鐵路局總務處副處長を經同會計處に轉じ滿洲國成立後奉天市政公署總務處第二課を經て會計課長に進み現に總務處長代理たり（奉天市商埠地緯路壯志里三七八）

郭　興　德　薦任七等、興安警察局警正、札蘭屯興安警察局布西警察署長　興安東分省人

君は興安東分省莫力達瓦旗人にして千九百三年（光緒二十九年）を以て生る千九百二十三年黑龍江省立初級師範學校を卒業し翌年訥河縣第一初高學校教員たること二箇年後千九百二十八年北平蒙藏學校高級師範科を卒業し更に南京中央政治學校蒙藏特別科に入りしが中途歸鄕するや翌千九百三十一年滿洲事變勃發に會す蒙古自衞軍參謀となり內蒙の自治時局の收拾に盡力し新國家成立後大同元年興安東分省視學に任ぜられしが同二年五月同省布西警察署長に轉任して今日に至る（興安東分省莫力達瓦旗尼爾基本街）

郭　志　忱　錢舖福盛厚出資者兼支配人、河北省人

君は河北省昌黎縣人にして千八百八十一年（光緒七年）を以て生る早くより實業界に志して實務に從事し金融業に經驗久しく現に泰冠二張鳳祥等と合資を以て錢舖福盛厚を經營し自ら支配人として活躍貸出年額七十五萬元を算する成績を揚ぐ千九百十七年の開設なるが哈爾濱市に支店を有し市內有力銀行と取引をなすし客筋は市內諸絲房洋貨莊糧米舖等を主なるものとす（奉天城內鼓樓西大街福盛厚內）

郭　若　霖　騎兵上校、軍政部參謀司軍衡課長　奉天省人

君は奉天省遼陽縣人にして千九百四年（光緒三十年）を以て生る夙に日本に留學し陸軍士官學校を卒業す歸國後曾て吉林第十五師師部少校參謀を經て同陸軍訓練所騎兵中校科長に進み次で吉林省長公署軍政廳第一處第二科上校科長に任ぜられたる事あり現時騎兵上校に任じ軍政部參謀司軍衡課長に補せらる（新京市富士町三ノ一二電三六五六）

郭　樹　藩　葯房春和堂出資者兼支配人、奉天省人

君は奉天省奉天大南關人にして千八百七十五年（光緒元年）を以て生る夙に實業界に志し商務に從事する久しく現時葯房春和堂を周仲植と共に出資經營し自ら支配人たり同店は前清道光年間の開設に係る老舖にて哈爾濱營口安東に各支店を有し賣上年額約二十八萬元を算す營口天津上海方面より仕入れ販賣し（奉天城內鐘樓南大街東春和堂內）

郭　濬　文　薦任五等、哈爾濱特別市公署理事官、行政廳勤務、奉天省人

君は又蔚亭と稱し奉天省瀋陽縣人にして千八百九十三年(光緒十九年)を以て生る千九百十年奉天優級師範學堂を卒業す曾て東省特別區行政長官公署顧問たりし事あり其後哈爾濱特別市公署事務官に任ぜられ行政處勤務となり康德元年七月同署理事官に昇任し以て今日に至る(哈爾濱道裡中國頭道街)

郭崇熙 元東支鐵道管理局副局長、河北省人

君は又子純と稱し河北省大興縣人にして千八百九十年(光緒十六年)を以て生れ夙に北京東支鐵道學校を卒業し交通通搬事務にたづさはり進んで京奉鐵路事務段長聯合國管理東支鐵道技術部車務監督等を經て千九百二十一年北京政府交通部の命により鐵道交通事務視察の爲め歐米に派遣せられ研究するところあり歸朝後京奉鐵路天津軍務正段長同車務處副處長を歷任して東支鐵道に轉じ千九百二十五年東支鐵道管理局副局長に昇任せしが滿洲事變後辭任す氏名と字の原音は Kuo Chung-hsi 及 Tzu-chun なり

郭靜軒 銅鐵及磁器商功成泰支配人 河北省人

君は河北省撫甯縣人にして夙に實業界に入り商業に志して實務を習得し吉林省城人功成玉の出資に係る銅鐵及磁器商功成泰の支配人として活躍す同店は支店功成棧を有し賣上年額數十萬元を算し滿洲銀行を取引銀行とす(吉林省城北大街功成泰內)

郭宗熙 特任、尙書府大臣 湖南省人

君は又桐伯と稱し湖南局長沙人にして千八百七十二年(淸同治十一年)を以て生れ前淸の進士にて翰林改官道員たり夙に日本に留學し法政大學を卒業し千九百六年盛京將軍趙公爾巽に用ひられて安東開埠局會辦森林學堂監督署提學司僉事に歷任し教育視察の爲め渡日せる事あり其の後吉林琿春副都統延琿兵備道兼延琿關監督吉林交涉使兼開埠局督辦を經又防疫の事務を司り濱江道並濱江關監督の後千九百十二年吉林教育司司長に任じ翌年實業司司長を兼任す千九百十四年吉長道尹兼交涉員となり翌年吉林省長に昇任し千九百十八年中東鐵路督辦を兼ねしが翌年辭任して一時天津に閑居す此の間揚宇霆張宗昌の下に任官したれ共再び下野す千九百二十五年出でて國立京師圖書館長となり千九百二十九年中東鐵路理事會高等顧問として滿洲事變前後の時局に當り大いに盡すところあり現時宮內府尙書府大臣たり尙氏名と字の原音は Kuo Tsung-hsi 及 Tung-po なり(新京市宮內府內廷局內電四一四九)

郭則澂 薦任四等、哈爾濱特別市公署技正、工務處勤務 福建省人

君は福建省閩侯縣人にして千八百九十三年(光緒十九年)を以て生る夙に青島同濟醫工大學を卒業す技術界に入り曾て四鄭鐵路工程師を經て呼海鐵路工程司となり更に市政管理局工程科長に進みたる事ありしが其後哈爾濱特別市公署技正に任ぜられ工務處勤務となり以て今日に至る(哈爾濱特別市公署工務處處內)

郭道甫 元內蒙國民黨祕書長 呼倫貝爾人

君は又摩西と稱し蒙古名を黑爾色と呼ぶ呼倫貝爾札拉木德人にして千八百九十六年(光緒二十二年)を以て生れ索倫左翼旗長榮祿の子なり夙に齊々哈爾中學校及北京俄文法政專門學校に學ぶ初め教育界に入り海拉爾蒙旗學校長北平

蒙藏專門學校敎員たりしが馮玉祥の西北督辦署諮議に任じ千九百二十六年內蒙國民黨祕書長となり翌年內蒙國民代表大會籌備副委員長に就任社會政治運動の闘士たりしが內蒙國民黨の淸黨に當り共產派に屬するものとして除名せらる千九百二十八年呼倫貝爾事件の指揮者にして事件後保安總司令部祕書となり傍ら奉天蒙旗師範學校長たりし事あり著書に「新蒙古」其他ありて北邊地方に於ける社會運動家として知らる尙氏名と字の原音は Kuo Tao-fu 及 Mo-lsi なり

郭福綿

元東支鐵道監事長
黑龍江省人

君は又子久と稱し黑龍江省璦琿縣人にして千八百八十六年(光緒十二年)を以て生れ早くより交通運搬事務にたづさはり曾て璦琿交涉員公署外交祕書より東支鐵道督辦公署祕書科長を經て東支鐵道護路軍總司令部參議となり次で同鐵道總務處副處長に歷任し更らに東支鐵道理事に進み間もなく同理事長代理の後同鐵道監事長となり北邊の國際的交通事務に盡すところありしが千九百三十二年之れを辭す尙氏名と字の原音は Kuo Fu-mien 及 Tzu-chiu なり

郭寶森

薦任五等、北滿特別區公署理事官、總務處人事科長
奉天省人

君は奉天省蓋平縣人にして千九百一年(光緒二十七年)を以て生る夙に日本に留學し千九百二十九年京都帝國大學法科を卒業し後美國威康卒大學を卒業す歸國後東省特別區敎育廳祕書を經て中央銀行哈爾濱分行祕書たりし事あり其後北滿洲特別區公署事務官に任ぜられ總務處人事科長となり康德元年七月同署理事官に昇任し以て今日に至る(哈爾濱市北滿特別區公署總務處內)

岳鐸

薦任八等、實業部事務官、工商司工務科勤務、奉天省人

君は奉天省遼陽縣人にして千九百四年(光緒三十年)を以て生る夙に日本に留學して千九百三十年大阪工科大學を卒業す歸國後敎育界に入りて奉天法政專門學校敎員となり次で奉天政府官吏を經て自治指導部員たりしが大同元年滿洲國成立するや轉じて實業部屬官となり後昇進して實業部事務官に任ぜられ工商司工務科勤務たり(新京市馬濠門外實業部工商司內電長四一五三)

額勒春

簡任二等、興安東分省長、興安東分省人

君は又樂田と稱し興安東分省東布特哈正白旗人にして千八百七十九年(光緒五年)を以て生れ內蒙地方の有識者を以て知らる淸朝の末年已に東布特哈文案處總辦たりし事あり民國成立後東布特哈總管に任ぜられ千九百二十五年に黑龍江督辦公署諮議を兼任す千九百三十二年滿洲國成るに及び擧げられて興安總署東分省長に任じ內蒙古の行政を司る尙氏名と字の原音は E Le-chun 及 Lo-tien なり(興安東分省札蘭屯)

筧斌治

【從四位勳五等】簡任二等、國道局技正、第二技術處長
東京府在籍

妻　壽子　明二七、九生、靜岡　肥田和三郎二女
男　貫一郎　大八、四生
女　俊子　大五、五生

君は東京府人筧武文の長男にして明治十八年三月を以て生れ大正四年家督を相續す明治四十五年東京帝國大學工科大學土木工學科を卒業し直に內務省に入り大正五年內務技師に任ぜられ東京土木出張所に或は土木局に勤務せしが昭和八年五月滿洲國政府の招聘に應じ

現時滿洲國國務院國道局技正に就任第二技術處長たり家族は尚弟千城夫（明二二、三生、法學士、臺灣製糖會社員）同妻ヨシ（同三二、九生、新潟、島倉孝妹）及其子女あり母ちさ（同一三、一一生、青森、大島健作妹）弟旭（同三八、六生、經濟學士）は共に分家し姉明子（同一五、一二生）は滋賀縣人藤岡大英に嫁せり家族は尚二女瑛子（昭七、一一生）あり（新京市國務院國道局第二技術處內）

櫺尾信次

薦任七等、國務院總務廳事務官、主計處一般會計科長
福井縣在籍

君は福井縣人にして明治三十七年を以て生る昭和三年東京帝國大學經濟學部を卒業し南滿洲鐵道會社社員を經て滿洲國成立後其招聘に應じ國務院總務廳事務官に任ぜせられ現時主計處一般會計科長たり（新京市六馬路國務院總務廳主計處一般會計科內電四二〇六・四二三二）

金子嘉一

薦任五等、馬政局馬政官、東京府在籍
明治二八、七生、東京、士、豫備陸軍騎兵大佐後藤秀四郎妹、山脇高女出身

妻　妙馨

男　一雄　昭七、五生

女　和子　昭二、七生

君は山梨縣人渡邊尅恩の十男にして明治十八年三月五日を以て生れ先代壽次郎の養子となり大正十五年家督を相續す夙に軍籍に入り陸軍騎兵特務曹長として退職後大正十三年滿洲法政學院政治經濟科を卒業し同十五年より陸軍省屬官として馬政課に勤務滿洲國馬政局設置に際し選ばれて其の創設事務に任じ大同二年六月同局成立と共に現職に任ず（新京市入舟町二ノ七）

上加世田成法

薦任七等、財政部事務官、理財司官產科長
東京府在籍

君は東京府人にして明治三十六年を以て生る昭和三年東京帝國大學經濟學部を卒業し南滿洲鐵道會社に入社し經濟調査會勤務たりしことあり大同元年滿洲國成立後其招聘に應じ國務院財政部事務官に任じ理財司官產科長となり以て今日に至る（新京市北大街財政部理財司官產科內電四三七三・四二九四）

神尾式春

【從五位】簡任二等、國務院總務廳祕書官、兼法制局參事官、總務廳祕書處長
廣島縣士族

父　省二　明三、八生、現戶主

母　テツ　明三、一〇生、廣島士、中村元之亮長女

妻　喬子　明三三、一二生、廣島、山田淸人四女

君は廣島縣士族神尾省二の長男にして明治二十六年六月十八日を以て生る大正六年文官高等試驗に合格し同七年東京帝國大學法科大學獨法科を卒業し福岡縣屬內務屬山口縣大津郡長山口東京各府縣理事官朝鮮全羅南道警察部長朝鮮總督府事務官內務局社會課長等に任補し昭和四年同學務課長に轉じ後退官す大同元年（昭和七年）滿洲國建設後同政府の招聘に依り渡滿國務院總務廳祕書官に任じ同九年七月祕書處長の要職に補せられ現に法制局參事官を兼ぬ家族は尚長女京子（昭三、六生）あり妹靜（明二九、一二生）は廣島縣人宮地儀三郎に同秀（同三四、五生）は同縣士族中村多門の死跡を相續し叔父松太郎（同七、一生）は同縣人淸水友太郎の養子になれり（新京市常盤町一ノ一〇電三六六七）

神吉正一　簡任二等、外交部理事官、政務司長　東京府在籍

君は東京府人にして大正九年東京帝國大學法學部獨法科を卒業し高等試驗行政科に合格爾來外務省事務官奉天領事大使館三等書記官英國大使館附第八回國際聯盟隨員外務省亞細亞局第一課長心得を經て大同元年滿洲國成立するや其の招聘に應じ外交部理事官に任じ政務司長に補す現に其任に在り臨時訂立條約準備委員會幹事積缺善後委員會幹事を兼ぬ康德元年九月滿洲國境方面視察及蘇國狀況調査の爲滿洲里チタブラゴエスチエンスグ＝コリスクウスーリスク綏芬河に出張を命ぜらる（新京市宗町外交部政務司內電**四一七九**「留守宅」東京市麻布區本村町一一六）

川口清次郎　薦任四等、興安總署理事官、總務處會計科長、神奈川縣在籍

君は神奈川縣人にして明治二十八年を以て生る夙に渡滿して南滿洲鐵道會社に入り經理課勤務たりしが大同元年滿洲國成立後其招聘に應じ國務院興安總署事務官に任じ總務處會計科長たりしが康德元年七月興安總署理事官に昇る現時前記の職に在り（新京市興安總署總務處會計科內電**四一二九**「自宅」錦町四ノ一三電**園三六七七**）

川崎寅雄　簡任二等、外交部理事官、宣化司長　岡山縣在籍

母　理野　明元、一一生、岡山小川喜三郎二女

妻　ヰデス　明二三、八生、米國・ボーマン・スチヤリング織子

君は岡山縣人川崎卯八の長男にして明治二十三年三月十二日を以て生れ昭和五年家督を相續す大正五年六月米國スプリングフキールド大學を卒業しバチエラー・オヴ・ヒューマニツクスの學位を授けらる爾後布哇ホノルル市日本基督敎青年會主事東京日本基督敎青年會同盟本部主事となり大正九年外務省囑託に轉じ桑港總領事館在勤外務省情報部勤務奉天總領事館在勤を命ぜらる大同元年滿洲國建設後其招聘に應じ國務院總務廳理事官兼外交部理事官に任じ情報處處長兼宣化司長たりしが現時前記の官職に在り曩に東京及京都帝國大學東洋文化夏期大學講師たりしことあり（新京市羽衣町三ノ一二ノ三電**三六七四**）

川人勝一　薦任三等、民政部理事官、警務司特務科長、北海道在籍

君は北海道人にして明治三十三年を以て生る夙に陸軍士官學校を卒業し關東洲憲兵隊附となり憲兵大尉に陞る大同元年滿洲國の招聘に應じ民政部事務官警務司特務科長となり康德元年七月同理事官に任ず（新京市大經路民政部警務司特務科內電**四〇八五**）

川又甚一郎　簡任二等、吉林高等檢察廳檢察官　愛媛縣在籍

君は愛媛縣人にして明治二十三年九月三日を以て生る大正七年京都帝國大學法科大學を卒業し同九年檢事に任じ神戶地方裁判所豫備檢事を命ぜられ尋いで同年四月大阪地方裁判所檢事に轉ず大同三年滿洲國政府の招聘に依り吉林高等檢察廳檢察官に就任し今日に至れり（吉林高等檢察廳內）

河內由藏　薦任一等、奉天省公署理事官、民政廳民政科長、新潟縣在籍

君は新潟縣人にして明治二十二年を以て生る夙に日本大學商科を卒業し南滿洲鐵道會社に入り大石橋地方事務所長

瓦房店地方事務所長大連醫療事務局長を經て大同元年滿洲國成立と共に奉天省公署事務官に任じ康德元年七月奉天省公署理事官に轉じ民政廳民政科長に補せらる（奉天市奉天省公署民政廳民政科內）

河瀨松三

薦任八等、文教部事務官、禮教司社會教育科勤務　熊本縣在籍

君は熊本縣人にして明治二十五年を以て生る夙に縣立熊本中學校を經て明治大學豫科卒業し大正九年南滿洲鐵道會社に入り地方部學務課勤務を經て大同元年滿洲國成立後其の聘に應じ文教部事務官に任じ現時禮教司社會教育科勤務たり（新京市新發屯聚合住宅**電四三七九**）

甘珠爾札布

薦任四等、達爾罕王府興安警察局長　內蒙古人

君は內蒙古彰武縣達拉營子人にして千九百三年（光緒二十九年）を以て生る千九百二十七年陸軍士官學校を卒業す軍警界に入り興安省南部の治安維持の任にあり千九百三十二年滿洲國成立當時已に興安警備軍第三軍長として活躍したる事あり共後興安南分省達爾罕王府興安警察局長たり正珠爾札布は其弟なり尙氏名の原音は Kan-chu-erh-cha-pu なり（興安省達爾罕王府）

參照＝正珠爾札布の項

韓雲階

前黑龍江省長兼實業廳長兼稅務監督署長　關東州人

君は關東州金州人にして千八百九十三年（光緒十九）を以て生れ夙に日本に留學し千九百十七年名古屋高等工業學校を卒業す歸國後實業界に入りて活躍し關係するところの商社多く山城裕華電氣公司總理東亞實業公司總理亞細亞製粉公司總辦亞洲興業麵粉公司監理東華倉庫金融會社哈爾濱取引所理事哈爾濱信託公司理事等の重役として多年北滿財界の重鎭たり又滿洲事變勃發後は日本側と馬占山のと諒解運動に盡力し獨立黑龍江省政府參議となり時局收拾に當り千九百三十二年滿洲國成立後黑龍江省實業廳長兼稅務監督署長に任ぜられたり其後馬占山背叛後は程志遠を補任して克く省內の秩序を維持以て手腕あり政情定まるに及び黑龍江省長に任じ傍ら前揭要職を兼ねしが大同二年六月辭任し鄉土に自適す尙氏名の原音は Han Yun-chieh なり（關東州金州）

韓作舟

新新大葯房出資者兼支配人、奉天省人

君は奉天省遼陽縣人にして千八百九十一年（光緒十七年）を以て生る夙に商業に志して實務を習得し店舖を經營す現時閻光錫と共同して千九百二十九年奉天に新新大葯房を開設して支配人となり賣上年額約二十一萬元に及ぶ日本及北支に仕入先を有し販路は南北三省に亘る（奉天市小西關大街路北新新大葯房內）

韓仲儒

錢鋪隆豐東支配人　山西省人

君は山西省太谷縣人にして千八百六十一年（淸咸豐十一年）を以て生る夙に實業界に入り商業に從事し金融業に經驗あり現在奉天の錢鋪隆豐東の支配人として活躍し老齡よく業績を揚げて貸出年額六十五萬元を算す開設は前淸道光年間の老舖にして隆豐當及昌圖法庫の隆豐東は夫々其支店なり絲房雜貨商米穀商貨商酒商等を客筋とす尙出資者は山西省人王世隆にして斯界に著名なる富商なり又取引銀行には中央銀行分行交通中國邊業商業大中滙豐正金滿洲花旗諸銀行ありて信用厚し（奉天市小西關小什字街隆豐東內）

關　錦　濤　吉林省依蘭縣長　吉林省人

君は吉林省永吉縣人にして千八百九十二年(光緒十八年)を以て生る千九百十四年北京警官高等學校を卒業す曾て山東東海道區民團指導官たりし事あり千九百三十一年滿洲事變勃發後新國家成立するや大同二年吉林省依蘭縣長に任ぜらる(吉林省依蘭縣)

關　慶　山　元黑龍江督軍公署顧問、黑龍江省人

君は又仁安と稱し黑龍江省龍江縣人にして千八百七十一年(淸同治十年)を以て生れ黑龍江駐防旗人の代表的人物として知らる曾て黑龍江督軍公署顧問に擧げられ又民國成立後黑龍江省議會議員に選れし事あり尙氏名と字の原音は Kuan Chin-shan 及 Jen-an なり(黑龍江省齊々哈爾市)

關　慶　麟　薦任二等、前熱河省公署理事官、總務廳勤務、奉天省人

君は奉天省義縣人にして千八百九十八年(光緒二十四年)を以て生る夙に北京大學を卒業す初め軍警界に入り曾て東三省第六旅一等軍需を經て第四旅軍需處長に進み次で東北長官公署諮議に轉じ後承德特務機關囑託たりし事あり千九百三十二年滿洲國成立後熱河省公署事務官に任ぜられ朝陽辦事處長たりしが同署理事官に昇任し總務廳勤務となり其後休職となる(熱河省公署總務廳內)

關　繼　周　山海雜貨商福慶永支配人、奉天省人

君は奉天省興城縣人にして早くより實業界に志し商業に經驗深く山海雜貨販賣福慶永支配人として活躍し賣上年額約十萬元を算す上海大連奉天營口方面より仕入れ地場及近鄕に販賣す同地に支店を有し千九百年の開設にして錦縣人王燮臣を出資者とす(錦縣南街路西福慶永內)

關　成　山　陸軍上校、第二軍管區司令部參謀處長　吉林省人

君は又愼三と稱し吉林省雙城縣人にして千八百九十年(光緒十六年)を以て生る夙に保定陸軍々官學校を卒業す曾て第十五師上校參謀を經て第五方面軍團參謀長に進み次で吉林第九十七團長に任じたる事あり大同元年滿洲國陸軍上校に任ぜられ吉林警備司令部參謀處長に補せらる康德元年軍管區成立により改稱され以て現職に在り(吉林省城)

闞　　鐸　元奉山鐵路管理局長兼四洮鐵路管理局長　安徽省人

君は又霍初と稱し安徽省合肥縣人にして千八百七十五年(光緒元年)を以て生れ夙に日本に留學して建築學を修得するところあり歸國後曾て北京政府司法部總務廳長たりしが其後滿洲各地の鐵路局の技師に歷任したり滿洲事變前後奉天鐵路管理局長兼四洮鐵路管理局長に任ぜられし事ありたり尙氏名と字の原音は Kan To 及 Huo-chu なり(奉天市)

闞　朝　璽　元熱河都統、前奉天四民維持會長　奉天省人

君は又子珍と稱し奉天省盤山縣人にして千八百八十五年(光緒十一年)を以て生れ夙に張作霖に從ひ部下の將軍として又東北派の長老として知らる始め張作霖下の巡防隊に入り克く張の知遇を得腹心として累進し第二十七師砲兵團長暫編奉天第一師旅長吉長鎭守使奉天第一混成旅長洮遼鎭守使等を經て愈々

其地位を築きたり千九百二十四年第二奉直戰後張の勢力伸張するや熱河都統兼東北陸軍第三師長として熱河に駐在す翌年郭松齡の反張擧兵に際し馮玉祥の督する國民軍に壓迫せられ熱河の地を退出し且つ郭軍に內通せるの嫌疑を受け一切の官職を辭して下野したり然れ共幾何もなく亦張と關係復舊して千九百二十七年奉天軍總執法處長に任ぜられしが翌年張作霖の死後再び野に下りて大連に閑居す千九百三十一年滿洲事變勃發するや共の聲望手腕に期待せられ推されて奉天地方維持委員會委員となり時局收拾に盡力し次で奉天四民維持會を組織し自から會長として救濟事業に携はり誠に業績見るべきものありしが千九百三十二年新國家成立して一般秩序の維持せらるるや再び大連に隱棲して老後を送る事となれり尚氏名と字の原音は Kan Chao-hsi 及 Tzu-C..en なり（大連市）

闞　潮　洗　滿洲中央銀行監事

君は早くより財界の人として知られ千九百三十二年滿洲國成立するや各地の官銀號を併合統一し國內唯一の金融機關たる滿洲中央銀行監事に擧げられ且つ鄭國務總理大臣を會長とし熙財政部大臣を副會長とする滿洲中央銀行繼承資產審定委員會委員たり尚氏名の原音は Kan Chao-hsien なり（新京市）

闞　旬　文　薦任八等、商標局事務官、奉天省人

君は奉天省盤山縣人にして千九百一年（光緒二十七年）を以て生る夙に日本に留學して日本大學專門部を卒業す歸國後官途に志し曾て東山鐵路局秘書に任じたることあり千九百三十二年滿洲國成立するや任官して大同二年商標局事務官となり以て今日に至る（新京市實業部商標局內電**四五六九・四五七〇**）

顏　之　材　奉天瀋陽警察廳第七區警察署長　奉天省人

君は又敏齊と稱し奉天省遼陽縣人にして千八百八十七年（光緒十三年）を以て生る千九百十六年中央高等警官學校を卒業す曾て營口警察廳督察長を經て東三省工廠科員たりし事あり千九百三十二年滿洲國成立後奉天省瀋陽警察廳第七區警察署長に任ぜられ以て今日に至る（奉天市大東邊門黑龍江街三七）

キ之部

木田 清　薦任四等、法制局參事官、山形縣在籍

君は山形縣人にして明治三十三年を以て生る大正十四年東京商科大學附屬商業教員養成所を卒業し新潟縣師範學校教諭を拜命同十五年文官高等試驗行政科試驗に合格す大同元年滿洲國成立と共に其招聘に應じ法制局參事官に任ぜられ今日に至る（新京市浪速町二ノ二電三六一〇）

木付鎮雄　薦任五等、法制局參事官、熊本縣在籍

君は熊本縣士族木付鎮定の長男にして明治三十九年三月二十九日を以て生る昭和二年東亞同文書院を卒業し直に南滿洲鐵道會社に入りしが同四年在職の儘北京に留學同七年同社吉林公所勤務となる大同元年滿洲國成立と共に國務院法制局事務官に任ぜられ同二年法制局參事官に進み今日に至る（新京市大和通七六電三五三九）

祁守康　薦任五等、司法部理事官、總務司調査科長、奉天省人

君は又仲安と稱し奉天省瀋陽縣人にして千八百九十一年（光緒十七年）を以て生る夙に奉天法政學堂を卒業し法曹界に入り瀋陽地方審判廳推事たりしが其後奉天財政廳科員奉天公署第二科主任等を經て長白縣知事に昇任し次で實業廳第三科長たりし事あり千九百三十二年滿洲國成立後司法部事務官に任じ總務司調査科長たり康德元年七月同部理事官に昇任し以て今日に至る（新京市東四馬路電三五九三）

祁靖黎　薦任六等、奉天省公署祕書官、總務廳勤務、奉天省人

君は又靜軒と稱し奉天省瀋陽縣人にして千八百八十七年（光緒十五年）を以て生る千九百十年奉天方言學堂を卒業す千九百十三年奉天籌邊學校教員より奉天商業學校教員となり次で奉天法政專門學校東北大學各教員を經て東三省兵工廠文書科長同廠統計委員會委員長等に歷補したる事あり千九百三十二年滿洲國成立後奉天省公署祕書官に任ぜられ總務廳勤務となり今日に至る（奉天市大北關七聖祠後胡同）

奇普森額　薦任三等、興安北分省公署民政廳長、呼倫貝爾人

君は呼倫貝爾克魯倫河人にして巴爾虎旗の出千八百六十六年（淸同治五年）を以て生る同族の有力者にて曾て新巴爾虎右翼總官公署書記より同副總管となり千九百十七年新巴爾虎右翼總管に昇任す千九百二十八年蒙古政廳呼倫貝爾副都統公署右廳長に任ぜられし事あり千九百三十二年滿洲國成立後興安北分省公署民政廳長の要職に任じ今日に至る尚氏名の原音は Chi-pu-sen-e なり（興安北分省公署民政廳內）

紀錫海　陸軍上校、中央陸軍訓練處總務部長、吉林省人

君は又靜波と稱し吉林省寧安縣人にして千八百九十三年（光緒十九年）を以て生る夙に保定軍官學校工兵科を卒業す曾て福建將軍署少校參謀を經て陸軍十二師四十五團長に進み次で陸軍十二師步兵二十三旅長黑龍江講武分校地形教官等に歷任せし事あり其後滿洲國軍政部に入り陸軍上校に任ぜられ中央陸軍訓練處總務部長に補せらる（奉天市大南關裏工部胡同）

貴　　福

勳一位、特任、參議府參議、憲法制度調査委員會委員
內蒙古正黃旗人

君は又申五と稱し內蒙古索倫正黃旗達呼爾人にして前清貝勒銜呼倫貝爾の旗長の出千八百五十九年（清咸豐九年）を以て生れ蒙古政廳の一屬吏より累進して千九百十九年蒙古政廳呼倫貝爾副都統に昇任したる英才なり滿洲事變勃發後には新國家建設に盡力するところあり爲めに千九百三十二年國家成立後參議府參議に列し特任を以て遇せられ憲法制度調査委員會委員たり又千九百三十二年冬期反將蘇炳文の爲一時海拉爾に監禁せられし事あり蒙古族出身の功績者として著聞し康德元年勳一位に敍せられ景雲章を賜ふ尙氏名と字の原音は Kuei Fu Shen-wu なり（新京市六馬路參議府參議室內電四〇二二）

參照＝凌陞の項

熙　　洽

勳一位、特任、財政部大臣兼吉林省長、憲法制度調査委員會委員、奉天省人

君は又格民と稱し奉天省瀋陽縣人にて清宗室の出千八百八十四年（光緒十年）を以て生れ夙に日本に留學して千九百十一年陸軍士官學校騎兵科を卒業したる英才なり民國初年朱慶瀾の下に黑龍江都督參謀同省牧養廠長等に歷任し千九百十七年廣東に赴き廣東省長公署參議に任ず後滿洲に歸り東三省講武堂教育長同省巡閱使署參謀處長蒙藏經略使署軍務處長東北陸軍第十旅長東三省保安總司令部軍務處長吉林軍務善後事宜督辦公署參謀長等の要職を經累進して吉林東北邊防軍副司令長官公署參謀長兼吉林陸軍訓練總監吉林省政府委員となり張作相下の偉材として樞機に參與す千九百三十一年滿洲事變勃發するや逸早く獨立を宣し吉林新政府を樹立して治安維持と諸政遂行に當り爾來于芷山將軍と連絡して吉林省內の匪賊討伐を爲し賓縣政府を倒壞して新國家建設の大業を助けたる功績大なるものあり千九百三十二年滿洲國成立後財政部大臣吉林省長の顯職に重用され兼ぬるに憲法制度調査委員會委員吉林清鄉局長中東鐵路護路軍總司令を以てし尙鴉片專賣籌備委員會會長滿洲中央銀行繼承資產審定委員會副會長の職にあり其建國及現在に於ける功業により康德元年五月勳一位に敍せられ景雲章を賜はる又同年滿洲帝國皇帝の修好聘問正使鄭孝胥と共に其副使として赴日大任を果したり尙氏名と字の原音は Hsi Hsia 及 Ko-min なり（吉林省吉林市）

參照＝熙清の項

熙　　清

薦任二等、吉黑榷運署副署長、奉天省人

君は又哲民と稱し清宗室滿洲正藍旗の出にして千八百九十三年（光緒十九年）を以て生れ勳一位財政部大臣熙洽の弟たり君夙に北京に出で千九百二十三年北京大學を卒業し歸鄉して王常縣稅捐局長より吉林阿城縣長に任ぜられしが千九百三十一年滿洲事變勃發するや克く兄熙洽を助けて新國家建設に盡したり後擧げられて吉黑榷運署副署長となり今日に至る尙氏名と字の原音は Hsi Ching 及 Che-min なり（新京市吉黑榷運署內電園三五〇五）

參照＝熙洽の項

凞　輪　奐

宮內府頭等侍衞官、侍衞官處勤務、吉林省人

君は吉林省人にして夙に奉天に出で東北大學を卒業す歸鄉後吉長鎭守使署參議を經て吉林省政府祕書たりしが千九百三十二年滿洲國成立後頭等侍衞官に

任じ執政府に勤務せしが同府名の改正と共に現に宮內府侍衛官處勤務となり今日に至る（新京市宮內府侍衛官署內）

黄　鴻　墀　薦任五等、外交部領事、武市領事館勤務　浙江省人

君は浙江省鎭海縣人にして千八百八十七年（光緒十三年）を以て生る哈爾濱法政大學に學び早くより外交界に入り曾て民國政府のハバロウスク領事となり其後中國交涉事宜公署準備委員東鐵理事會主席理事等に歷任したり千九百三十二年滿洲國成立後外交部領事となり現時武市領事館に勤務す（武市領事館內）

魏　運　衡　奉天省法庫縣長　奉天省人

君は又銓忱と稱し奉天省復縣人にして千八百八十七年（光緒十三年）を以て生る千九百八年奉天警務學堂を卒業す夙に官界に志し曾て奉天省佘川縣長たりし事あり現時同省法庫縣長たり（奉天省法庫縣）

魏　子　香　染色工場春元盛出資者兼支配人　河北省人

君は河北省保府城內人にして千八百九十九年（光緒二十五年）を以て生る早くより實業界に志して實務の經驗を積むや滿洲に於て身を立て小壯よく染色工場春元盛を經營して業績を揚げ信用厚し同店は千九百三十一年二月開設の新舖なるが市中日滿各塗料品商店より各種塗料を仕入れ製品は專ら奉天地賣とし年利益一萬五百元を算し個人經營としては將來大いに囑望せらる（奉天市小北關爐灰山胡同春元盛內）

魏　紹　周　北滿特別區公署顧問　奉天省人

君は又繩武と稱し奉天省義縣人にして千八百七十七年（光緒三年）を以て生れ夙に北京大學を卒業し千九百十七年黑龍江省實業廳長兼廣信公司總辦を經て千九百二十一年吉林省軍政署祕書長濱江關監督等に歷任し後東省特別區行政長官公署總參議たりしが千九百三十二年滿洲國成立後東省特別區長官公署教育廳長に任ぜられ後北滿特別區公署顧問として今日に至る尙氏名と字の原音は Wei Shao-chou 及 Sheng-wu なり（哈爾濱市商埠地九八電四九九三）

魏　象　賢　薦任五等、文教部理事官、學務司專門教育科長、奉天省人

君は奉天省瀋陽縣人にして夙に淸國留學生となり日本早稻田大學に學び千九百十八年同大學專門部政治學科を卒業す歸國後奉天省政府諮議を經て千九百三十二年滿洲國成立後文教部事務官に任じ現時學務司專門教育科長たり康德元年七月理事官に昇任す（新京市大馬路義和謙電四二七九）

魏　宗　遠　薦任五等、實業部事務官、總務司文書科勤務、山東省人

君は山東省德縣人にして千八百九十三年（光緒十九年）を以て生る夙に日本に留學して千九百十七年中央大學法科を卒業す歸國後官界に入り曾て吉黑榷運局視察處長たりし事あり千九百三十二年滿洲國成立後實業部屬官を經て同部事務官に任じ總務司文書科勤務となり以て今日に至る吉黑榷運署長魏宗蓮は其兄に當る（新京市實業部總務司內電四〇六三）

參照＝魏宗蓮の項

魏宗蓮

簡任二等、財政部吉黑權運署長
山東省人

母　陳氏　德州籍淸江西南昌衞守陳國慶次女

妻　曹惠君　一九〇四（光緒三〇）年生、上海籍

男　祖武　一九一三（民國二）年生、北平滙文中學出身

婦　陳氏　一九一四（民國三）年生、長男祖武妻

魏家は唐代の忠臣魏徵の後裔にして君の父故待御公は吟舫と號し前淸の進士都察院御史にて淸代有名の直臣咸同年間の文學者にして「延壽客齋詩集」の著あり君は又蓮溪と稱し山東省德縣人にして千八百八十五年（光緒十一年）を以て生れ夙に日本東京帝國大學法學部を卒業す民國成立後湖北實業廳長宜昌關監督兼宜昌沙市交涉員等に歷任し滿洲事變勃發當時は吉林省政府參議として克く熙洽を助く現時吉黑權運署長の重職にあり家族は尙孫男騷嘉（一九三一年生）同女鳳（一九三〇年生）あり弟宗適（北京高等警官學校出身）は湖北武昌警察署長宜昌警察廳督察長等に同宗邁（日本鹿兒島高農出身）は山東泰安靑州森林局長に同宗蓬（日本中央大學出身）は滿洲國實業部機要服長に同宗蓬（山東農業學校出身）は山東泰安森林事務所技士に夫々就任し姉は山東省人孔慶鍾に嫁し甥孔繁梗は滿洲棉花會社董事に姪祖徵は同省人孟昭斌に嫁したり尙氏名と字の原音は Wei Tsung-lien 及 Lien-hsi なり（新京市吉黑權運署長公館內電園三五〇六）

參照＝魏宗蓬の項

菊竹實藏

簡任二等、前興安總署次長、福岡縣在籍

君は福岡縣出身にして大正三年東京外國語學校蒙古部卒業後南滿洲鐵道會社鄭家屯公所長たりしが滿洲國成立するに及び聘せられて國務院興安總署次長に任ぜらる官衙建築計畫委員會逆產處理委員會各委員國道會議々員たり大同二年官職を退く（新京市）

北堀誠

薦任六等、國務院交通部事務官、路政司第五科長
靜岡縣在籍

君は靜岡縣人にして明治二十九年を以て生る大正二年沼津商業學校を卒業し同三年滿鐵教習所を卒業し吉長鐵路局運輸課長及吉長鐵路局車務課長を經て滿洲國成立と共に其招聘に應じ國務院交通部事務官に任じ現時路政司第五科長たり（新京市羽衣町二ノ二二電三六〇八）

吉興

勳一位、陸軍上將、第二軍管區司令官
奉天省人

君は又培芝と稱し奉天省瀋陽縣人にして勳一位民政部大臣兼奉天省長臧式毅の義兄たり千八百七十九年（光緒五年）を以て生れ夙に日本に留學し千九百十一年陸軍士官學校砲兵科を卒業したる英才なり歸國後張作霖に從ひ東北軍閥に入り安東警察廳長陸軍第二十七師參謀長黑龍江砲兵團長吉林將軍公署參謀長等を歷任し千九百二十三年延吉鎭守使兼任後中央陸軍獨立第二十七旅と改稱せる東北陸軍第十三旅長延吉警備司令となれり滿洲事變勃發するや吉林獨立の擧に參劃し克く熙洽を助けて難局に處し吉林警備第三旅長たり滿洲國成立後陸軍中將に任じ最も政情に通じたる吉林省警備司令官の重職に就き康德元年五月勳功により勳一位に叙せられ景雲章を賜はる同年七月陸軍上將第二軍管區司令官に任補今日に至る尙氏名と字の原音は Chi Hsing 及 Pei-chih

なり（吉林市第二軍管區司令官舍）
參照＝藏式毅、藏爾の項

吉爾嘎朗 薦任六等、興安東分省公署理事官、總務廳總務科長 內蒙古人

君は內蒙古東布特哈正白旗人にして千九百三年（光緒二十九年）を以て生れ千九百二十五年黑龍江省立第一中學を卒業し北京國立師範大學に學ぶ千九百二十七年の日本へ派遣留學生として東京東亞高等豫備校を經て長崎高等商業學校に學びたり千九百三十一年事變勃發の際は蒙古自治軍を組織し自ら軍法處長となり更に蒙古自治籌備委員會委員となる新國家建設後興安總署祕書官に任命せられ大同二年興安東分省公署總務廳總務科長に轉じ康德元年七月理事官に昇任し今日に至る小壯有爲の英才にして趣味に讀書戶外運動あり尙氏名の原音は Chi-erh-ga-lang なり（興安東分省城中央大街）

吉祥 元黑龍江省長代理 黑龍江省人

君は又德純と稱し黑龍江省龍江縣人にして千八百六十二年（淸同治元年）を以て生れ黑龍江駐防旗人の代表的人物として知らる前淸時代已に黑龍江巡防隊統領に任じ民國成立後黑龍江省旗務所總辦黑龍江淸鄉督辦等の重職に歷任するところあり千九百三十一年滿洲事變勃發するや早くより張景惠を助けて黑龍江の獨立治安維持に盡し一時省長代理として時局收拾の任に當りたる英才なり尙氏名と字の原音は Chi Hsiang 及 Te-chun なり（齊々哈爾市）

邱任元 薦任二等、國道局理事官、總務處勤務 福建省人

君は又夙貞と稱し福建省長樂縣人にして千八百八十六年（光緒十二年）を以て生る夙に日本に留學して早稻田大學專門部政經科を卒業す歸國後奉天高等審判廳推事を經て遼源地方審判廳長に進み次で長春尹公署祕書兼外交科長より山東高等檢察廳長に轉じ後黑龍江呼蘭地方法院長たりしが其後國道局事務官に任ぜられ總務處勤務となり康德元年七月同局理事官に昇任す（新京市）

宮廷藩 薦任七等、熱河省公署事務官、教育廳學務科長、熱河省人

君は熱河省凌源縣人にして千八百九十七年（光緒二十三年）を以て生る夙に北京法政大學を卒業す官界に入り曾て熱河教育廳第三科長に進み次で熱河都統署政務廳科長同署教育廳祕書等に歷任したる事あり千九百三十二年滿洲國成立後熱河省公署事務官に任ぜられ教育廳學務科長となり以て今日に至る（熱河省承德）

許億年 大連市會議員、西大連商會長、安惠棧油坊經營、關東州人

君は關東州大連市沙河口人にして千八百八十三年正月十一日（光緒九年）を以て生る千八百九十九年本村私塾の修學後實業界に志して直に大連安惠棧雜貨商に入り商務に從事し多年の經驗を積む千九百九年安惠棧油坊を自ら開設經營して業績を揚げ信用厚く以て今日に至る尙千九百二十二年本村々長に就任し千九百二十四年第一回大連市會議員に選任せられたる事あり千九百三十年西大連商會成立に及びその會長に推され大同二年大連市會議員に再選現に其職にあり（大連市沙河口西町八八電三八七七・長四二八七）

許　汝　棻　簡任一等、文教部次長兼高等師範學校長江蘇省人

君は又魯山と稱し江蘇省丹徒縣人にして千八百六十三年十二月二十六日（淸同治元年）を以て生れ千八百九十八年卽ち前淸の進士たり同年度支部主事に任じ千九百八年福州大淸銀行總辨を經て翌年福建財政監理官となり傍ら大淸銀行總辨を兼ね同地方の財政金融界に重きを致したる事あり滿洲國成立するや入りて大同元年七月文教部次長に擧げられ翌年同部敎員講習所長を兼任し傍ら高等師範學校創設委員長及滿洲國體育協會副會長に推され且つ官衙建築計畫委員會委員たりしが康德元年高等師範學校長を兼任す以て今日に至る尙氏名と字の原音は Hsu Ju-fen 及 Lu-shan なり（新京市西三道街交通銀行後樓電三六三八）

許　寶　蘅　簡任一等、宮內府總務處長、浙江省人

君は又季湘と稱し浙江省杭縣人にして千八百七十六年（光緒二年）を以て生る前淸擧人の出にして夙に官界に入り民國成立後北京大總統府祕書同祕書長國務院祕書同院銓敍局長內務部司長等を歴任して千九百二十七年顏惠慶內閣の國務院祕書長に任じ同濫復內閣の法政局長に轉じたりしが千九百二十八年奉天軍の京津撤退と共に辭して奉天に赴き其後遼寧省政府の成立に及び祕書長に任ず千九百三十年辭任して黑龍江省政府顧問たりしが千九百三十二年滿洲國成立と共に大禮官兼執政府祕書官に任ぜられ康德元年三月宮內府總務處長に轉任して今日に至る尙氏名と字の原音は Hsu Pao-heng 及 Ch-ihsing なり（新京市宮內府總務處內）

許　凌　雲　紙張及麥粉商永源河支配人、山東省人

君は山東省禹域人にして早くより商業に從事して身を立つ現時郭雲閣等合資經營に係る紙張及麥粉商永源河の支配人として活躍し賣上年額約一百萬元に及ぶ仕入先を上海天津營口方面に有し吉林市著名の店舖なり（吉林省城前魚行永源河內）

許　露　厚　薦任八等、國務院總務廳事務官、祕書處文書科勤務滿洲旗人

君は又濟生と稱し北京內務府正黃旗の出にして千八百八十三年（光緒九年）を以て生る千八百九十四年北京咸安宮官學生を卒業す後官界に入り曾て安東縣商埠局監工委員を經て安東大東溝木稅局長順天府永定河北三大工西料廠副廳河北省懷柔縣管獄官等を歴任し次で吉林省民政廳長たりし事あり千九百三十二年滿洲國成立後國務院總務廳事務官に任ぜられ祕書處文書科勤務たり（新京市六馬路國務院總務廳祕書處文書科內電四〇三〇）

姜　蔭　蕎　絲房子及雜貨商洪順盛支配人、山東省人

君は山東省黃縣人にして千八百七十四年（淸同治十三年）を以て生る夙に商業に志し業務を習得する事多年其經驗を以て現時奉天市の絲房子雜貨商洪順盛の支配人として同縣人の巨商出資者王樹亭を助け實務の隆昌を致す同店は開設後三十餘年に過ぎざれど賣上年額壹百萬元を超過し仕入を日本大阪支那上海に求め其の投資に係るものは奉天の洪順茂泰和商店鐵嶺の洪順泰洮南の洪順公海倫の洪順昌等なり（奉天城裡四年街路南洪順盛內電園二九八七）

姜　沅　燒鍋業廣合源支配人　山西省人

君は山西省楡次縣人にして千八百九十二年（光緒十八年）を以て生る夙に商業に從事し經驗を積み燒鍋業廣合源支配人として小壯よく賣上年額約六十五萬元を算するに至る同店は千八百八十二年開設にして市中城東北克龍口廣合泉及西沙嶺廣合源の二支店を有す尙出資者は山西省人吳本會なり（奉天市小南關大街路西廣合源內）

姜　承　業　前黑龍江省公署理事官、敎育廳長　關東州人

君は又敬齋と稱し關東州金州人にして千八百七十四年（淸同治十三年）を以て生れ夙に奉天講武堂を卒業す奉天省內各地の稅捐徵收局長及縣知事等を歷任して千九百二十六年熱河財政廳長に任じ千九百二十九年熱河省政府委員兼財政廳長となり滿洲國成立後入りて大同二年四月黑龍江省公署理事官として敎育省長に任ぜられしが同年七月辭職す尙氏名と字の原音は Chiang Cheng-yeh 及 Ching-chai なり

姜　西　亭　同泰油房主　山東省人

君は山東省福山縣人にして千八百六十三年九月七日（淸同治二年）を以て生る千八百七十九年本村私塾の學を修むるや實業界に志して芝罘に出で商業に從事し實務を習得すること多年滿洲に於て身を立て千九百十一年大連に到り自ら同泰油房を開設し業績を揚げ信用厚く以て今日に至る（大連市室町一同泰油房電四九六八）

姜　全　我　安東商埠公安局長　關東州人

君は又曉峰と稱し關東州金州人にして千八百八十三年（光緒九年）を以て生れ夙に軍界に入りて依蘭鎭守使署參謀長兼奉天第四旅參謀長に累進し後奉天保甲總辨公所參議安東警察廳長等を歷任し奉天省防軍團長として鳳凰城に駐在したりしが千九百三十一年滿洲事變後轉じて安東商埠公安局長たり尙氏名と字の原音は Chiang Chuan-wo 及 Hsiao-feng なり（安東市）

敎　德　興　吉長儲蓄總商會長兼裕華煤礦公司總理　奉天省人

君は又政辰と稱し奉天省鳳城縣人にして千八百八十二年（光緒八年）を以て生れ夙に奉天法政專門學校を卒業す始め政治界に入り曾て奉天省議會議員奉天淸鄕總局參議を經て後衆議院議員となり北京政府國務院諮議國民政府國民會議遼寧代表等に歷任したりしが轉じて實業界方面に向ひ千九百二十二年以來吉長儲蓄總商會長たる外千九百二十八年以來裕華煤礦公司總理として活躍す尙氏名と字の原音は Chiao Te-hsing 及 Chang-chen なり（新京市）

喬　藎　卿　綿糸布商恒聚成出資者兼支配人　河北省人

君は河北省欒亭縣人にして千八百八十五年（光緒十一年）を以て生る夙に實業界に志して商業に從事し陳益亭楊占山と合資を以て千九百十年開設の綿糸布商恒聚成を經營し自ら支配人となり現時賣上年額約五十萬元を算するに至れり販路は新京鐵嶺開原及瀋海線各地に及び正金銀行中央銀行會元公銀號等を取引銀行とす（奉天市小西門內瀋海晏胡同路北恒聚成內）

業喜海順 簡任二等、興安南分省長、興安南分省人

父　色旺諾爾佈桑佈
母　博爾吉濟特氏
妻　愛新覺羅氏
男　薩喜雅佈

當家は代々内蒙古の名族として知られ特に祖父は六盟の一たる哲里木盟長兼兵備札薩克科爾沁和碩圖什業圖親王札薩克巴賫多爾吉にして父色旺諾爾佈桑佈ゝ亦繼承して同職に在り君は又劍泉と稱し千八百九十一年十二月二十日（光緒十七年）を以て生る齡僅に十一歲の時札薩克和碩圖什業圖親王を承襲し千九百九年三位花翎を賞せられ乾清門行走となる千九百十一年御前行走を加へ翌年親王雙俸を加へらる千九百二十二年十一月衆議院議員に選擧せられ憲法起草委員會委員に任ず千九百三十二年滿洲國成立後擧げられて興安南分省長の要職に任じ省管内の東科前旗東科中旗西科中旗西科前旗西科後旗札賫旗の行政の衙に當り以て今日に至る又祖母及母は共に博爾吉濟特氏の出にして妻は清朝宗祖の愛新覺羅氏より出づ尙氏名の原音は Yen-hsi-hai-hsun なり（興安南分省內）

曲子源 福順厚代理店銀號油房木廠總經理　關東州人

君は關東州金州城花家衙人にして千八百八十七年五月十五日（光緒十三年）を以て生る千九百年南金書院を卒業し實業界に志して大連に出で千九百四年同地福順棧に入り商務に從事すること數年間曾て營業外交等を擔任す千九百十九年福順厚に改組さるるや擧げられて各號副經理となり信用厚く業績を揚ぐ千九百二十七年同總經理に昇任し銀號油坊木廠各號の業務經營の任に當り以て今日に至る（大連市近江町一六福順厚**電七一四一**）

曲秉善 薦任四等、民政部理事官、總務司文書科長、奉天省人

君は奉天省瀋陽縣人にして夙に滿洲醫科大學並東北大學法學院政治經濟科を卒業し奉天警官學校醫學衞生教授に任ぜられしが千九百三十二年滿洲國成立するや民部部事務官となり現時同部總務司文書科長たり康德元年七月同部理事官に昇任す（新京市東三馬路**電三五四六**）

曲樂亭 源昌號經營　關東州人

君は關東州大連者內欒家屯會人にして千八百八十五年八月十九日（光緒十一年）を以て生る齡十七歲まで漢學館に於て修學し實業界に志して商務に從事すること久しく曾て政記油坊に執務約十一箇年間經理に進む共後源昌號經理となり亞洲火磨を創辦して經理の職に就き何れも業績を揚げ信用厚く現時專ら源昌號を經營す有力實業家なり（大連市紀伊町三二**電八三六三**）

玉春 薦任七等、外交部事務官、通商司勤務　江蘇省人

君は又紹棠と稱し江蘇省丹徒縣人にして千八百八十五年（光緒十一年）を以て生れ夙に日本に留學し中央大學經濟科を卒業し歸國後黑龍江省立法政專門學校長兼教授となり轉じて黑龍江署長公署參議外交部特派黑龍江交涉員公署諮議兼科長を歷任せしが千九百二十年右交涉署廢止さるるや外交部駐遼寧特派員龍江分處主任となり且つ黑龍江省外交主任たりしが滿洲國成立後黑龍江省公署參議に轉じ次で外交部事務官に任じ通商司勤務たり尙氏名と字の原晉

は Yu Chun 及 Shao-tang なり（外交部通商司內）

金 毓 紱　簡任二等、奉天省公署參事官、奉天省人

君は又靜菴と稱し奉天省遼陽縣人にして千八百八十八年（光緒十四年）を以て生れ夙に北京大學文科を卒業す奉天省議會秘書を經て東北政務委員會秘書遼寧省政府秘書長を歷任して遼寧省政府委員兼教育廳長たりしが千九百三十一年滿洲事變後奉天省長公署參議に任ぜられ新國家成立するや奉天省公署參事官となり今日に至る尙氏名と字の原音は Chin Yu-fa 及 Ching-an なり（奉天省公署參事官室內）

金 英 翰　陸軍上校、第三軍管區司令部軍需處長　關東州人

君は又旭東と稱し關東州金州人にして千八百九十三年（光緒十九年）を以て生る夙に金州南金書院を卒業す初め南滿洲鐵道會社に入り昌圖驛勤務となり後山東鐵路監理部淄川驛長たりし事あり千九百三十二年滿洲國成立するや軍政部に採用され陸軍上校に任じ黑龍江警備司令部軍需處長に補せられしが康德元年軍管區成立により第三軍管區司令部に改稱さる（黑龍江省城）

金 榮 桂　簡任二等、哈爾濱警察廳長、奉天省人

君は又伯衡と稱し奉天省蓋平縣人にして千八百七十六年（光緒二年）を以て生れ早くより警察事務に携り進んで山東省警察署長に任じ其後吉林保衞團督辦東省特別區警察管理處長等に歷任し千九百三十一年滿洲事變勃發當時東支鐵道督辦公署參贊たり事變後一時東支鐵道理事に任じたりしが轉じて現時民政部哈爾濱警察廳長となり北邊都市の治安維持警備に當る尙氏名と字の原音は Chin Jung-Kuei 及 Po-heng なり（哈爾濱市）

金 毅　陸軍上校、宮內府侍從武官、奉天省人

君は又夢吉と稱し奉天省瀋陽縣人にして千八百九十九年（光緒二十五年）を以て生れ千九百十六年陸軍軍需學校を卒業す翌年陸軍二十八師見習を經て千九百十八年參戰軍二旅三團三連中尉排長に進み同本連連長同本團三等軍需正第二營營副等となる翌年援陝軍第二團少校團附より奉天高等師範學校教授に轉じ千九百二十年奉軍第八旅第五連長に任ず其後第八旅第二營一等軍需衞隊騎兵第六團三等軍需正奉天糧秣廠中校主任奉天被服廠科長東三省校閱委員會軍需主任等に歷任して千九百二十四年鎭威軍一三聯軍前方兵站處長となれり翌年蘇皖魯剿匪總司令部糧服科長兼會計科長より安徽督辦公署軍需課糧服科長兼糧服局長となり更に鎭威第四方面軍團司令部軍需處長たり千九百二十六年鎭威第三四方面聯合軍團前方兵站上校處長となり其後鎭威第二七方面軍團第五軍少將參議第二軍第一補充旅長第二十二軍旅長等に歷任し千九百二十九年東省特別區警察管理處執照服主任に轉任し翌年北平公安局會計科長より翌年陸海空軍副司令行營兵站上校主任たりしが千九百三十二年滿洲國成立後陸軍上校侍從武官に任ぜられ康德元年三月宮內府侍從武官處詰となり今日に至る（新京市小五馬路門牌一五）

金 奎 璧　前黑龍江省警備司令部參謀長、奉天省人

君は又荊璞と稱し奉天省遼寧縣人にして千九百一年（光緒二十七年）を以て生れ夙に北京陸軍大學を卒業し軍界に入り黑龍江省陸軍砲兵團長たりしが千

九百三十二年滿洲國成立後軍政部黑龍江省警備司令部にあり陸軍中將張文鑄の下に參謀長として活躍したり尙氏名と字の原音は Chin Kuei-pi 及 Ching-pu なり（齊々哈爾市）

金　憲　立　齊々哈爾市政局長　滿洲人

君は又定之と稱し前淸皇家の出肅親王の第十五子なり夙に上海に出で東亞同文書院を卒業し更に日本東京に遊學して硏鑽するところあり千九百三十二年滿洲國成立後黑龍江省公署外交祕書となりしが同年夏轉じて齊々哈爾市政局長に任ぜらる尙氏名と字の原音はChin Hsien-li 及 Ting-chih なり（齊々哈爾市）

金　舜　廷　阜敦祥經營　關東州人

君は關東州大連市外欒家屯會金家屯人にして千九百一年十月二十一日（光緒二十七年）を以て生る幼少より本村私塾に修學七箇年實業界に志して金州に到り約九箇年間商務に從事し更に大連に於て四箇年の經驗を積み大いに得るところあり康德元年自ら阜敦祥を開設して經營の任に當る小壯實業家として將來を囑望さる（大連市財神街四〇阜敦祥電二九四八六・七二九一）

金　昌　薦任七等、興安南分省公署警正、達爾罕王府興安警察局吉爾戉朗塔拉警察署長　興安南分省人

父　哈薩巴根
母　包　包　氏
妻　包　包　氏
男　玉　虎
男　丁　郎

君は蘇魯克旗高鼎屯人沙格德爾札布の孫にして哈薩巴根の男なり科爾沁左翼前旗の出にて千九百一年（光緒二十七年）十月二十五日を以て生る千九百十二年本旗蒙文學校に入學し翌々年卒業す早くより軍警界に入り千九百二十六年京奉路大通支線護路警備軍少校隊長に任じ其後國事に盡瘁したるも千九百二十八年天津に於て宗社運動に參加し活躍するところあり千九百三十一年滿洲事變勃發當時內蒙自治軍を組織して第三軍副軍長兼軍法處長に任じ時局の收拾內蒙自治の大業に奔走す新國家成立するや大同元年五月興安南分省警備軍駐鄭辨公處長に擧げられ後轉じて興安總署警正に任じ現時前記の警察署長たり尙氏名の原音は Chin Chang なり（興安南分省科左前旗庚乙廟）

金　振　民　薦任三等、交通部理事官、總務司調查科長兼新京郵局長　奉天省人

君は又醒初と稱し奉天省西平縣人にして夙に上海中國國立東南大學分設上海商科大學を卒業し曾て哈爾濱中東鐵路商務委員を經て東北交通委員會總務處長に任じたりしが千九百三十二年滿洲國成立するや交通部事務官となり總務司調查科科長兼新京郵局長にして國都建設計畫諮問委員會委員たり康德元年七月交通部理事官に昇任す（新京市大北內裡鴻吳金店後胡同內電三六〇七）

金　智　元　宮內府頭等侍衛官、侍衛官處勤務　吉林省人

君は吉林省人にして夙に英文華學校を卒業し曾て航慶宮伴讀に任じ早くより宮廷關係の事務に鞅掌したり千九百三十二年滿洲國成立後擧げられて執政府侍衛官たりしが同府名の改稱により宮內府侍衛官處頭等侍衛官として今日に

至る尚氏名の原音は Chin Chih-yuan なり（新京市宮內府侍衛官處內）

金長祉

薦任六等、奉天省公署理事官兼視學、敎育廳勤務、奉天省人

君は又如九と稱し奉天省瀋陽縣大仁屯人にして千八百九十四年（光緒二十年）を以て生る千九百二十年北京大學を卒業す官界に入り曾て關稅局長汽車廠長等に歷任したる事あり千九百三十二年滿洲國成立後奉天省公署視學に任じ敎育廳勤務たり康德元年七月同署事務官より理事官に昇任し以て今日に至る（奉天省城小東關上坎胡同）

金棟

薦任五等、黑龍江省公署理事官、民政廳行政科長、安徽省人

君は又堯松と稱し安徽省休寧縣人にして千八百八十八年（光緒十四年）を以て生る夙に南京滙文書院を卒業す官界に入り曾て安徽督軍公署祕書を經て上海市政廳總務科長上海警察廳科長上海市政工巡捐總局長等に歷任し次で鳳臺縣知事河北菸酒事務分局長等に就任したる事あり千九百三十二年滿洲國成立するや黑龍江省事務官に任じ民政廳行政科長たり康德元年七月同署理事官に昇任す（黑龍江省城）

金秉泰

薦任三等、吉林省公署理事官、總務廳經理科長兼延吉辦事處長、慶尚北道在籍

君は朝鮮慶尚北道榮州郡豐基面人にして明治二十年を以て生る夙に郡主事試驗に合格して任官し郡書記府記晝郡守と漸次累進し後慶尚府道理事官より慶尚北道內務部學務課長開城府尹等に歷任したる事あり滿洲國成立後吉林省公署事務官に任じ延吉辦事處勸務より總務廳經理科長延吉辦事處長に進み康德元年七月同署理事官に昇任し以て今日に至る（吉林省公署總務廳內）

金璧東

勳二位、簡任一等、新京特別市長、新京鐵路局長、滿洲人

君は前淸皇家の出肅親王の第七子なり千八百九十四年（光緒二十年）を以て生れ夙に英才として知られしも多年民間にありて出でず千九百三十一年滿洲事變勃發するや克く熙洽を助けて吉林の獨立を保持し新國家建設の大業に盡力し東北電政管理局長兼吉長吉敦吉海三鐵路管理局長東北交通委員會副委員長吉林鐵道守備隊司令官哈長線護路軍司令官長春市政籌備處長長春執政府籌備辦事處督辦執政府特任內務官等の要職に任ぜられ滿洲國成立後新京市長兼吉長吉敦鐵路管理局長及吉林鐵道守備隊司令官たりしが鐵道守備隊司令官は幾何も無くして之を辭し吉長吉敦鐵路管理局廢止されて新京鐵路管理局長に任ぜらる尚國都建設計劃諮問委員會委員を兼ね新興國家行政確立地方秩序維持の大任にあり君が功績に對し政府は康德元年五月勳二位に敍し景雲章を賜ふ大同二年十一月渡日して六大都市を歷訪し市政の視察研究なすところありたり尚氏名の原音は Chin Pi-tung なり（新京市）

金名世

簡任二等、吉林省公署理事官、警務廳長
奉天省人

妻　王淑春　一八九三（光緒一九）年生
男　毓俊　一九一二（民國一）年生
男　毓良　一九二八（同一七）年生
女　毓華　一九二〇（同九）年生

君は又晉宣と稱し奉天省興京縣人にして千八百九十六年十月二十八日（光緒二十二年）を以て生れ千九百二十年國立北京法政大學を卒業す黑河鎭守使署中校軍法官に任し延吉長鎭守使署中校軍法官を經て千九百二十六年濱江鎭守使署上校參謀長となり千九百二十九年東北邊防軍東路前敵總指揮部少將參議官に任じ後千九百三十一年汪淸縣縣長汪淸商埠局局長を經て吉林省長官公署簡任機要祕書に轉じ滿洲國成立後大同元年哈爾濱電業局總辦となり次で吉林省公署警務廳長兼保衞團管理處總辦及吉林省警察官練習所長等に任じたるも大同二年四月吉林省公署理事官警務廳長となり今日に至る家族は倘三男毓方（一九三〇年生）次女毓靜（一九二四年生）三女毓嫄（一九三二年生）あり尙氏名と字の原音は Chin Ming-shih 及 Wu-hsuon なり（吉林省城）

金　蓉　波　天成號經營　山東省人

君は山東省福山縣牟城李家村人にして千八百八十六年十月二日（光緒十二年）を以て生る千九百三年本村私塾の修學成るや實業界に志して滿洲に出で翌年大連益號昌に入りて實務に從事すること多年大いに經驗を得信用亦厚し千九百二十年益昌號を辭して翌年獨立天成號を創業經營業績を揚げ以て今日に至る（大連市浪速町七二天成號電六七五六）

金　梁　奉天博物館長、奉天通志館總纂、奉天四庫全書館坐辦　滿洲人

君は又息侯と稱し滿洲土着の出にして千八百七十八年（光緒四年）を以て生れ前淸の進士なり夙に奉天旗務處總辦となり後奉天淸文局副局長奉天政務廳長蒙古副都統總管等に歷任したる事あり千九百三十一年滿洲事變後一時奉天地方維持會委員たり現時奉天博物館長たるの他前記書館を監督し滿洲隨一の學者と稱せられ且つ篆刻家能書家として知らる得難き篤學者なり尙氏名と字の原音は Chin Liang 及 Hsi-hou なり（奉天市）

靳　造　華　元吉黑榷運局長　奉天省人

君は又邦彥と稱し奉天省法庫縣人にして千八百九十年（光緒十六年）を以て生れ夙に北京法政大學を卒業し更に日本に留學して法政大學に學びし事あり安東鹽務稽私局長を經て北鎭及復州鹽務場知事開原縣知事等に歷任し其後吉黑榷運局長となりしが千九百三十一年滿洲事變勃發の頃辭任せり尙氏名と字の原音は Chin Tsao-hua 及 Fang-yen なり

ク之部

工藤　忠　簡任一等、陸軍中將宮内府侍衛官長兼警衛官、青森縣在籍

君は青森縣人にして明治十五年を以て生る夙に專修大學を卒業し陸軍省及外務省の囑託となり支那各地に出張す大正元年陝甘總督升允將軍の顧問に聘せられ同五年討袁軍中國參謀長及最高顧問同九年甘粛省護軍使馬福祥將軍顧問を經て滿洲國成立後執政府侍從武官陸軍中將警衛官兼管理侍衛官に任ぜられ現時宮内府侍衛官長兼警衛官たり（新京市皇宮宮内府内電四一二一・四一三一）

久保田榮祐　薦任五等、司法部事務官、刑事司第二科長、東京府在籍

君は東京府人にして明治三十六年を以て生る夙に日本大學法文學部法律學科を卒業し高等試驗司法科に合格判事に任じ東京地方裁判所判事に補せらる大同三年滿洲國政府の招聘に依り司法部事務官に任じ刑事司第二科長となり今日に至る（新京市司法部刑事司第二科内電四二八五・四二〇二）

久米成夫　［從四位勳四等］簡任一等、奉天省公署理事官、總務廳長、鹿兒島縣士族

妻　靜　明二七、一一生、鹿兒島、士、萩亮長女
女　雅子　大六、一生

君は鹿兒島縣士族久米昏の長男にして明治十五年十二月を以て生れ大正十四年家督を相續す明治四十三年東京帝國大學法科大學獨法科を卒業し文官高等試驗に合格す爾來千葉縣屬神奈川縣愛甲郡長神奈川秋田各縣理事官岩手神奈川各縣警察部長神奈川縣港務部長岩手縣内務部長等を經て奈良縣知事に任じ昭和九年之を辭す同年滿洲國に聘せられ現時奉天省公署總務廳長たり家族は尙弟房之輔（明二六、一二生）あり長男大輔（大三、四生）は鹿兒島縣士族亡萩亮に弟有盈（明一八、一一生）は同縣士族黑田清應に各養子となり姉テル（同一三、一生）は同縣人有馬武七に嫁し弟菊次（同二二、七生）は同縣人山路ハルの入夫となれり（奉天省公署總務廳内）

草地一雄　薦任七等、國都建設局事務官、總務處土地科長、岡山縣在籍

君は岡山縣人にして明治二十二年を以て生る夙に奈良天理中學校卒業し大正八年南滿洲鐵道會社勤務を經て大同元年滿洲國成立後其招聘に應じ國都建設局事務官に任じ現時總務處土地科長たり國都建設計畫諮問委員會委員を兼ぬ（新京市此安路八〇號電四五三四）

楠田謙三　薦任八等、奉天省公署事務官、民政廳建設科長、奈良縣在籍

妻　ミヨ　明二一、一〇生
男　繁　大五、二生
女　アヤ　明四四、八生、旅順高女出身
女　ツヤ　大二、一生、旅順高女出身

君は奈良縣人にして明治十九年四月十五日を以て生る大正二年東京帝國大學工科大學土木工學科を卒業し直に東洋拓殖會社に入社同十一年同社休職同十二年東亞會社土木課長に任じ後再び東洋拓殖會社に復職せしも昭和三年退職

關東廳殖產局に勤務せしが滿洲國成立するや其聘に應じ前記官職に任ず家族は尙三男保（大七、八生）四男稔（同一二、八生）あり（奉天市淀町二電四九九〇）

栗山茂二

簡任二等、北滿特別區高等法院推事
石川縣在籍

君は石川縣人にして明治三十一年を以て生る大正十二年東京帝國大學法學部獨法科を卒業し昭和二年朝鮮總督府判事に任じ京城地方法院判事に補せらる後京城覆審法院判事に轉じ大同元年滿洲國建設と共に聘せられて司法部法務司長となり同三年現職に轉じ今日に至る（哈爾濱市北滿特別區高等法院內）

桑名楯男

民政部總務司地方制度調査會勤務
高知縣士族

君は高知縣士族桑名俊男の二男にして明治二十八年十二月九日を以て生る大正五年一年志願兵として入營し退役後南滿洲鐵道會社に入社し經理部會計課に勤めたりしが大同元年滿洲國成立し國都建設局の創立を見るや滿鐵在職のまゝ來京す現時民政部總務司地方制度調査會勤務たり家族は妻寅尾の外長男治男長女節子（大連彌生高女出身）二女淳子（新京家政女學校在學）二男康男五男郁男あり（新京崇智路四〇二）

ケ之部

邢偉周　海軍少校、江防艦隊司令部軍需處長　奉天省人

君は又世傾と稱し奉天省撫順縣人にして千八百九十一年（光緒十七年）を以て生る夙に奉天法政學校を卒業す海軍に入り曾て奉天海軍司令部上尉軍需員たりし事あり千九百三十二年滿洲國成立後海軍少校に任ぜられ江防艦隊司令部軍需處長に補し以て今日に至る（哈爾濱道裡）

邢士廉　前吉林鐵道守備隊司令官、奉天省人

君は又隅三と稱し奉天省瀋陽縣人にして千八百八十五年（光緒十一年）を以て生れ夙に日本陸軍士官學校騎兵科を卒業し東北軍界に入りて有數の武人たると同時に政界の惑星を以て知らる千九百二十五年張學良に從ひ南下して江蘇安徽山東剿匪司令に任じ五卅事件後淞滬戒嚴總司令たりしが楊宇霆と共に北歸す翌年東北陸軍第二十師長兼鎭威第二方面軍團副軍團長に任じ傍ら北京師軍警督察長を兼ねたり千九百二十七年張作霖代表として山西に使し歸りて北京衛戍司令代理を兼任す一時本兼職を免ぜられ平和運動に從ひしが再び大元帥府侍從武官に任ぜらる其後張作霖死後の奉天派代表として國民革命軍と妥協交渉に當りし事あり遼寧省政府成立後同政府委員となり次で東三省講武堂教育長兼東北邊防軍司令長官公署顧問たりしが滿洲國成立するや轉じて吉林鐵道守備隊司令官に任ぜらる尚氏名と字の原音は Hsing Shih-lien 及 Yu-san なり（吉林市）

邢定雲　薦任八等、文教部編審官、學務司勤務　浙江省人

君は浙江省山乘縣人にして千八百九十三年（光緒十九年）を以て生る夙に北京高等師範學校を卒業す後官界に入りて國民政府に仕へ教育廳圖書編審委員主任たりし事あり千九百三十二年滿洲國成立後大同二年文教部編審官に任ぜられ學務司勤務となる（新京市大同廣場文教部學務司編審官室電長四二六一）

荊百斛　薦任七等、奉天省公署事務官、教育廳學務科勤務、奉天省人

君は又可獨と稱し奉天省本溪縣人にして千八百九十七年（光緒二十三年）を以て生る千九百二十年瀋陽高等師範學校を卒業す曾て本溪縣立初級中學校長より遼寧省督學となり次で奉天省督學に任ぜられたる事あり千九百三十二年滿洲國成立後奉天省公署事務官に任じ教育廳學務科勤務となり以て今日に至る（奉天市大南關金覺寺胡同）

啓彬　簡任二等、吉林稅務監督署長、奉天省人

君は又秉儒と稱し奉天省瀋陽縣人にして滿洲正黃旗の出なり千八百八十七年（光緒十三年）を以て生れ夙に日本に留學して早稻田大學專門部政治科を卒業す歸國後吉長道尹公署外交科長を經て長春縣知事吉林省長外交顧問に任じ千九百二十一年日本國政府より勳五等瑞寶章を受けたり次で和龍縣長に轉じ其後延吉縣長兼延吉市政籌備處參議たりしが千九百三十一年滿洲事變の後延吉市政籌備處長に任じ新國家成立後大同元年夏轉じて吉林稅務監督署長の重職に任じ今日に至る尚氏名と字の原音

は Chi Pin 及 Tsai-ju なり（吉林市）

景　佩　芝　糧棧代理店泰和店出資者、奉天省人

君は奉天省人にして千八百七十八年（光緒四年）を以て生る夙に實業界に志して多年商務に從事し特產物取扱に經驗深く奉天實業界の重鎭たり現時糧棧代理店泰和店に出資し河北省深縣人杜興舟を支配人に起用して賣上年額約六十五萬元を算するに至る遼陽以北新京以南の米穀集散地黑山新立屯通化方面に仕入先を有す（奉天市小西關大街路北泰和店內）

憲　　原　陸軍少將、宮內府侍從武官、吉林省人

君は吉林省人にして前清親王家の出たり幼にして日本に至り夙に早稻田大學に學び傍ら一般事情を研究し極めて日本語に通曉せる英資なり嘗て滿蒙獨立軍參謀大佐となり蒙邊督辦公署參謀處長靖安遊擊隊騎兵隊長等に歷任し滿蒙獨立新國家建設等の堅固なる信念より幾多の活動をなし千九百三十二年滿洲國成立するや陸軍少將に任じ宮內府侍從武官として現に日本陸軍大學に留學す尙氏名の原音は Hsian Yuan なり（滿洲國宮內府侍從武官處內）

憲　　眞　簡任二等、監察院監察官、監察部勤務、關東州人

君は關東州大連人にして千八百九十六年（光緒二十二年）を以て生る夙に旅順工科大學を卒業し南滿洲鐵道會社調査課勤務たりし事ある日本通なり千九百三十二年滿洲國成立後監察院監察官に任じ一時監察部長代理をなす尙氏名の原音は Hsien Chen なり（新京市崇智路六〇七電三六八〇）

阮　振　鐸　簡任一等、國都建設局長、奉天省人

君は奉天省人にして夙に南滿洲鐵道會社南滿醫學堂を卒業し忽に奉天省政府顧問たりし事ありしが千九百三十二年滿洲國成立後奉天省公署祕書長に任じ傍ら滿洲國協和會宣傳處長を兼ぬ其後國務院に轉じ現時國都建設局長となり官衙建築計畫委員會委員たり康德元年七月簡任一等に昇敍さる尙氏名の原音は Yuan Chen-tse なり（新京市北安南路九〇七電四三六一）

嚴　東　漢　簡任二等、交通部哈爾濱航政局長、奉天省人

妻　孫慕賢　一九一〇年生
男　祇徵　一八九七年生、東省特別區警官學校出身
男　祇俊　一九一六年生、哈爾濱第一中學出身
男　祇勸　一九一九年生、同上在學
孫　振華　一九一九年生、長男祇徵長男

君は又作賓と稱し奉天省昌圖縣人にして千八百七十八年五月二十五日（光緒四年）を以て生れ前清の候補通判たり夙に日本に留學し千九百八年法政大學を卒業す歸國後千九百十三年中央警察專門學校教務主任となり其後瀋陽律師公會會長に推され千九百二十年察哈爾都統署軍法課長兼察哈爾全區警務處顧問に任じ爾來鎭威第一方面軍團司令部上校軍法處處長陸軍裁判處處長東省特別區警官高等學校副教務長等に歷任したりしが千九百三十二年轉じて東北海軍江運處處長に任ぜられ大同二年七月交通部哈爾濱航政局局長となり今日に至る尙氏名と字の原音は Yen Tung-han 及 Tso-ping なり（哈爾濱八站南馬路一五電三四〇〇）

コ之部

小泉三郎

【正六位勳五等、陸軍二等主計正】薦任三等、國務院總務廳理事官、需用處長心得　茨城縣在籍

養父　源　元治元、一二生
妻　ちよ　明二三、六生、養父源長女
男　一夫　大九、一〇生

君は茨城縣士族大內義行の三男にして同一郎の弟明治二十二年一月二日を以て生れ大正九年同縣人小泉源長女ちよの入夫となり昭和六年戶主小泉源方より分れて一家を創立す明治四十三年陸軍經理學校を卒業し陸軍三等主計に任官步兵第六十二聯隊附となり大正四年二等主計同九年一等主計に昇任昭和八年陸軍二等主計正に任ぜられ同年豫備役仰付らる其間陸軍造兵廠東京工廠員小倉兵器製造所廠員に歷補す大同二年滿洲國政府より聘せられて國務院總務廳事務官に就任し次いで康德元年七月國務院總務廳理事官に轉じ需用處長心得を命ぜられ今日に至る家族は尚二男富士夫（大一二、九生）長女公代（昭二、三生）あり（新京市八島通四二二電三六四〇）

小泉正次郎

國務院交通部囑託　山口縣在籍

君は山口縣人にして明治十五年を以て生る夙に高等商船學校機關科を卒業し爾來大阪商船會社鐵道院國際汽船會社を始め政記輪船公司顧問等に就任し海軍協會其他の檢船師を經て大同元年交通部囑託大連辦事に擧げられ今日に至る（新京市馬濠門外國務院交通部內）

小島文友

薦任七等、興安總署事務官、總務處總務科長　島根縣在籍

君は島根縣人にして明治三十五年を以て生る大正十五年長崎高等商業學校卒業直に南滿洲鐵道會社に入り昭和二年支那事情調査及支那語研究の爲二ケ年間北京に留學を命ぜられ歸社後奉天公所經理主任に轉勤し大同元年滿洲國成立後其招聘に應じ興安總署事務官に任じ現時總務處總務科長たり（新京市羽衣町四ノ二二六電三五八五）

小平總治

簡任、宮內府內務處內務官、長野縣在籍

君は長野縣人にして夙に二松學舍を卒業し陸軍通譯北京警務處勤務旅順肅王府理事兼顧問を經て滿洲帝國成立と共に宮內府內務處內務官に任ぜらる（新京市宮內府內務處內）

小谷綱吉

薦任七等、國務院總務廳事務官、祕書處文書科勤務　愛知縣在籍

君は愛知縣人にして明治十九年を以て生る大正三年早稻田大學專門部政治科を卒業し南滿洲鐵道株式會社に入り大同二年同社を辭し聘せられて濱江稅務監督署事務官に任ぜられ尋いで國務院總務廳事務官に轉じ祕書處文書科勤務を命ぜられ今日に至る（新京市六車路國務院總務廳祕書處文書科內電四一七二・四二〇五）

小中高茂

薦任七等、奉天專賣署事務官、事業科長　長崎縣在籍

君は長崎縣人にして明治二十三年を以て生る夙に長崎縣立島原中學校を卒業し稅務署屬に任ぜられ宮崎鹿兒島神田板橋兩國各稅務署勤務を經て司稅官に進み下館稅務署長に補せらる大同二年奉天專賣署事務官に聘せられ事業科長となり今日に至れり（奉天專賣署內電

五一九）

小林正嘉　薦任三等、税關理事官、大連税關鑑査科長、東京府在籍

君は東京府人にして明治十七年を以て生る同三十五年札幌中學校を卒業し支那海關に入り大連南京青島漢口上海各海關に勤務す大同元年滿洲國成立後大連税關囑託たりしが後税關鑑査官大連税關鑑査科長に就任康徳元年七月前記現官に轉ず（大連市大和町）

古閑亮　薦任六等、文教部理事官、禮教司社會教育科長、熊本縣在籍

君は熊本縣人にして明治十七年を以て生る同志社大學英文科を卒業し遠く米國東部に遊ぶこと三年社會教育事業を視察し歸來南滿洲鐵道會社に入り會計課に勤め關東廳滿洲社會教育協會主事を經て大同元年滿洲國成立後其招聘に應じ文教部理事官に任ぜられ現時禮教司社會教育科長たり（新京市曙町二ノ一四大洋公司內電四三八一）

胡芸圃　實業家　山東省人

君は山東省蓬萊縣長山島王家溝人にして千八百八十二年（光緒八年）を以て生る夙に本村私塾に於て修學し實業界に志して商務に從事すること久しく大いに經驗を積む滿洲に出で身を立て現時大連にありて商業を營み信用厚く同地の實業家として知らる（大連市松林町五四電四七三七）

胡崑山　錢鋪咸元會支配人　山西省人

君は山西省太谷縣人にして千八百七十一年（清同治十年）を以て生る夙に實業界に入り殊に金融業に從事すること久しく同省人曹維勤の出資する錢鋪咸元會の支配人たり曹は太谷縣城內の富商にして奉天市內に同業義泰長を經營しその開設實に千八百五十八年と稱す咸元會も亦既に約三十年の歷史を有し貸出年額五十萬元を算す市內の咸元亨米穀商咸元茂米穀商と公主嶺の錢鋪咸元會は何れも支店なり（奉天市大北關元寶胡同路北咸元會內）

胡嗣瑗　勳二位、特任、參議府參議、貴州省人

君は又晴初と稱し貴州省貴陽縣人にして千八百六十九年（清同治八年）を以て生れ前清翰林院庶吉士進士館出身の進士なり前清末年候補道として天津北洋法政學堂總辦たり又液擢內閣々丞たりし事あり民國革命後一時下野したるが後鄭孝胥姚文藻等と復辟運動に盡力したり千九百三十二年滿洲國成立するや擧げられて執政府祕書長に任ぜられしが轉じて現時參議府參議となり重臣に列す康徳元年五月其功績により勳二位に叙せられ景雲章を賜ふ尙氏名と字の原音は Hu Tzu-yuan 及 Ching-chu なり（新京市六馬路參議府參議室內電四〇三二）

胡潤圃　錢鋪錦泉福支配人　山西省人

君は山西省太原縣人にして千八百八十一年（光緒七年）を以て生る夙に實業界に入り商業に從事し傍ら金融業に携はり同省の富商たる曹厚德堂の出資に係る錢鋪錦泉福支配人たり同店は開設後二十年に過ぎざれど貸出年額六十五萬元に達し市內の絲房酒店豆油工場質店等に顧客を有し內外銀行の分行と取引して淵泉溥と共に曹厚德堂出資の著名なる錢鋪たり（奉天市大北關元寶路西錦泉福內）

胡星五　綢緞洋雜貨商大昌興出資者、奉天省人

君は奉天省義縣人にして夙に實業界に

入りて商務に從事經驗するところあり千九百二十年開設に係る綢緞雜貨販賣大昌興を經營し興城縣人趙潤身を支配人として業績を揚げ賣上年額約十二萬元と稱す大連奉天方面より仕入れ地場近郷に販路を有し同地の大增祥絲房及大德堂藥店は共に其經營するところなり(錦縣北街路西大昌興內)

胡　靖　簡任二等、實業部理事書、商標局長　河北省人

君は河北局北平人にして夙に日本に留學し早稻田大學政治科を卒業す歸國後總統府指揮處祕書長を經て吉林實業廳顧問たりしが千九百三十二年滿洲國成立後實業部祕書官に任じ總務司祕書科長たりしも康德元年七月實業部理事官に昇任し同年商標局長に簡任され以て今日に至る(新京市龍春胡同葵園後院**電三六四九**)

胡　先春　薦任四等、實業部事務官、總務司祕書科勤務、河北省人

君は河北省北平人にして千八百七十七年(光緒三年)を以て生る夙に湖北省法政學堂を卒業し官界に志し曾て河北官產總處科長雨准鹽運署祕書等に歷任したる事あり滿洲新國家成立後大同元年實業部屬官を經て同部祕書官に任じ總務司祕書科勤務たり康德元年七月同部事務官に昇任す(新京市實業部總務司祕書科內**電四〇六二**)

胡　宗瀛　薦任五等、財政部事務官、總務司祕書科長、安徽省人

君は安徽省休寧縣人にして夙に日本に留學し東京高等農業學校を卒業す歸國後官界に入り曾て北京財政部鹽務署祕書を經て北京自來水公司總理たりしが千九百三十二年滿洲國成立後財政部事務官に任ぜられ同部總務司祕書科長たる傍ら逆產處理委員會幹事として今日に至る(新京市四道街口財政部後樓**電三五三六**)

賈　榮五　山貨及細皮商永和店出資兼支配人　奉天省人

君は奉天省營口人にして千八百七十六年(光緒二年)を以て生る夙に實業界に志して商業に從事し奉天に出でて身を立て現時賣上年額八十五萬元を算する山貨及細皮商永和店の支配人たり同店は奉天に於ける富商にして大資本家張子求と合資經營に係り千九百十年の開設なり吉林新京通化鄭家屯等に仕入先を有し上海天津方面に販賣す市內に於ける內外の銀行に取引あり朝陽鎭の永和興は其支店なり(奉天市小北門裡淡泊胡同路北永和店內)

賈　守田　糧棧代理店同義隆支配人、奉天省人

君は奉天省開原縣人にして千八百七十三年(淸同治十二年)を以て生る早くより實業界に入り多年實務に從事し特產物取扱に經驗あり千九百二十六年張景惠の出資により糧棧代理店同義隆開設さるゝや入りて支配人となり賣上年額約八十五萬元の業績を揚ぐ同店は通化に支店同義福あり奧地一帶より仕入れ市中の日本商店並大連營口安東方面に販賣す(奉天市大北關橫街路北同義隆內)

賈　樹椿　吉林省阿城縣長　奉天省人

君は又受忱と稱し奉天省錦西縣人にして千八百八十二年(光緒八年)を以て生る前淸附生の出身なり官界に志して各地に任官し千九百三十二年滿洲國成立後大同二年吉林省長嶺縣長より轉じ同省阿城縣長に任ぜらる(吉林省阿城縣)

賈　又　淩　吉林省雙城縣長　吉林省人

君は又漢臣と稱し吉林省依蘭縣人にして千八百七十九年(光緒五年)を以て生る千九百十年依蘭自治研究所の出身なり官界に入りて嘗て吉林賓縣長に進みたる事あり其後大同三年同省雙城縣長に任ぜらる(吉林省雙城縣)

辜　守　庸　薦任五等、國務院總務廳理事官、需用處印刷工廠長　福建省人

君は又子毅と稱し福建省同安縣人にして千八百十九年(光緒十六年)を以て生る夙に青島大學を卒業し京奉鐵路管理局統計員を經て晉北鹽務收稅局稅務科長に進み後吉林省交涉署祕書たりしが千九百三十二年滿洲國成立後國務院總務廳事務官に任じ同廳需用處印刷工廠長たり康德元年同廳理事官に昇任し以て今日に至る(新京市六馬路國務院總務廳需用處印刷工廠內電四四八二・四五三八)

顧　綏　清　吉林省延壽縣長　河北省人

君は河北省北平人にして千八百八十九年(光緒十五年)を以て生る千九百九年陸軍貴冑學堂を卒業す軍警界に入り各地に任官し地方行政に經驗を有す千九百三十二年滿洲國成立後大同二年北滿特別區路警處諮議に任ぜられしが後吉林省延壽縣長に轉じ以て今日に至る(吉林省延壽縣)

顧　　琅　滿洲炭礦總理事　河北省人

君は河北省大興縣人にして千八百八十年(光緒六年)を以て生れ夙に日本に留學し千九百八年東京帝國大學工科採鑛冶金學科を卒業す歸國後一時敎育界に入り千九百九年より三箇年間直隸高等工學堂敎務長に任じたりしが千九百十二年奉天省本溪湖煤鐵公司鑛業部長に轉じたり次で民國政府に入り農商部吉黑鑛務監督署主席技正財政部採金局主任等の技術方面に於ける官途に任じ次で農商部技正兼山東省長公署顧問農商部參事同部技監實業部參事兼山東魯大鑛業公司高等顧問奉天實業廳顧問兼復州灣粘土鑛監理官等に歷任して康德元年五月滿洲炭礦株式會社理事に任じたる技術界出身の英才なり(新京市滿洲大旅社)

吳　恩　培　滿洲中央銀行理事　奉天省人

君は又灌依と稱し奉天省遼陽縣人にして千八百七十七年(光緒三年)を以て生れ夙に北京軍需學校を卒業す早くより官業銀行に入り東三省官銀號會辦を經て滿洲事變後東三省官銀號總辦に昇任したりしが各地の官銀號併合統一され中央銀行開設と共に千九百三十二年夏同銀行理事に任じ今日に至る尙氏名と字の原音は Wu Een-pei 及 Kuan-i なり(新京市滿洲中央銀行內)

吳　奎　昌　薦任四等、哈爾濱警察廳理事官、收捐科長、奉天省人

君は又應五と稱し奉天省瀋陽縣人にして千八百八十七年(光緒十三年)を以て生る千九百六年奉天警務學堂を卒業す軍警界に入り嘗て奉天省新民縣警察所長より東省特別區第二區警察總署長東省特別區警察管理處督察長等に歷任したる事あり其後哈爾濱警察廳事務官に任じ收捐科長たり康德元年七月同廳理事官に昇任す(哈爾濱道裏中央大街)

吳　元　敏　陸軍少將、第二軍管區司令部參謀長　湖北省人

君は又紹南と稱し湖北省荊州人にして千八百八十五年(光緒十一年)を以て生る夙に日本に留學し千九百八年陸軍士官學校を卒業す歸國後吉林督軍署諮議を經て延吉鎭守使署參謀長に任ぜられたる事あり千九百三十二年滿洲國成立するや陸軍少將に任じ吉林警備司令部參謀長に補せられ康德元年軍管區成立により第二軍管區司令部附參謀長に轉じ以て今日に至る尙氏名の原音は Wu Yuan-min なり(吉林省城)

吳　秀　山　糧棧代理店兼燒鍋商東興泉支配人 奉天省人

君は奉天省海城縣人にして千八百七十四年(淸同治十三年)を以て生る早くより實業界に入り多年商業に從事し特產物取扱者として經驗深く現時米穀及燒鍋商東興泉の支配人たり同店は元東山省官銀號の出資に係り千九百二十一年の開設なり滿洲事變前迄は殆んど官營事業ともいふべきものにて南滿四洮瀋海吉海各沿線の粮產地より仕入れ市中の主要外商及大連營口安東方面の油房に販路を有し賣上年額約三百萬元を算するに至る(奉天小東關大街東興泉內電長三四五三)

吳　懋　銓　薦任八等、司法部事務官、總務司勤務 奉天省人

君は又過宸と稱し奉天省瀋陽縣人にして千八百八十九年(光緒十五年)を以て生る夙に奉天法政學校を卒業す官界に入り曾て江西財政廳總務科員を經て鉛山縣知事に進み次で遼陽地方審判廳書記官長奉天實業廳科員等を歷任したる事あり千九百三十二年滿洲國成立後司法部事務官に任ぜられ總務司勤務となり以て今日に至る(新京市西四馬路)

(故)後　藤　一　郎　【從四位勳四等】滿洲國中央觀象臺長 岐阜縣在籍

繼母　みつゑ　明六、一一生、岐阜大橋土藏長女

妻　トモ　明二四、七生、東京葉山萬次郎妹

男　憲三　大七、五生

君は岐阜縣人後藤仁三郎の長男にして明治十七年一月十五日を以て生れ昭和元年家督を相續す明治四十四年東京帝國大學物理學科を卒業し朝鮮總督府觀測所長たりしも昭和八年之を辭し滿洲國の招聘に應じ現時中央觀象臺長たり家族は尙弟五郎(明三〇、一〇生)あり妹ふじゑ(同四四、六生)は廣島縣人仁科虎彥に嫁せり(新京市朝日通都ホテル內電三五七六)(康德元、一〇、一一死去)

參照=葉山萬次郎の項

孔　世　培　簡任二等、國道局副局長、山東省人

妻　友蘭

男　繁棟

婦　叔琴

男　撲

女　繁蕙

孔家は山東省曲阜縣に於ける名門にして學聖孔子の第七十三代に當る後裔なり君は夙に北京華胄學堂高等警官學堂を卒業す前淸時代民政部京官に任じ傍ら高等警官學堂庶務長及事務官を兼任し千九百十六年之を辭せり千九百二十年四洮鐵路警務處長となり千九百二十五年北京國道局長兼北運永定兩河務局高等顧問に簡任せられしが千九百三十一年滿洲事變後滿洲に入り大同二年國務院國道局土地科長に任ぜられしが次で同局副局長心得に昇任し康德元年七月同局副局長に任じ簡任二等に敍せらる家族は尙男檪孫祥煇(長男繁棟子)あり尙氏名の原音は Kung Shih-pei なり(新京市興安大街國道局內電四五五九)

孔藍田　錢鋪永和久出資者兼支配人　山西省人

君は山西省祁縣人にして千八百八十二年(光緒八年)を以て生る早くより實業界に入りて商業に從事し殊に金融方面に經驗深し單寶珊袁世麟李少農等と合資を以て錢鋪永和久を經營し且つ支配人たり千九百二十七年の開設に係る新鋪なるが市中內外主要銀行と取引を有し貸出年額七十萬元に及ぶと云ふ(奉天市大北關橫街路北永和久內)

洪怡賢　薦任五等、奉天省公署理事官、保安科長　奉天省人

君は又詩言と稱し奉天省瀋陽縣人にして千八百九十九年(光緒二十五年)を以て生る千九百二十五年北京大學法律學科を卒業す曩に安東地方審判廳書記官を經て奉天省長公署員遼寧省行政處科長より奉天省政府第三科長たりしが千九百三十二年滿洲國成立後奉天省公署事務官に任じ後理事官に昇任同署保安科長として今日に至る(奉天市大南關西道崗子胡同九一)

侯成玉　新昌盛經營　關東州人

君は關東州旅順管內王家店會上林家屯人にして千八百八十九年八月二十八日(光緒十五年)を以て生る千九百十二年本村私塾の修學成るや實業界に志して翌年小平島に出で同地義順昌に入りて實務を見習ひ約五箇年經驗を積み大いに得るところあり信用を得て千九百十七年自ら新昌盛を組織經營して業績を揚げ小壯實業家として知られ以て今日に至る(大連市敷島町二三電六二三四八九三四)

侯稔軒　糧棧代理店東成玉支配人、奉天省人

君は奉天省鐵嶺縣人にして千八百七十一年(清同治十年)を以て生る夙に實業界に志して多年商業に從事し特產物取扱に經驗深し現時張換相張興舟合資經營の糧棧代理店東成玉支配人として信用厚く賣上年額約六十三萬元を算するに至る同店は千九百十六年開設にて開原に支店東成福を有す(奉天市東關乾興店胡同東成玉內)

侯起堯　砲兵上校、軍政部祕書、奉天省人

君は又元勛と稱し奉天省瀋陽縣人にして千八百九十四年(光緒二十年)を以て生る夙に陸軍々官學校砲兵科を卒業し後日本に留學して陸軍大學に學ぶところあり歸國興綏統監部參謀處長に進み次で三十軍少將參謀長四十四軍高級參謀長五路總指揮部少將參謀等に歷任したる事あり千九百三十二年滿洲國成立するや砲兵上校に任ぜられ軍政部祕書に補せらる(新京市)

耿恩普　醬油釀造溥源公司支配人　山東省人

君は山東省青島人にして千八百九十年(光緒十六年)を以て生る夙に實業界に志して實務に從事するところあり滿洲に於て身を立て千九百十六年開設に係る醬油釀造工場經營の溥源公司支配人となり小壯よく活躍して賣上年額約二十一萬元と稱す販路を撫順本溪湖開原鐵嶺遼陽新京各地に有し市中大西關大街路南及撫順老一區東に夫々販賣處を設け株式組織にして大株主は楊蘭波郭鳴岐及奉天儲蓄會等なり(奉天市大西關吉茶館胡同溥源公司內)

耿熙旭　奉天市政公署行政科長　奉天省人

君は又眞如と稱し奉天省瀋陽縣人にして千八百九十三年(光緒十九年)を以て

生る夙に日本に留學し千九百二十三年東京帝國大學を卒業し歸國後教育界に入りて曾て奉天東北大學法科教授に任じたる事あり東三省兵工廠科員より奉天省政府諮議となり千九百三十二年滿洲國成立後奉天市政公署教育處長に任じ後行政科長に轉じて今日に至る（奉天市大北關草倉胡同四六）

高　雲　崑　元呼海鐵路公司總理　奉天省人

君は又芷玉と稱し奉天省遼陽縣人にして千八百八十二年（光緒八年）を以て生れ夙に奉天警務學堂を卒業す千九百十三年安東警察廳長に進み千九百二十一年黑龍江全省警務處長兼省會警察廳長に任じたりしが千九百二十五年轉じて呼海鐵路公司總理となり千九百三十年更に黑龍江省官銀號總辦を兼任す然れ共翌年兼職を辭し且つ千九百三十二年滿洲國成立後下野して呼海鐵路公司を去る尙氏名と字の原音は Kao Yun-kun 及 Chih-yu なり（齊々哈爾市）

高　恩　濤　薦任二等、哈爾濱特別市公署理事官、財務處長、奉天省人

君は又靜瀾と稱し奉天省撫順縣人にして千八百九十四年（光緒二十年）を以て生る千九百十九年北京大學商科を卒業す官界に志し曾て東鐵管理局財務處副處長たりし事あり千九百三十二年滿洲國成立後大同二年哈爾濱特別市公署理事官に任ぜられ財務處長となり以て今日に至る（哈爾濱市南崗郵政街七二）

高　家　驥　元呼倫貝爾市政籌備處長、黑龍江省人

君は又季喆と稱し黑龍江省巴彥縣人にして千八百七十八年（光緒四年）を以て生れ千九百二十八年黑龍江省政府委員兼實業廳長に任じ翌年同省敎育廳長に轉じ千九百三十年呼倫貝爾市政籌備處長に任ぜられしが千九百三十二年辭す尙氏名と字の原音は Kao Chia-chi 及 Chi-chieh なり（哈爾濱市）

高　學　志　雙盛泰錢莊主　山東省人

君は山東省萊州府平度縣人にして千八百八十五年十月十一日（光緒十一年）を以て生る千八百九十六年本村私塾に入り修學千九百一年卒業し實業界に志して翌年芝罘に到り同地の雜貨商廣泰成に入りて實務に從事すること約六箇年千九百七年大連に於て身を立て雙和盛を創設營業成績を揚げ千九百十九年又雙盛泰錢莊を開設し現に經營以て今日に至る（大連市磐城町六二雙盛泰錢莊電四七七四）

高　吉　先　日新昌(株)支配人　奉天省人

君は奉天省蓋平縣人にして千八百八十一年（光緒七年）を以て生る早くより實業界に入り實務に從事したりしが千九百十五年營口に日新昌を創立株式組織となし自ら支配人となる油工場を經營する外船材料綿布米穀代理店を行ひ大連開原及新京に支店を置き賣上年額約一百五十萬兩に及ぶ仕入先は上海香港汕頭大阪等にして正金銀行朝鮮銀行を取引銀行とす（營口老爺閣西大街日新昌內）

高　景　山　山貨及細皮店隆勝店出資者兼支配人　河北省人

君は河北省昌黎縣人にして千八百八十四年（光緒十年）を以て生る夙に實業界に志して商業に從事す同地方の大資本家王慰亭及永順嵐と共同出資を以て山貨及細皮店隆勝店を經營し且つ支配人として活躍業績見るべきものありて賣

上年額約二百五十萬元を算するに至れり仕入先は吉林黑龍江兩省の外に外蒙古方面にも染手し奉天の內外銀行の主なるものを取引銀行とす鄭家屯の隆勝合吉林の隆勝店は共に其支店たり（奉天市小西關大街路南隆勝店內）

高　元　良

薦任五等、民政部事務官、土地局總務處庶務科長、奉天省人

君は奉天省海城縣人にして夙に日本に留學し千九百二十九年東京帝國大學工學部火藥學科を卒業す歸國後東三省兵工廠技師を經て奉山鐵路管理局技師に任ぜられしが千九百三十二年滿洲國成立後民政部事務官となり土地局總務處庶務科長に任じ傍ら逆產處理委員會幹事を兼ね今日に至る（新京市大經路民政部土地局總務處內電四二〇八）

高　鴻　威

薦任五等、奉天省公署理事官、教育廳學務科長、奉天省人

君は奉天省遼陽縣人にして夙に北京高等師範學校を卒業す奉天省教育事務籌備處第二科長に任じたりしが千九百三十二年滿洲國成立後奉天省公署理事官に昇任教育廳學務科長となる（奉天市）

高　齊　棟

薦任四等、黑龍江省公署參事官　黑龍江省人

君は哈爾濱特別市西馬家溝人にして千八百八十二年（光緒八年）を以て生る千九百十二年奉天法政專門學校を卒業す官界に入り曾て濱江警察廳長に進み次で濱江市公安局長となり又哈爾濱市政籌備處設計委員に任ぜられたる事あり大同二年黑龍江省公署參事官に轉任し以て今日に至る（黑龍江省公署內）

高　振　鐸

葯房志仁堂出資者兼支配人、奉天省人

君は奉天省奉天大南關人にして千八百七十七年（光緒三年）を以て生る早くより實業界に志して實務に從事し藥種取引に經驗あり現時安樂堂楊仁圃と合資を以て葯房志仁堂を經營し支配人たり同店は千九百二年の開設に係り支店を興京蓋平に有す仕入先は營口及北支にして市內及奉天省內賣を主とするも賣上年額二十萬元を超過すと云はる（奉天市大東州裡路北志仁堂內）

高　崇　祿

薦任四等、實業部理事官、工商司註冊科長、河北省人

君は河北省天津人にして千九百四年（光緒三十年）を以て生る千九百二十七年天津南開大學を卒業す官界に入りて直隸省政府官吏たりしが千九百三十二年滿洲國成立後實業部屬官となり大同二年同部事務官に任ぜられ工商司註冊科長となる康德元年七月同部理事官に昇任す（實業部工商司內）

高　星　恒

燒鍋業永成源出資者兼支配人、河北省人

君は河北省臨榆縣人にして千八百七十七年（光緒三年）を以て生る早くより實業界に志して商業に從事し多年の經驗を積みて現時趙心泉耿雨三等と合資を以て燒鍋業永成源を經營し且つ支配人として活躍す同店は千九百二十七年頃の開設なるが市中大南關大街及北市場に各支店を有し賣上年額一百五十萬元に及ぶと云はる販路は營口遼陽大連方面に亙り市中有力銀行と取引あり（奉天市北市場十間房後路北永成源內電園三三一三）

高　乃　濤

簡任二等、吉林省公署祕書長、奉天省人

妻　羅毓新

男　重生

女　玉琴

女 玉潤
女 玉如

君は又蒙泉と稱し奉天省遼陽縣人にして千八百八十四年七月三日(光緒十年)を以て生れ前淸壬寅科文庠生及庚戌科優附貢生なり千九百五年北京京師大學堂を卒業す千九百十二年奉天都督府祕書廳科長を經て民政長公署科長奉天省長公署政務廳第二科主任を歷任し千九百二十五年鐵嶺縣知事千九百二十八年突泉縣々長たり滿洲事變勃發後奉天地方維持委員會祕書長として時局收拾の難事に當りたり新國家成立後大同二年四月吉林省公署祕書長に任じ今日に至る(吉林省城江沿街)

高明齋

德合藥行經營、大連西崗商會董事　山東省人

君は山東省平度縣西北鄕三堆人にして千八百七十六年(光緒二年)を以て生る幼少より本村私塾に於て修學すること四箇年實業界に志して大連に出で實務に從事して經驗を積むこと多年大いに得るところあり千九百三十一年德合藥行を經營して業績を揚げ信用厚く知名の實業家たり尙千九百三十二年西崗商會董事に選任せられ以て今日に至る(大連市西崗街一九六德合藥行內)

高立垣

簡任二等、吉林省公署理事官、駐延辦事處長、奉天省人

母 王氏
妻 關琴南
男 銓
男 濟
男 崑
女 璘

君は又志遠と稱し奉天省遼陽縣人にして千八百八十三年八月六日(光緒九年)を以て生れ早くより官界に入り千九百十一年吉林延吉邊務巡警總局總務科長に任じ翌年東南路龍井村商埠巡警局々長となり次で頭道溝商埠局々長龍井村商埠局々長を經て千九百十八年延吉道尹公署外交顧問に轉じ千九百二十年再度龍井村商埠局々長となりしが千九百二十九年之を辭す滿洲事變勃發當時延吉縣々長として時局に處し大同元年延吉市政籌備處長としてよく地方行政を掌りたり大同二年五月吉林省公署理事官に任じ現に駐延辦事處長たり尙氏名の原音は Kao Li-yuan なり(延吉龍井村商埠地)

康國鈞

福盛永絲房主兼支配人、山東省人

君は山東省黃縣人にして千八百七十六年(光緒二年)を以て生る夙に實業に志し滿洲に來り實務を修む遂に獨立して福盛永絲房に出資し現に支配人として其經營に當る支店に福盛源絲房を有し仕入先を支那主要地に求めて之れを法庫開原西豐及瀋海路沿線に販賣し其扱高年額約六十萬元を算す(奉天市小北關大街路四福盛永內)

康子笙

粮棧代理店四合公支配人、河北省人

君は河北省臨楡縣人にして千八百八十五年(光緒十一年)を以て生る早くより實業界に志し多年商業に從事して經驗深く現時同省人賈向陽を出資者とする粮棧代理店四合公支配人として活躍し開設千九百二十五年の新鋪なるがよく賣上年額約五十二萬元と算せらる奥地一帶に仕入れ市中日本商並南滿各地に販路を有す(奉天市北市場二十四緯路大街四合公內)

黃桂元

奉天錦縣地法院長代理、福建省人

君は又竹幹と稱し福建省閩候縣人にし

て千八百九十年(光緒十六年)を以て生る夙に福建公立法政專門學校を卒業し法曹界に入り福州法院審判官となり次で復縣地方法院推事より奉天高等法院推事たりし事あり千九百三十二年滿洲國成立後高等法院奉天錦縣地法院長代理に任じ現時同院推事として今日に至る(奉天省錦縣)

黄　百　川　洋酒罐詰一般食料品商恒昌德出資者　浙江省人

君は浙江省鄞縣人にして千八百七十年(清同治九年)を以て生る早くより實業界に志して多年商業に從事して經驗深く滿洲に於て身を立て洋酒罐詰一般食料品販賣恒昌德の出資者にして同縣人欒秀茂を支配人とし業績を揚ぐ千九百二十六年の開設にして本店を營口に置き專ら奉天地場賣とす(奉天附屬地浪速通三六恒昌德內)

黄　富　俊　簡任二等、民政部理事官、地方司長　奉天省人

君は奉天省瀋陽縣人にして千八百九十年(光緒十六年)を以て生る千九百九年奉天法政學堂を卒業し曾て奉天度支司書記官を經て奉天省糧秣廠總稽核より東三省保安總司令部軍需科長となり後東省特別區公署顧問たりし事あり後千九百三十二年滿洲國成立後民政部理事官となり現に同部地方司長たる傍ら逆產處理委員會幹事たり尙氏名の原音は Huang Fu-chun なり(新京市西四馬路朝陽北電三六六一)

黄　懋　謙　薦任六等、文教部事務官、總務司祕書科勤務、福建省人

君は福建省閩侯縣人にして千八百八十二年五月十日(光緒八年)を以て生れ千九百五年福建省學務處官費生として日本に派遣され經緯學校速成師範科を卒業す歸國後福建高等學堂國文敎授となり千九百九年應考廩生に及第し翌年學部普通司僉京師督學局行走に任じ次で敎育部專門司主事となり千九百十五年北京國務院銓叙局僉事上行走に任じ翌年北京總督府祕書に轉任千九百二十四年北京內務部祕書僉參事上行定に任ぜられしが千九百二十六年北京國務院祕書廳幫辦に轉じ滿洲國成立後同政府に奉職して大同元年文教部事務官となり總務司祕書科に勤務以て今日に至る(新京市西四馬路一〇)

廣　輪　簡任二等、熱河省公署參事官　黑龍江省人

君は黑龍江省齊々哈爾人にして千八百七十五年(光緒元年)を以て生る夙に奉天講武學堂を卒業す曾て農安警察局長に進み次で騎兵第二旅參軍より安泰鎭守使署參謀長騎兵第二旅長等を經て蒙邊防軍少將討熱軍司令部附少將たりし事あり大同二年熱河省公署參事官に任ぜられ以て今日に至る(熱河省承德)

克　興　額　薦任七等、興安南分省公署祕書官、總務廳總務科長　興安南分省人

君は又明遠と稱し興安南分省科爾沁左翼前旗人にして千八百八十九年(光緒十五年)を以て生る千九百十二年奉天第四中學校を卒業す曾て奉天地方維持會委員を經奉天省公署科員たりし事あり千九百三十二年滿洲國成立後興安南分省公署祕書官に任じ總務廳總務科長たり(興安南分省公署內)

谷　孝　先　洋雜貨商裕順成出資者兼支配人　河北省人

君は河北省人にして早くより實業界に

志し實務に從事す滿洲に於て身を立て資本現洋七千元千九百二十八年開設に係る洋雜貨販賣裕順成を經營す支店を有し大連營口安東奉天方面より仕入れて東西境は興城楡縣南北境は大海熱境に販路を有す奥地取引にしてよく賣上年額約六萬元を算すと云ふ（綏中縣東大街裕順成內）

谷　次　亭　薦任三等、民政部理事官、警務司外事科長、關東州人

君は關東州普蘭店人にして千八百九十八年（光緒二四年）を以て生る夙に日本に留學し東京高等師範學校文科第一部を卒業す初め南滿鐵道會社囑託たりしが後奉天鹽運總局長を經て本溪湖煤鐵公司祕書役となり滿洲國成立後國務院人事處調査科長文教部囑託等を經民政部事務官に任ぜられ警務司外事科長となり康德元年七月同部理事官に昇任す（新京市西五馬路英國病院裏　電長四三五九）

穀　　昌　吉林省會警察廳長、奉天省人

妻　趙氏

君は又善一と稱し奉天省瀋陽縣人にして千八百八十二年八月十六日（光緒八年）を以て生れ早くより官界に入り千八百九十九年既に盛京將軍衙門委官に任じ千九百三年辭して西豐縣稅捐局司事となる其後奉天督標親軍營官新安軍步一營哨長同步五營哨官を歷任し且つ千九百十二年東三省陸軍講武堂騎兵科を卒業して陸軍二十八師步十二團中校敎練官に任す千九百十三年陸軍二十八師砲兵第二營々長を經て同砲兵團上校團長兼熱河東四縣剿匪司令となり更に第五方面軍兵站處々長より轉じて千九百二十六年吉林全省保衛團管理處提調兼吉林省軍署諮議に任ぜられしが千九百三十一年滿洲事變勃發當時には吉林省會公安局々長に任じよく地方の治安維持時局收拾に盡力するところあり大同二年三月省公安局の改稱されて吉林省警察廳となるや同廳長として現在に至る尙氏名の原音は Ku Chang なり（吉林省會通天街）

近　藤　三　雄　薦任四等、法制局理事官、統計處調査科長、山口縣士族

君は山口縣士族にして明治三十六年八月を以て生る昭和三年京都帝國大學經濟學部を卒業し直に南滿洲鐵道會社に入り總務部調査課に勤務す同七年滿洲國建國と共に同國政府に聘せられ法制局統計處事務官に任じ調査科長に擧げられ次いで康德元年七月同理事官に轉じ現在に至る（新京市大和通四二電三九八六）

近　藤　安　吉　簡任二等、國都建設局技正、技術處長、東京府在籍

君は東京府人にして明治二十年を以て生る大正五年京都帝國大學工科大學土木工學科を卒業し同六年南滿洲鐵道會社に入社す同十五年同社を辭し官途に就き復興局技師に任ぜられ東京第一出張所工事課長東京第一出張所長等に歷補す大同元年滿洲國成立するに及び聘せられて國都建設局技正に任じ技術處長に補せられ以て今日に至る（新京市永樂町二ノ一二電三六五一）

サ之部

佐々木保次郎

薦任五等、民政部警務司督察官、哈爾濱警察廳警察總隊長 東京府在籍

君は山形縣人醫士佐々木宗元の五男にして明治三十九年十二月を以て生る同三十九年陸軍士官學校を卒業し爾來秋田聯隊附臺灣守備隊附朝鮮會寧守備隊副官秋田旅團副官弘前師團副官等に歷任す後支那北京に留學西比利亞出兵の際交通部員として勤務せしも負傷の爲大正十三年之を辭し東京帝國大學經濟學部に依託學生として入學昭和二年卒業して日本新聞社に勤務せり滿洲事變後北滿鐵路護路軍總司令顧問剿匪軍總司令顧問となりしが哈爾濱警察廳開設と共に現職に任ぜらる著書に「精神訓話」「戰術問題決心理由處置」「下士教育方案」「突擊戰鬪論」「銃劍術奬勵方案」等あり家族は妻勝子長男太郎三男和夫長女初枝あり(哈爾濱市郵政街七二)

佐藤一

薦任六等、監察院事務官、總務處庶務科長兼祕書科長 群馬縣在籍

君は群馬縣人にして明治三十四年を以て生る昭和二年東京帝國大學文學部心理學科卒業後昭石綿工業所支配人を經滿洲國成立後其の聘に應じ監察院事務官に任ぜられ現時總務處庶務科長兼祕書科長たり(新京市新發屯新島俱樂部電四五二五)

佐藤正俊

【正五位勳五等】簡任二等、哈爾濱特別市公署總務處長 福島縣士族

繼母 千代 慶應三、九生、福島士、進藤進長女

妻 ハルヨ 明三三、二生、廣島辻吉彌長女

女 園子 大五、五生

君は福島縣士族佐野覺之進の長男にして明治十九年九月を以て生れ大正二年家督を相續す同年東京帝國大學法科大學法律科を卒業し文官高等試驗に合格す爾來福井縣足羽敦賀各郡長山梨縣理事官臺灣總督府事務官成德學院長復興局事務官兵庫縣書記官學務課長長崎縣學務部長秋田長野福岡各縣警察部長等に歷任し山梨縣內務部長に補せられしも昭和八年退官し同九年滿洲國の聘に應じ哈爾濱特別市公署總務處長に任ず家族は尙二女楠緒子(大一〇、八生)三女禮子(同一五、四生)四女秋子(昭三、三生)五女知子(同五、六生)弟正浩(明二四、九生)同妻トキ(同三〇、七生、福島、愛澤兵治三女)及其子女あり弟亨(同二八、六生)は分家せり(哈爾濱特別市公署內「留守宅」福島縣若松市下野伏町一一)

查貴陽

新京地方法院長 安徽省人

君は又民綱と稱し安徽省銅陵縣人にして千八百八十四年(光緒十年)を以て生る夙に吉林官立法政學堂を卒業す曾て新民地方瀋陽地方各檢察廳檢察官より營口及延吉各地方審判廳推事庭長となり次で吉林高等法院庭長たりしが後新京地方法院長に任じ以て今日に至る(新京地方法院內)

查厚埥

薦任八等、司法部事務官、行刑司勤務、浙江省人

君は又篤齊と稱し浙江省海寧縣人にして千八百九十四年(光緒二十年)を以て

生る夙に北京中華大學法律科を卒業す曾て奉天檢察廳書記官を經て奉天第二監獄長たりし事あり大同元年司法部事務官に任ぜられ行刑司勤務となり以て今日に至る(新京市東三馬路)

才　儀　亭　錢鈔業裕順合支配人　河北省人

君は河北省昌黎縣人にして千八百九十七年(光緒二十三年)を以て生る夙に實業界に志し金融業に從事すること多年深き經驗を有す現時雙聚福盧秀岩李潤澤等の出資に係る錢鈔業裕順合の支配人たり同店は千九百二十五年の開設にして市中主要銀行と取引をなし年額一千四百萬元を算す(奉天附屬地藤浪町三裕順合內)

才　玉　符　燒鍋業聚隆泉支配人　河北省人

君は河北省臨楡縣人にして千八百七十八年(光緒四年)を以て生る早くより實業界に志し多年商業に從事し經驗深く滿洲に於て身を立て現時燒鍋業聚隆泉の支配人として信用厚く賣上年額一百三十萬元を算すと云ふ出資者は斯界の經驗者として知らるゝ山西省人李書齋にして販路を遼陽蓋平海城營口安東各地に有す尙市中城西沙嶺に分工廠を設け小東關大街及西塔大街に聚隆泉酒局あり(奉天市大西關大街路北聚隆泉內)

崔　景　貴　靴下工場恒豐工廠出資者、河北省人

君は河北省豐潤縣人にして千八百七十八年(光緒四年)を以て生る早くより實業界に志し滿洲に入りて身を立て多年商業に從事して經驗深し千九百二十年開設の靴下工場恒豐工廠を經營し支配人として崔福田を重用し賣上年額約十一萬五千元を算す市中日滿綿絲商及奉天毛織會社奉天紡紗廠等を仕入先とす(奉天市小北門裡西順城街恒豐工廠內)

崔　模　薦任二等、實業部理事官、工商司商務科長、江蘇省人

君は又範吾と稱し江蘇省滿通縣人にして千八百九十一年(光緒十七年)を以て生る千九百十三年南京法政大學を卒業す官界に入り曾て河南省淮陽縣知事南通縣公安局總務科長編譯課主任等に任じたる事あり千九百三十二年滿洲國成立後實業部事務官となり現に同部工商司商務科長たり康德元年七月同部理事官に昇任す(新京市西四馬路朝陽北胡同電三五二七)

崔　良　泰　奉天市政公署行政科地方科長、奉天省人

君は又子和と稱し奉天省瀋陽縣人にして千八百九十二年(光緒十八年)を以て生る千九百十一年奉天師範學堂を卒業す曾て伊通縣公署行政科長より新民縣公署第一科長を經て西安縣々長に任じたる事あり千九百三十二年滿洲國成立後奉天市政公署行政處々長より同行政科地方科長として今日に至る(奉天市大北關札家胡同)

際　彪　薦任五等、駐日本國公使館二等祕書官　吉林省人

君は又愚山と稱し吉林省沽源縣人にして千八百八十五年光緒十一年を以て生る千九百三年海外に留學するところあり歸國後曾て津浦鐵路管理局商務調査員となり次で天津電燈公司華務處飜譯祕書たりし事あり千九百三十二年滿洲國成立するや外交部に任官し現時駐日本國公使館二等祕書官たり(日本東京市麻布區櫻田町五〇駐日滿洲國公使館內電靑山七〇五五)

蔡　景　驤　黑龍江省鳳山縣長　奉天省人

君は又仲孚と稱し奉天省鳳城縣人にして千九百二年(光緒二十八年)を以て生る千九百二十六年北京朝陽大學を卒業す夙に官界に志し千九百三十年黑龍江省公署民政廳視察員たりしが千九百三十二年滿洲國成立後擧げられて黑龍江省鳳山縣長となる(黑龍江省鳳山縣)

蔡　　時　吉林省長嶺縣長　吉林省人

君は吉林省雙城縣人にして千八百九十五年(光緒二十一年)を以て生る夙に日本に留學し千九百二十五年日本大學政經科を卒業し歸國後官界に志し千九百三十二年滿洲國成立後大同二年吉林省阿城縣長より轉じて同省長嶺縣長となる(吉林省長嶺縣)

蔡　日　新　黑龍江海倫地方法院長、湖北省人

君は又潤春と稱し湖北省房縣人にして千八百八十八年(光緒十四年)を以て生る夙に湖北公立法政專門學校を卒業す早くより法曹界に入り曾て黑龍江龍江地方審判廳推事を經て同第一高等審判分廳推事より同省高等審判廳長たりし事あり千九百三十二年滿洲國成立後黑龍江省海倫地方院長に任ぜられ今日に至る(黑龍江省海倫)

蔡　苑　香　昇源油房主任　浙江省人

君は浙江省寧波五鄉碶人にして千八百七十五年二月二十八日(光緒元年)を以て生る千八百八十四年五鄉碶私塾に入り修學約六箇年實業界に志して寧波に到り商業を見習ふところあり千八百九十八年日本長崎に於て商務に從事し千九百十年大連順發永に入り益々經驗を積む千九百十二年同地昇源號代理店副經理に就任し業績を揚げ信用厚く千九百二十九年に及び總督經理に昇進したりしが大同二年九月昇源號代理店休業に當り轉じて昇源油房主任となり同店機器房產看守をなし以て今日に至る(大連市明治町二昇源油房電五二五七)

蔡　法　平　薦任三等、宮內府禮官、掌禮處交際科長　臺北州人

君は又良垣と稱し臺北州名門の出にして千八百八十一年(光緒十四年)を以て生る夙に福州碼尾海軍學校を卒業す後日本に留學するところあり曾て實業業に入り千九百十七年福建銀行總理となり轉じて福建梨山炭礦公司理事に任ず其後福州實業公司董事たる傍ら臺灣島に於ける大成火災保險會社監査役朝日興業會社取締役等に就きし事ありたり千九百三十二年滿洲國成立するや聘せられて宮內府祕書官に任じ現に同府祕書廳勤務たり(新京市)

阪谷希一　【正五位、陸軍三等主計】簡任一等、國務院總務廳次長、國道會議々員、東京府華族

父　芳　郎　文久三、一生、現戶主
妻　壽　子　明三一、一生、子爵三島通陽妹
男　芳　直　大九、一生
女　正　子　大六、一生
女　朗　子　大七、二生

君は男爵阪谷芳郎の長男にして明治二十二年五月十五日を以て生る第二高等學校を經て東京帝國大學法科大學政治學科に入學文官高等試驗に合格し大正三年卒業す直に日本銀行に入り調査役となり同九年日本銀行倫敦代理店監督役室勤務を命ぜられて赴任同十二年五月歸朝次いで依願退行同十三年關東廳理事官兼同廳參事官に任ぜられ同年十

二月同廳事務官に任じ財務部財務課長を命ぜらる昭和四年八月拓務書記官次いで資源局事務官國有財産調査會幹事通商局勤務拓務大臣祕書官を歷任し拓務省殖産局長心得を命ぜられ同時に南滿洲鐵道會社監理官東洋拓殖會社監理官を命ぜらる同七年三月米穀調査會幹事阿片委員會委員に任命さる後退官し滿洲國建設後同國政府に聘せられて現時同國々務院總務廳次長の重職に在り官衙建築計畫委員會委員長兼委員兼幹事國都建設計畫諮問委員會委員長兼委員積缺善後委員會委員長鴉片專賣籌備委員會逆產處理委員會臨時訂正條約準備委員會各委員國道會議々員滿洲中央銀行繼承資產審定委員會幹事等を兼ぬ家族は尙三女理子（大一三、八生）四女順子（同一五、六生）五女春子（昭四、三生）あり（新京市常盤町一ノ八電三五〇九）

參照＝子爵三島通陽、阪谷芳郎※伯爵日野資純※伯爵牧野伸顯※土方久敬の項

酒井確爾

【從七位勳七等】奉天省遼源專賣署副署長
岐阜縣士族

妻 つげ 明一〇、一生、愛知橋本庸太郎二女

男 透 明四二、二生、醫師 愛知醫科大學病院勤務

女 津各子 明四四、八生

男 明 大三、九生、吉林農事試驗場勤務

君は岐阜縣士族酒井牧太の三男にして明治十六年六月十八日を以て生れ明治四十五年九月家督を相續し初め日本專賣局に勤務し後關東廳に轉任し事變後滿洲國成立するや同廳を辭し吉林稅務監督署總務科長として赴任大同二年十月前記官職に轉任し今日に至れり（奉天省遼源專賣署內）

索賓

薦任四等、興安警察局長、札蘭屯局長
興安東分省人

君は興安東分省布特哈左翼旗人にして千八百九十二年（光緒十八年）を以て生る千九百十年總管衙門文案書記を經て興安東分省東布旗長たりし事あり其後擧げられて札蘭屯興安警察局長に任ぜらる（興安東分省札蘭屯）

シ之部

史　永茂　靴下工場永記工廠出資者、河北省人

君は河北省保定縣人にして千八百八十二年（光緒八年）を以て生る早くより實業界に志して滿洲に入り身を立て商業に從事すること多年深き經驗あり現時千九百二十年開設に係る靴下製造永記工廠に出資して賣上年額約十八萬五千元を算す市中大西關に分工廠を有し業績見るべきものあり尚支配人は同縣人杜子正にして三十八歳の少壯者なり（奉天市小西門外電車路側永記工廠內）

史　祥閣　燒鍋業廣泉永支配人　河北省人

君は河北省撫寗縣人にして千八百八十二年（光緒八年）を以て生る早くより實業界に志して多年商業に從事する經驗家なり千九百二年開設の燒鍋業廣泉永支配人として信用厚く賣上年額約八十一萬元を算すと云ふ奉天城西沙嶺の造酒工廠及小西關大街の廣泉永酒局は共に支店なり尚出資者は雲集堂及劉成武の二名なり（奉天市小東關下頭大街廣泉永內）

史　靖寰　前山海關監督　奉天省人

君は又敬一と稱し奉天省瀋陽縣人にして千八百八十七年（光緒十三年）を以て生る夙に日本に留學し明治大學法科を卒業す歸國後官界に入り奉天省縣知事東三省巡閱使署政務處科長直隷省口北道尹等を歷任して千九百二十七年北京政府外交部特派綏遠交涉員となり千九百二十九年營口市政籌備處長兼交涉員遼河工程局督辦に任じ翌年山海關監督兼營口市政籌備處長となり後兼任を解かれ山海關監督に專任したるも千九百三十二年辭す尚氏名と字の原音は Shih Ching-huan 及 Ching-i なり

史　鼐　薦任七等、民政部事務官、總務司祕書科勤務、江蘇省人

君は又澄志と稱し江蘇省寧縣人にして千八百八十二年（光緒八年）を以て生る千九百九年北京大學を卒業し曾て京師大學教務長より黑龍江省長公署第三科長を經て上海法政大學教授に任じ後轉じて遼寧省政府祕書たりし事あり千九百三十二年滿洲國成立後民政部事務官に任じ現に總務司祕書科に勤務す（新京市民政部總務司祕書科內電四〇七二）

志　達圖　薦任四等、興安東分省公署理事官、民政廳長、興安東分省人

君は又孟貴三と稱し興安東分省布特哈左翼旗人にして千九百三年（光緒二十九年）を以て生る千九百二十四年黑龍江省立第一師範學校を卒業す曾て東布特哈旗務處科員となり後南京政治學校を卒業す千九百三十二年滿洲國成立後興安東分省公署理事官に任じ民政廳長として今日に至る（興安東分省札蘭屯）

施　履本　簡任二等、外交部特派員、北滿特派員公署駐在、湖北省人

君は又長卿と稱し湖北省江陵縣人にして夙に渡日し中央大學法律科を卒業す歸國後外交界に入りて北京政府外交部僉事科長祕書等を經て千九百十九年特派山東交涉員に任ぜらる千九百二十三年駐日代理公使となり翌年外交部參事

代理に任じ共後外交部編纂局編纂官を經て千九百二十九年より滿洲事變勃發に至る迄國民政府外交部駐洽特派員吉林辦事處長たり熙洽等の吉林獨立を策し政府を組織するや之に參加し吉林省長官公署參議兼吉林交涉署參事官となり時局混亂中の外交事務に當りしが千九百三十二年滿洲國成立後一時吉林交涉署長に任ぜられ幾何も無く外交部北滿特派員となり今日に至る尙氏名と字の原音は Shih Li-pen 及 Chang-ching なり（哈爾濱市）

色楞多爾吉

薦任七等、興安警察局警正、達爾罕興安警察署長
興安南分省人

君は興安南分省東科後旗大巴屯人にして千九百四年（光緒三十年）を以て生る千九百十一年奉天省城籌海中學校を卒業し軍警界に入り嘗て內蒙自治軍總司令部軍法處中校軍官たりしが千九百三十二年滿洲國成立後本旗公署司法科長に任じ次で興安警察局警正となり現時達爾罕警察署長たり（興安南分省達爾罕興安警察署內）

重任文男

【正八位、陸軍工兵少尉】薦任三等、國都建設局技正、水道科長、福岡縣在籍

君は福岡縣人にして明治二十年を以て生る同四十四年四月名古屋高等工業學校土木科卒業後直に南滿洲鐵道會社に入社工務課に勤務し大正十年十月より一ケ年間歐米各國に出張を命ぜらる昭和七年關東軍司令の命により滿洲國政府に招聘されて國都建設局技正に任じ水道科長に補せられ以て今日に及ぶ地下水の研究深く「地下水と共利用法」なる著あり家族は妻俊子との間に二男二女あり（新京市國都建設局水道科內電八三一）

品川主計

【從四位勳四等】簡任一等、監察院監察官監察部長
福井縣在籍

妻　道子　明二八、四生、福井小林捨吉長女
男　太郎　大三、七生
女　和子　大五、七生
女　國子　大七、三生

君は福井市の書肆品川太右衛門の二男にして明治二十年一月を以て生れ大正四年家督を相續す明治四十五年東京帝國大學法科大學經濟學科を卒業し東京市電氣局電車部に勤務す大正四年辭職し同五年文官高等試驗に合格宮崎縣屬警視廳警視淺草七軒町警察署長拓殖局書記官拓殖局第三課長同第二課長司法大臣秘書官兼司法省參事官文部大臣秘書官兼文部省參事官鐵道書記官兼內務書記官監督局總務課長等に歷任し昭和三年警視廳官房主事に轉じ同四年京都府內務部長同五年愛知縣內務部長に同七年初宮城縣內務部長に轉し其の在職中同七年八月滿洲國政府の招聘に應じ渡滿し現時前記の要職に在り家族は尙三女君子（大九、七生）二男次郎（同一三、一〇生）五女春子（昭四、三生）あり四女禎子（大一二、一生）は兵庫縣人臼杵善三郎の養子となり姉ゆき（明一二、一生）同夫太右衛門（同一五、一〇生、福井、藤田泰弟）は其子女を伴ひ分家せり（新京市北安路八一〇電三六九三）

島田吉五郎

薦任六等、奉天省公署警務廳事務官、督察官、千葉縣在籍

君は千葉縣人にして明治二十一年十二月を以て生る夙に所定の學業を修め同

四十二年歩兵第五十七聯隊に入隊伍長勤務上等兵に進み同四十四年憲兵科に轉じ東京憲兵隊臺灣憲兵隊本部附及び憲兵司令部附を經て昭和六年滿洲國奉天市政公署祕書を拜命す同七年警察權移管に依り前記官職に任ぜられ今日に至る（奉天市葵町二〇電二〇一三）

下村信貞

薦任三等、外交部北滿特派員公署理事官
福岡縣在籍

君は福岡縣人にして明治三十二年を以て生る大正十二年東京帝國大學法學部政治學科を卒業し南滿洲工業專門學校教授となり昭和二年南滿洲鐵道哈爾濱事務所勤務に轉ず大同元年滿洲國成立するや其招聘に應じ外交部事務官に任じ總務司計畫科長兼俄國科長に補せられ康徳元年八月北滿特派員公署理事官に轉ず（外交部北滿特派員公署）

沙建邦

廣泰號代理店經營
山東省人

君は山東省蓬萊縣人にして千八百八十八年十月十八日（光緒十四年）を以て生る千九百六年本村私塾の修學を終るや實業界に志して滿洲に到り營口に於て雜貨商見習となり商務に從事し經驗するところあり千九百十五年青島に入りて佛商輸入業立與洋行に就職し千九百二十年辭して翌年大連にあり廣泰號代理店を經營し以て今日に至る業績益々揚り信用厚し（大連市敷島町五一廣泰號代理店電五二八八）

謝雨琴

吉林省額穆縣長
河北省人

君は河北省靜縣人にして千八百九十七年（光緒二十三年）を以て生る千九百十八年北京朝陽大學を卒業す官界に志し千九百三十二年滿洲國成立後大同二年吉林省額穆縣長に任ぜらる（吉林省額穆縣）

謝華輝

薦任三等、專賣局事務官、濱江專賣署勤務、福建省人

君は福建省南靖縣人にして千八百九十六年（光緒二十二年）を以て生る夙に日本に留學し千九百二十三年早稻田大學を卒業す歸國後汕頭交涉署祕書を經て東亞同文書院講師たりし事あり千九百二十六年東亞協會常務理事兼財務處長たりしが滿洲國成立後專賣局事務官に任ぜられ濱江專賣署勤務となり以て今日に至る（哈爾濱市南崗）

謝介石

勳一位、特任、外交部大臣、滿洲國協和會中央事務局長、憲法制度調査委員
福建省人

妻　王氏香禪
男　喆甡
男　光夏
男　滬生
女　秋笙

君は福建省惠安縣人謝景樹の長男にして千八百七十八年（光緒四年）臺灣新竹市に生る夙に明志書院臺灣總督府立國語傳習所に學び神童の稱あり後日本明治大學法學部を卒業し拓殖大學の前身たる東洋協會專門學校講師となり日露戰爭後吉林將軍衙門文案を經て吉林巡撫部院洋政文案民治科長方言學堂總教習官銀號會辦等となり次て中央政府參事上行走直隸總督洋務文案督辦川漢鐵路大臣總文案福建法律講習所長兼總教習閩浙總督洋務文案等を歷任して千九百十三年國務總理隨辦外交事宜に任ぜらる共後直隸省公署外交祕書直隸交涉署會辦長江巡閱使署諮議同參議外交處處長等を經て定武上將軍行轅祕書長に任す千九百十五年臺灣籍より中華民國へ轉し此の間中大夫に特授せられ四

等寶光嘉禾章の初授より二等大授嘉禾章を受く千九百十七年外務部右丞に任ぜられ天津行在御前顧問仰付けられ後籌辦東三省軍務事宜に欽派せられ滿洲事變に及ぶ事變中吉林交涉署署長哈爾濱市政處長建國會議吉林代表等に歷任して時局に善處し新國家成立と共に外交部總長に特任せられ滿洲國協和會中央事務局長憲法制度調査委員を兼ね大同元年日本の滿洲國承認答禮專使として日本に特派國賓の待遇を受けたり康德元年三月帝制實施に當り籌備委員に推され法令部長たり外交部大臣に任ぜられ同年五月勳一位に敍せられ景雲章を賜はる又逆產處理委員會委員たり尙氏名の原音は Hsieh Chieh-shih なり（新京市祝町五ノ六電三五二三）

謝 秋濤

薦任四等、奉天省公署技正、警務廳衛生科長、廣東省人

君は又澤擎と稱し廣東省蕉嶺縣人にして千八百九十一年（光緒十七年）を以て生る夙に臺灣に至り臺灣總督府醫學校を卒業す歸國後醫を業とし嘗て陸軍二十九師二等軍醫正洮南衛戍醫院長より吉林陸軍醫院長次で江蘇省公署軍醫課長を經て山海關鐵路醫院長に任ぜられし事あり千九百三十二年滿洲國成立後奉天省公署事務官となり次で同省公署技正に任じ現に同署警務廳衛生科長たり（奉天市商埠地三緯路）

謝 宗夏

薦任五等、參議府祕書官、祕書局勤務
河南省人

君は河南省商邱縣人にして千八百七十六年（光緒二年）を以て生る幼少より師につき修學十七年間千八百九十三年商邱縣學生員より後丁酉科鄉試登錄を受け千八百九十八年直隸畿輔大學堂に學ぶ千九百年縣丞となり武衛右軍粮餉局文案に任じ翌年拳匪勦淸の功により知縣として山東に當てられ併て同知銜として花翎を受く山東大學堂を創辦して漢文敎習及會計を兼任し千九百三年山東巡撫部院文案を兼ぬ爾來山東捷霞縣知縣觀城縣知縣壽張縣知縣濮州知州高唐州知州武衛前軍行營務處江蘇省碭山縣知事及道尹存記等を歷任し此の間柞樹山蠶を敎養し黃河防堵に盡し四省總匪首李開先の拿獲烟苗株淨絕米國女敎士救出等の美擧により記大功三次に及び三等嘉禾章四等文虎章を受く千九百二十年京兆尹公署警務處長に任じ翌年安徽督軍公署高等顧問兼祕書となり其後安徽和縣知事代理同省長公署參議河南判紫關稅捐局長北京陸軍部祕書實業部祕書等に歷任し此の間三等文虎章三等寶光嘉禾章を受けたり千九百二十八年張景惠と共に奉天に至り東省特別區行政長官公署祕書に任じ翌年南京軍事參議院祕書を兼ねしも同年末兼職を辭す大同元年東北行政委員會祕書を兼ね更に參議府祕書を兼任せしが大同二年六月參議府祕書官に專任し現時同府祕書局に勤務す尙目下說文提要の著をなさんとし同學の硏究中なり（新京市自强街門碑一六號）

謝 桐森

黑龍江省肇東縣長
奉天省人

君は又仲魯と稱し奉天省瀋陽縣人にして千八百七十五年（光緒元年）を以て生る早くより官界に入り千八百九十四年前淸內閣中書科中書となりし事あり千九百三十一年滿洲事變勃發後新國家成るや大同元年奉天省瀋陽縣長に任ぜられ翌年黑龍江省肇東縣長に轉じ以て今日に至る（黑龍江省肇東縣）

綽克巴圖爾　薦任六等、興安東分省公署理事官、民政廳勸業科長　興安東分省人

君は又德樹元と稱し興安東分省布特哈左翼旗人にして千九百三年（光緒二十九年）を以て生る夙に日本に留學し千九百三十年日本大學を卒業す歸國して蒙古自治軍第三軍宣傳處長となり大いに蒙古族の爲めに盡力し千九百三十二年滿洲國成立するや興安東分省公署事務官に任じ民政廳勸業科長たり康德元年七月同署理事官に昇任す（興安東分省札爾屯）

朱之正　簡任二等、外交部理事官、總務司長

君は又博彥と稱し江蘇省吳縣人にして千八百九十三年（光緒十九年）を以て生る北洋々務局會辦より大總統府政治諮議を經て兩廣巡閱使公省參議廣東嶺南道道尹等に歷任したる事あり千九百三十二年滿洲國成立後外交部理事官となり現に同部總務司司長たる傍ら臨時訂立條約準備委員會幹事たり尙氏名の原音は Chu Chih-cheng なり（新京市錦町三ノ七電三六二二二）

朱萬秀　薦任八等、營口航政局事務官、奉天省人

君は又丹九と稱し奉天省開原縣人にして千八百九十四年（光緒二十年）を以て生る滿鐵教習所の出身なり曾て吉海鐵路運轉課長より東北交通委員會科長たりし事あり千九百三十二滿洲國成立後路政司事務官に任ぜられしが後航政局事務官に轉じ現時營口勤務たり（營口航政局內）

朱榕　第二軍管區第三旅長　延吉警備司令　浙江省人

君の父朱慶瀾は又子橋と稱し政界及軍界に於ける長老として知らる前淸末年奉天省の知縣を經て第一革命には民軍四川都督に任じ千九百十四年鎭安右將軍督理黑龍江軍務兼巡按使として黑龍江省の全權を握る後南下して廣東省長廣西省長に歷任し千九百二十二年張作霖に招かれ東省鐵路護路軍總司令兼東省特別區行政長官に任ぜられしが張の死後は救災事業に專念し千九百三十一年國民政府賑務委員會委員となり翌年上海銀行家等の主唱する上海廢止內戰大同盟代表として南支各地を遊說するところあり君は又崟溪と稱し浙江省紹興縣人にして千八百九十二年（光緒十八年）を以て生れ夙に奉天東北大學を卒業して日本に留學するところあり千九百十六年更に奉天東三省講武堂を卒業す曾て在琿春步兵團長たりしが千九百三十一年滿洲事變勃發するや吉林の熙洽に從ひて盡力し後吉林警備第三旅長後第二軍管區第三旅長及延吉警備司令に任ず尙氏名と字の原音はChu Jung及 Wang-hsi なり（吉林省局子街）

朱力罕　前吉林警備第五旅長

君早くより身を軍警界に投じ東北邊防方面に活動したりしが千九百三十二年滿洲國成立後擧げられて吉林警備第五旅長の職に任ぜらる 尙氏名の原音は Chu Li-han なり（吉林省盤石）

壽聿彭　簡任二等、民政部土地局長、奉天省人

君は又先五と稱し奉天省瀋陽縣人にして千八百八十五年（光緒十一年）を以て生る夙に奉天法學堂を卒業し曾て奉天造兵廠長を經て後西安煤礦公司總辦たりし事あり奉天省政府諮議より千九百三十二年滿洲國成立後民政部に入り現に同部土地局局長に任ぜられ傍ら逆

產處理委員會委員たり尙氏名の原音は Shou Yu-peng なり（新京市富士町三ノ二一電三五四二）

壽　明　阿

薦任二等、興安總省理事官、政務處長
興安南分省人

男　呢瑪拉壐　一九〇五年生、日本東京留學

女　靈芝瑪　一九一四年生

君は興安南分省西科後旗の人にして千八百八十五年六月二日（光緒十一年）を以て生る年少にして旗內の筆帖式となり累進して同旗の開荒地整理委員となり後協理に任ぜらる千九百十六年功績により公爵の位を得翌年北京政府の參議院議員に推されたり又曩に東三省保安總司令部顧問政府諮議蒙邊督辦公署蒙務處處長たりし事あり千九百十七年郭作華の蒙旗侵略に當りては興安屯墾軍を編成し洮南線敷設に關して力爭す爲めに軍閥の擧により投獄せられたるが如き蒙古民族中の先覺者なり千九百三十二年滿洲國成立するや擧げられて興安總署理事官に任じ現時同署政務處長たり尙氏名の原音は Shou Ming-a なり（新京市東五馬路門牌一二號電三九八七）

周　家　壁

薦任七等、司法部事務官、法務司民事第一科勤務、關東州人

君は關東州大連市沙河口人にして千八百九十六年（光緒二十二年）を以て生る千九百二十七年法政學院を卒業す曾て滿洲果實輸出販賣組合理事たりし事あり千九百三十二年滿洲國成立後任官し大同二年司法部事務官に任じ法務司民事第一科勤務たり（新京市大同廣場司法部法務司內電四二八六）

周　玉　柄

元長春市政籌備處長
四川省人

君は又斗欽と稱し四川省成都人にして千八百七十九年（光緒五年）を以て生る曩に黑龍江高等審判廳長を經て吉林政務廳長同敎育廳長吉林自來水局總辦吉長道尹等に歷任し後長春交涉員兼長春市政籌備處長に轉じたりしが交涉員廢止されて市政籌備處長に專任し千九百三十一年滿洲事變前に至れり尙氏名と字の原音は Chou Yu-ping 及 Tou-Chin なり

周　景　義

泰山玉絲房支配人
河北省人

君は河北省樂亭縣人にして千八百八十三年（光緒九年）を以て生る夙に商業界に志して實務に從事す現時奉天市內に支店二箇所を有し賣上年額約六十五萬元を算する泰山玉絲房支配人たり同店は王德山周景岐楊永芳等の合資に係り周景岐は河北省灤縣人にして家產數十萬を有する富豪なり取引銀行には中央銀行奉天分行正隆銀行世合公銀號等あり新京吉林四平街公主嶺遼中北鎭各方面に販路を有す（奉天市大西關大街路南泰山玉內）

周　子　楊

大連市會議員、大連馬車收容所㈱社長、西崗商會副會長、泰來油坊經營
關東州人

君は關東州大連管內南關嶺會人にして千八百八十七年正月二十七日（光緒十三年）を以て生る千九百二年本村私塾の修學成るや實業界に志して大連に出で千九百三年同地に自ら雜貨商を營み實務の經驗を積むところあり次で千九百六年貨屋業に從事して信用厚く業績を暢げしが千九百八年泰來油坊を開設經營して今日に至る知名の實業家たり尙千九百二十二年大連馬車收容所長に當選せる外に大連西崗商會副會長大連

荷馬車組合副組合長大連金融組合監事財團法人大連宏濟善堂監事等に當選し大同元年大連市會議員に選任次で大連民政署管內營業稅調査委員に囑託せられ何れも現任して公共に盡すところ大なり（大連市福德街六電七二四五）

周　祉　民

薦任五等、國務院總務廳事務官、祕書處文書科勤務
吉林省人

君は吉林省永吉縣人にして千八百八十六年（光緒十二年）を以て生る夙に官界に志して千九百四年直隸賑損局に勤務するところあり其後哈爾濱商務公報社長となり千九百二十五年日本哈爾濱總領事館新京總領事館等に勤務したる事あり千九百三十二年滿洲國成立後大同二年國務院總務廳事務官に任じ祕書處文書科勤務となり今日に至る（新京市六馬路國務院總務廳祕書處文書科內電四〇三〇）

周　焙　炳

滿洲航空(株)監査役
江蘇省人

君は又荃蓀と稱し江蘇省松江縣人にして夙に日本に留學し高等工業學校を卒業す歸國後漢口海關副監督を經て奉天開埠局長奉天航空學學長東北航空處司令等に歷任したる技術家なり千九百二十七年京綏鐵路局長に任じ其後正太鐵路局長四洮鐵路管理局長たりし事あり千九百三十一年滿洲事變後新國家建設運動に參與盡力するところあり一時洮南鐵路局長たりしが康德元年滿洲航空株式會社設立さるや入りて監査役となる尙氏名と字の原音は Chou Pei-ping 及 Chuan-sun なり（奉天市）

修　長　餘

簡任二等、首都警察總監、奉天省人

君は又雲汀と稱し奉天省營口縣人にて千八百八十八年（光緒十四年）を以て生る關東廳巡捕より身を起したる立志努力の士なり千九百三十一年滿洲事變前既に長春公安局長の職にありしが其後吉林全省警務處長兼全省保衞團總辦吉林淸鄕局副局長に任ぜられ同地方の治安維持に盡すところあり新國家成立後首都警察廳警察總監の重職に任じ傍ら國都建設計畫諮問委員會臨時委員たり尙氏名と字の原音は Hsiu Chang-yu 及 Yun-ting なり（新京市永長路電三六〇三）

襲　鑄　黃

鐵嶺地方檢察廳長
湖北省人

君は湖北省竹山縣人にして夙に湖北公立法政專門學校を卒業す早くより法曹界に入りて各地の司法官に任じ千九百三十二年滿洲國成立後鐵嶺地方檢察廳長に任ぜられ以て今日に至る（奉天省鐵嶺地方檢察廳內）

戚　仁　亭

復昌盛主、光明電汽公司、晶明製氷工廠各經理、山東省人

君は山東省威海衞人にして千八百九十二年十二月二十八日（光緒十八年）を以て生る千九百十三年山東濟南高級中學校を卒業し實業界に志して直に威海衞の特産物雜貨商復德東會計係に勤務し千九百二十五年經理に昇任し同年轉じて同地復豐銀號總理となる次で威海衞商務會會長に推され更に大連裕生德內の復豐銀號支店に總經理として就任し信用厚く業績を揚ぐるところあり千九百二十九年鄕里威海衞商會錢業公會常務委員となり翌年關東洲普蘭店永豐銀號總經理に就き且つ大連に於て自ら復昌盛錢莊を經營して著名の實業家として知らる傍ら威海衞光明電汽公司晶

明製氷工廠の各經理を兼ね郷里實業界に於ても亦有力者たり（大連市浪速町五八復昌盛電代表二九一四三）

戚　秉　盛　義順盛經營　關東洲人

君は關東洲大連市外岔講會人にして千八百九十三年九月二十三日（光緒十九年）を以て生る幼少より本村私塾に於て修學五ケ年實業界に志して小平島に出で商務に從事すること約五ケ年更に大連に到り約二十二ケ年間に亘る實務の經驗をなして大いに得るところあり千九百九年自ら義順盛を開設して經營信用厚く業績隆昌を致し以て今日に至る小壯實業家たり（大連市西崗街二〇二電三九二九）

蕭　光　澄　陸軍上校、中央陸軍訓練處砲兵部長　吉林省人

君は又滌泉と稱し吉林省永吉縣人にして千八百九十二年（光緒十八年）を以て生る夙に保定陸軍々官學校砲兵科を卒業す曾て授學軍總司令部中校參謀より陸軍第九混成旅砲兵營中校營長となり次で中央第一師砲兵第一團上校團長兼師部參謀長に任じ轉じて九江警備司令官代理贛北鎭守使東北講武堂黑龍江分校兵器教官たりし事あり後軍政部中校囑託たりしが現時陸軍上校に任ぜられ中央陸軍訓練處砲兵部長たり（奉天市大北關）

蕭　書　春　奉天省康平縣長　黑龍江省人

君は黑龍江省望奎縣人にして千八百九十五年（光緒二十一年）を以て生る千九百十七年北京農科大學を卒業す官界に志し曾て柳河稅捐局長に進みたりしが千九百三十二年滿洲國成立後大同二年奉天省康平縣長として今日に至る（奉天省康平縣）

春　　德　薦任八等、興安警察局警正、海拉爾興安警察局特務科長　興安北分省人

君は興安北分省東索旗人にして千八百九十三年（光緒十九年）を以て生る夙に黑龍江省立中學校を卒業す千九百三十二年滿洲國成立するや大同二年興安警察局警正に任ぜられ興安北分省海拉爾興安警察局特務科長として今日に至る（興安北分省海拉爾）

初　玉　生　東順盛經營　山東省人

君は山東省登洲府牟平縣人にして千八百八十八年二月七日（光緒十四年）を以て生る千八百九十九年本村私塾に入りて修學し實業界に志して千九百五年大連に到り天私盛に就職業務に從事せしが後休店に及びて和順盛に轉じ更に經驗を積みしが同店も亦數年の後休業す依て千九百二十二年大連市奥町に東順盛を開設自營して業績を揚げ信用厚く千九百二十六年浪速町の現地位に移轉し益々隆昌を致して今日に至る（大連市浪速町二九電五〇四九）

徐　偉　儒　薦任八等、奉天省公署督察官、警務廳督察處勤務、奉天省人

君は又容九と稱し奉天省瀋陽縣人にして千九百九年北洋巡警學堂を卒業す千九百十一年濱江巡警總局勤務員長に任じ千九百十六年奉天省會警察廳督察員兼高級偵緝員となり其後西豐縣警察隊長熱河全省警務處視察長兼督察長兼第四科長法庫縣警察所長兼開原海龍興京柳河西豐五縣勤匪專員等に歷任し千九百二十五年江魯直三省上校聯絡員に轉じ次で山東督戰司令部上校より京畿衛

成總司令部上校偵探隊長兼第十軍部庶務課長に任じ千九百二十七年河南警備處長兼省令警察廳長を經て千九百三十一年東省特別區警察管理處外勤督察長兼第五警察署長に任じて時局收拾に善處し大同元年六月奉天省公署督察官に任ぜられ現に警務廳督察處に勤務し今日に至る（奉天市大西關成平里頭條胡同一六九號電三七七三）

徐維新　奉天高等檢察廳長　奉天省人

君は奉天省遼陽縣人にして夙に山東第一法政學堂別科を卒業し法曹界に入りて各地の司法官を歷任す千九百三十二年滿洲國成立後擧げられて奉天高等檢察廳長の要職に任ぜられ今日に至る尚氏名の原音は Hsu Wei-hsin なり（奉天市高等檢察廳內）

徐家桓　薦任四等、吉林省公署理事官、總務廳總務科長、吉林省人

君は又純熙と稱し吉林省永吉縣人にして千八百九十四年（光緒二十年）を以て生る夙に日本に留學して京都帝國大學法學部を卒業す歸國後官界に入り曾て河北省昌黎縣知事に進み次で奉天省本溪縣長同淸鄉局長同司法公署檢察官等に歷任したる事あり千九百三十二年滿洲國成立後吉林省公署事務官に任ぜられ總務廳總務科長たり康德元年七月同署理事官に昇任以て今日に至る（吉林省公署總務廳內）

徐紹卿　簡任二等、奉天省公署理事官、實業廳長、滿洲棉花協會副會長、鴨綠江採木公司督辦、奉天省人

君は奉天省瀋陽縣人にして夙に日本に留學し東京帝國大學農學部を卒業す歸國後奉天省政府諮議たりし事あり千九百三十二年滿洲國成立後奉天省公署理事官に任じ實業廳長たり曩に滿洲國協和會組織部長たり現時滿洲棉花協會副會長滿洲電氣協會常務理事鴨綠江採木公司督辦等の要職の他に幾多の公職を有す尚氏名の原音は Hsu Shao-ching なり（奉天市稻葉町一五電四五〇六）

徐瑞　薦任八等、外交部事務官、通商司勤務、奉天省人

君は奉天省瀋陽縣人にして千八百九十九年（光緒二十五年）を以て生る夙に米國に留學して千九百二十年スプリングフキルド大學を卒業す曾て米國未高梅映畫會社支那駐在支配人たりし事あり千九百三十二年滿洲國成立後大同二年外交部事務官に任ぜられ通商司勤務として今日に至る（新京市室町四外交部通商司內電四三六四）

徐成海　錢鈔兩替、奉天取引所仲買人、福昌源主、河北省人

君は河北省獰河縣人にして千八百七十六年（光緒二年）を以て生る夙に實業界に入りて產をなし殊に金融業に從事する事三十餘年の永きに及び同省人李蘭亭を支配人として錢鈔兩替福昌源を經營し奉天取引所仲買人を兼ぬ大同元年十二月の開設に係る新鋪なれども信用厚く業績の將來大いに期待さる尚曾て長發館號と稱したる事あり（奉天市附屬地浪速通八福昌源內）

徐仁堂　永豐裕錢莊支配人、山東省人

君は山東省福山縣芝罘西口村人にして千八百九十三年十二月十五日（光緒十九年）を以て生る千九百九年本村私塾を卒業し實業界に志して直に芝罘成來

盛錢莊に入店して營務に從事し次で千九百十三年同市謙成錢莊に轉じ益々經驗を積んで千九百二十年同市福大成錢莊副支配人として大いに活躍するところあり信用亦厚く千九百二十七年八月大連に到りて永豐裕錢莊支配人に擧げられ重用されて以て今日に至る（大連市岩代町一六電六一二一）

徐　寶　珍　前黑龍江步兵第四旅長、奉天省人

君は又聘三と稱し奉天省法庫縣人にして千九百三年光緒二十九年を以て生る夙に東北陸軍講武堂を卒業す曾て萬福麟に從ひ黑龍江に入り東北邊防軍駐江副司令長官公署衛隊團長に累進す千九百三十一年滿洲事變後馬占山に從ひ對日主戰派たりしが後歸順するところあり滿洲國成立後黑龍江步兵第四旅長に任じ訥河方面の剿匪に從事す尙氏名と字の原音は Hsu Pao-chen 及 Ping-san なり（黑龍江省訥河）

徐　銘　勳　錦絲布商元豐泰支配人、山東省人

君は山東省黃縣人にして夙に實業界に志して商業に從事すること久しく滿洲に於て身を立つ錦絲布取扱ひ元豐泰支配人として活躍しよく奧地にありて賣上年額三十萬元を算するに至る出資者は裕華興及吉林織業公司にして大阪大連方面より仕入れ奧地に販路を有す取引銀行に滿洲銀行あり（吉林省岔路口元豐泰內）

徐　良　儒　最高法院推事、奉天省人

君は奉天省海城縣人にして千八百八十八年（光緒十四年）を以て生る夙に奉天法政學校を卒業す早くより法曹界に入り營口地方檢察廳長奉天高等檢察廳檢察官吉林地方檢察廳長に歷任し千九百三十二年滿洲國成立さるゝや擧げられて東省特別區高等檢察廳長となり康德元年七月前記官職に轉ず（新京市頭道講）

徐　霖　薦任五等、黑龍江省公署理事官、總務廳文書科長、江蘇省人

君は又雪桐と稱し江蘇省武進縣人にして千八百七十八年（光緒四年）を以て生る夙に官界に志して奉天勸業道商務科員となり其後累進して突泉縣知事に任じ次で奉天省菸酒公賣局長黑龍江省科長財政廳徵權科長等に歷任したる事あり千九百三十二年滿洲國成立するや黑龍江省公署事務官に任ぜられ總務廳文書科長たり康德元年七月同署理事官に昇任し以て今日に至る（黑龍江省公署總務廳內）

正珠爾札布　薦任八等、興安總署事務官、政務處警務科勤務、蒙古人

君は蒙東土默特旗人にして千九百六年（光緒三十二年）を以て生れ巴布札布將軍の三男なり父巴布札布將軍は千九百十二年蒙古獨立を策して外蒙古に至り同志を集め之を指揮して轉戰實に五ケ年に及ぶ南滿鐵路郭家店に侵入し奉天城をおびやかしたる決死の猛將たりしが鄭家屯通遼を經山扶西城外にの激戰に名譽の戰死を遂げたり君は幼にして父巴將軍に從ひ庫倫に向ひ其後旅順第二小學校を出で日本に至り川島成信と稱して東京府立第六中學を經更に韓紹宏と稱し陸軍士官學校を卒業す後南滿鐵道會社に入社したりしが千九百三十一年滿洲事變勃發するや逸早く內蒙自治軍を組織して反滿軍を激破し克く新國家建設の大業を助けたり滿洲國成立後蒙古行政の中樞機關たる興安總署

の事務官に任ぜられ現に政務處警務科に勤務す小壯有爲の士にして又日本通として知らる家族は長兄濃乃札布次兄甘珠爾札布の他に母及姉妹等あり（新京市新發屯興亞街）
參照＝甘珠爾札布の項

尙　志　前東支鐵道護路軍總司令部參謀長

君早くより官界に入りて曾て吉林木稅局長たりし事あり其後東支鐵道護路軍總司令部參謀に任じ東北邊防及び鐵道守備に盡したり尙氏名の原音は Shang Chih なり

邵　愼　亭　大連市會議員、大連市商會副會長、天興福製油製紛廠主、天滿洲銀行、日滿製粉各㈱取締役、日滿實業協會理事、關東州人

妻　邵邱氏　一八七五（光緒元）年生
男　承　翰　一九一八（民國七）年生、嶺前小學校在學

君は又尙儉と稱し關東州金州人前金州商會長故邵雲福の長男にして千八百八十年（光緒六年）を以て生る夙に實業界に志して經濟研究を好み壯年の頃日支兩國の大都市に於ける實業視察をなし得るところあり歸來獨力を以て製油工廠を創設す業績漸次發達するに從ひ更に長春に製粉第一工廠哈爾濱に同第二工廠を建設し安達站に製油工廠を增設し南北滿洲大都市に支店を設置し業務の擴張營業の隆昌を致す次で哈爾濱に福興恒製粉有限公司を組織し總經理に推されて經營の任に當り克く社運の發展を計りて其手腕を知らる現時前記の要職に任る外に財團法人大連宏濟善堂協理金州遼東育英會長財團法人南全書院理事等の公職に在りて大連實業界の重鎭たると共に資產家として知られ今後日滿經濟提携發達の爲に盡すところあらんとする有力者たり家族は尙二男承幹（一九一八年生）の外に女兒五名あり尙氏名と字の原音は Shao Chen-ting Shang Hsien なり（大連市太平町一四電四六五三）

邵　先　周　薦任七等、交通部事務官、總務司文書科勤務、河北省人

君は仙洲と稱し河北省鹽山縣人にして千八百八十四年（光緒十年）を以て生る夙に日本に留學して東京陸軍經理學校及東京帝國大學經濟學部を卒業す歸國後軍界に入り奉天上將軍公署諮議となり次で奉天高等軍學研究班教官奉天糧秣廠科長等を經て東北交通委員會科長たりしが滿洲國成立と共に轉じて交通部事務官に任じ總務司文書科勤務たり（新京市馬濠門外交通部總務司文書科內電長四〇五三）

邵　鼎　三　天興福銀號經營、關東州人

君は關東州金州火神廟街人にして千八百九十一年（光緒十七年）を以て生る幼少にして本村私塾に修學三ヶ年更に金州金書院高等科を卒業す實業界に志して金州の商家に約二ヶ年見習として從事し大連に出で更に四ヶ年間の實務を經驗し大いに信用を得て千九百三十一年自ら天興福銀號を開設經營し業績を揚ぐ小壯實業家たり（大連市西崗子街一八〇天興福銀號電四一一六）

邵　麟　薦任一等、熱河省公署理官、實業廳長心得

君は又仲烈と稱し千八百九十五年（光緒二十一年）を以て生れ夙に日本に留學して早稻田大學を卒業す曾て南支に於て海運業に從事したる事ありしが千

九百二十八年呼倫貝爾牧場を開設其經理となり傍ら海拉爾中東鐵路商務代辨所次席呼倫貝爾副都統公署顧問及黑龍江省政府諮議を兼ね千九百三十一年省政府諮議を辭任し間も無く滿洲事變勃發に會す時局混亂の間吉林交涉署哈爾濱辨事處長に任じ千九百三十二年春東省特別區市政管理局副局長に轉じ同年滿洲國成立後東支鐵道監事となり現に熱河省公署理事官實業廳長心得たり尙氏名と字の原音は Shao Lin 及 Chung-lieh なり（熱河省公署實業廳內）

章 啓 槐 元吉林省政府委員兼民政廳長、江西省人

君は又陰三と稱し江西省玉山縣人にして千八百八十三年（光緒九年）を以て生る夙に奉天吉林察哈爾等の地方官を經て千九百二十一年察哈爾實業廳長兼全區墾務總辨に任じ其後哈爾濱電業公司總辦吉林依蘭道尹兼三姓商埠督辨を歷任して千九百二十八年延吉道尹兼延吉海關監督交涉員天圖鐵路督辨等に轉じ翌年吉林省政府委員兼民政廳長に任じ同地方に於ける各方面行政に精通せるを以て千九百三十一年滿洲事變後熙洽より吉林省長官公署顧問に任ぜられしも之れを受けざりき尙氏名と字の原音は Chang Chi-huai 及 Yin-san なり

商 衍 瀛 簡任一等、特任待遇、宮內府內務處長 奉天省人

君は又丹石と稱し奉天省瀋陽縣人にして千八百六十九年（淸同治八年）を以て生る前淸の進士なり翰林院祕書部員を經て資政院欽選議員となりし事あり千九百三十二年滿洲國成立後執政府祕書兼內務官に任ぜられ後會計審査局長に轉じ康德元年三月更に宮內府內務處長に任じ今日に至る尙氏名の原音は Shang Yen-ying なり（新京市）

焦 桐 薦任三等、哈爾濱特別市公署事務官、總務處祕書科長 江蘇省人

君は又可琴と稱し江蘇省儀徵縣人にして千八百八十七年（光緒十三年）を以て生る夙に日本に留學し千九百十一年明治大學を卒業す歸國後東省鐵路理事會祕書哈爾濱市政局諮議等に任じたる事あり現時哈爾濱特別市公署事務官に任ぜられ總務處祕書科長たり（哈爾濱道裡買賣街一〇九）

頌 嘉 薦任六等、興安南分省公署理事官、總務廳會計科長 興安南分省人

君は又樞卿と稱し興安南分省科爾沁右翼中旗人にして千九百三年（光緒二十九年）を以て生る千九百二十四年東旗高等學校を卒業す曾て本旗租賦局長たりし事あり千九百三十二年滿洲國成立するや興安南分省公署事務官に任じ總務廳會計科長たり康德元年七月同署理事官に昇任し以て今日に至る（興安南分省公署總務廳內）

鐘 毓 簡任二等、黑龍江省公署理事官、民政廳長、奉天省人

君は又韓五と稱し奉天省瀋陽縣人にして千八百七十五年（光緒元年）を以て生る夙に日本に留學して千九百八年東京警官學校及法政大學速成科を卒業す歸國後黑龍江省全省墾務局會辨を經て大賚訥河嫩江呼蘭龍江等の縣長を歷任し千九百十九年北京政府外交部黑龍江省特派交涉員翌年呼倫貝爾善後事宜千九百二十一年吉林警務處長に轉じ千九百二十四年外交部吉林特派交涉員となり滿洲事變後濱江市政籌備處長哈爾濱

吉林省鐵路交渉局總辦鶴立岡煤礦公司常務董事等を歷任し現時黑龍江省公署理事官にして民政廳長たり尙氏名と字の原音は Chung Yu 及 Chi-wu なり（黑龍江省公署內）

城崎貞藏

薦任七等、監察院審計官、福岡縣在籍

君は福岡縣人にして明治二十一年を以て生る夙に福岡八女農業學校を卒業して關東廳に奉職し累進し理事官たりしが大同元年滿洲國建設後其招聘に應じ監察院審計官に任ぜられ今日に及ぶ（新京市錦町四ノ二七ノ四）

常堯臣

前吉林省公署參議　奉天省人

君は又泮橋と稱し奉天省黑山縣人にして千八百八十八年（光緒十四年）を以て生る曾て獨立騎兵第七旅長たりし事あり久しく農安に在りしが千九百三十一年滿洲事變後克く熙洽を助けて吉林獨立に參與し大いに盡すところあり吉林省公署參議に任ぜられ又長春執政府警備辦事處會辦たりし事あり尙氏名と字の原音は Chang Yao-chen Pan-chiao なり（吉林市山神廟胡同二五號）

白井康

【正七位勳六等】薦任三等、國務總理大臣祕書官、栃木縣在籍

祖母　マス　文久三、二生、栃木　增山泰次郎養姉
母　タネ　明九、一一生、祖父源平二女
妻　美代　明三七、五生、新潟　淺野虎三郎五女
男　法　大一五、五生

君は栃木縣人白井源平の二男にして明治二十五年四月五日を以て生れ昭和三年家督を相續す大正三年東亞同文書院を卒業し同六年外務書記生に任じ爾後北京公使館紐育領事館哈爾濱總領事館長沙領事館等に勤務し同十四年副領事に昇任し天津上海各總領事館在勤を命ぜられ昭和七年退官す滿洲國成立後其招聘に應じ現時國務總理大臣祕書官たり家族は尙二男洸（昭三、五生）長女千江子（同五、一一生）弟芳（明三〇四生）同妻トキ（同三九、三生）栃木金澤小平三女）及其二男同虎（同三五二生）同妻モン（同四二、六生、栃木三上久三郎五女）及其一女妹ハル（同四一、三生）あり（新京市六馬路國務院總理祕書官室內電四二四七）

申振先

薦任一等、熱河省公署理事官、教育廳長　奉天省人

君は奉天省法庫縣人にして千八百九十六年（光緒二十二年）を以て生る夙に國立北京大學を卒業す曾て北京學院教授奉天省警務處科員を經て三河懷安洮南各縣知事に進みたる事あり其後蒙邊督辦公署政務處長に任ぜられしが千九百三十二年滿洲國成立後熱河省公署理事官に任じ教育廳長の重職に就き以て今日に至る（熱河省承德府）

秦樹藩

薦任四等、奉天省公署參事官、奉天省人

君は奉天省遼陽縣人にして千八百八十一年（光緒七年）を以て生る夙に官界に志して奉天稅捐總局科員を經て後黑龍江道尹公署財政科長に進みたる事ありしが轉じて東三省兵工廠總務處長に任じ次で吉林永衡官銀號會辦に就任したり千九百三十二年滿洲國成立後奉天省公署參事官に擧げられ以て今日に至る（奉天市奉天省公署內）

ス之部

鄒　孟　軒

錢莊益增慶支配人
奉天省人

君は奉天小南關人にして千八百九十四年（光緒二十年）を以て生る早くより商業界に志して金融業に從事し現時小壯話動家として千九百十八年開設に係る錢莊益增慶の支配人たり同店の出資者鄒人も亦奉天の出身にて千八百九十年生の小壯實業家なり家財三十萬元を擁し大いに將來を期待さる（奉天市鐘樓北大街益增慶內）

杉原千畝

薦任六等、外交部北滿特派員公署總務科長、岐阜縣在籍

君は岐阜縣人にして明治三十三年を以て生る大正八年早稻田大學高等師範部を中途退學し後外務省留學生試驗に合格す外務書記生に任ぜられて哈爾濱に駐在せしが昭和七年大使館通譯官に進み蘇聯在勤たりし事あり千九百三十二年滿洲國成立するや招かれて同政府外交部に入り現時北滿特派員公署總務科長たり（哈爾濱市新市街）

杉本吉五郎

民政部土地局囑託
東京府在籍

君は東京府人にして明治九年を以て生る夙に東京外國語學校支那語科を卒業す嘗て陸軍通譯を經て關東都督府に任官し次で南滿洲鐵道會社に勤務したる事ありしが滿洲國成るや大同元年聘せられて民政部土地局囑託となり以て今日に至る（新京市永樂町）

鈴木菊次郎

陸軍騎兵上校、靖安軍騎兵隊長
福岡縣在籍

君は福岡縣人にして明治二十二年を以て生る夙に陸軍戶山學校體操科を卒業す次で陸軍騎兵學校を卒業して騎兵中佐に進みたりしが千九百三十二年滿洲國成立後聘せられて同國騎兵上校に任ぜられ靖安軍騎兵隊長に補せられ以て今日に至る（新京市）

鈴木兵一郎

簡任二等、國道局技正、齊々哈爾國道建設處長、福島縣在籍

君は福島縣人にして明治二十一年を以て生る夙に陸軍士官學校を卒業す軍籍に身を置きて累進して工兵中佐となりしが後依願豫備役に編入せられ滿洲國の招聘に應じて大同三年國道局技正に任ぜられ現時齊々哈爾國道建設處長たり（齊々哈爾市國道建設處內）

住川五六七

薦任七等、交通部事務官、郵務司經理科長、新潟縣在籍

君は新潟縣人にして明治二十二年を以て生る夙に遞信官吏練習所を卒業し遞信省事務官參謀本部陸軍省通信業務囑託を經て滿洲國成立後共招聘に應じ國務院交通部事務官に任ぜられ現時郵務司經理科長たり（新京市馬濠門外交通部郵務司經理科內電長四二五一）

セ之部

瀨戶口 英夫

薦任七等、監察院監察官、監察部勤務
鹿兒島縣在籍

君は鹿兒島縣人にして夙に京都帝國大學法學部を卒業し南滿洲鐵道會社に入り鐵道部勤務を經て滿洲國成立後其招聘に應じ監察院監察官に任ぜられ監察部勤務となり今日に至る（新京市西北門外監察院監察部內電四一二六）

成 德

元蒙古政廳呼倫貝爾副都統公署左廳長
呼倫貝爾人

君は又靜山と稱し呼倫貝爾東布特哈人にして達呼爾族の出なり親露派と呼ばる夙に前清末年庫倫に於ける外蒙古政府の外務次官たりし事あり民國成立後蒙古政廳呼倫貝爾副都統公署左廳長に任じ傍ら皮毛公司及蒙旗銀行を經營し同地方に於ける豪族にして資產家且つ勢力家を以て知られ千九百三十一年滿洲事變前に至る尙氏名と字の原音は Cheng Te 及 Ching-shan なり（呼倫貝爾）

靖 國 儒

黑龍江省望奎縣長
山東省人

君は又席珍と稱し山東省樂安縣人にして千八百八十五年（光緖十一年）を以て生る千九百十年奉天警務學堂を卒業す官界に入りて曾て黑龍江省明水縣長に進みたる事あり現時同省望奎縣長に任ぜらる（黑龍江省望奎縣）

齊 恩 銘

奉天瀋陽警察廳長
奉天省人

君は又佐忱と稱し奉天市錦西縣人にして千八百七十七年（光緖三年）を以て生る千八百九十七年東三省講武堂を卒業す早くより奉天軍界に入り累進して曾編奉天第五混成旅長第十六旅長東北憲兵司令兼淸鄕督辦等に歷任し千九百二十八年張作霖遭難當時奉天戒嚴司令たりしが責任を問はれて免職さる後再び用ひられて瀋陽公安局督察長となり千九百三十一年滿洲事變後奉天市政公署警察局長に任ぜられ後瀋陽警察廳長となる尙氏名と字の原音は Chi En-ming 及 Tso-chen なり（奉天市）

齊 鄕

奉天省洮南縣長
奉天省人

君は又子靖と稱し奉天省法庫縣人にして千八百九十二年（光緖十八年）を以て生る千九百二十二年北京大學法科を卒業す官界に志して奉天省岫巖縣長たりしが大同二年同省洮南縣長に轉じ以て今日に至る（奉天省洮南縣）

齊 知 政

陸軍少將、第二軍管區司令部附
奉天省人

君は又華民と稱し奉天省開原縣人にして千八百九十五年（光緖二十一年）を以て生る夙に日本に留學し千九百十八年陸軍士官學校を卒業す曾て東北陸軍步兵第九十三團長に進み東三省講武堂敎官同分校長等を經て次で吉林軍官學校總辦特務部長に任じたる事あり滿洲事變勃發するや吉林獨立に盡し吉林省城警備司令たりしが千九百三十二年滿洲國成立するや陸軍少將に任ぜられ吉林警備司令部附に補せらる康德元年軍管區成立により改稱され以て現職に在り尙氏名の原音は chi Chih-Cheng なり（吉林省第二軍管司令部內）

齊默特色木丕勒　勳一位、特任、興安總署長官、憲法制度調査委員會委員　內蒙古人

君は內蒙古南郭爾羅斯王府人にして千八百六十九年（清同治八年）を以て生る久しく哲里木盟長として郭爾羅斯王府にあり齊王と呼ばれ內蒙古の名族たり千九百三十二年滿洲國成立するや興安總署總長に特任され蒙古統治の首班となる康德元年帝政實施と共に滿洲帝國興安總署長官に任ぜられ同年五月勳一位に敍せられ景雲章を賜はる又憲法制度調査委員會委員の要職を兼ぬ康德元年十月渡日各地を視學す尚氏名の原音は Chi-mo-to-se-mu-pi-lo なり（新京市東四道街電話三五四〇）

齊　耀　斌　吉林省賓清縣長　吉林省人

君は吉林省伊通縣人にして千八百八十七年（光緒十三年）を以て生る千九百十一年吉林法政頭班を卒へ官界に入り千九百三十二年滿洲國成立後大同二年吉林省賓清縣清鄉局長を經て同縣長に任ぜられ今日に至る（吉林省賓清縣）

石　峻　最高檢察廳檢察官　河南省人

君は又聘卿と稱し河南省偃師縣人にして千八百七十八年（光緒四年）を以て生る千八百九十七年河南公立法政專門學校を卒業す曾て開封初級檢察廳檢察官を經て京師地方審判廳推事となり爾來各地の司法官たりしが大同元年瀋陽地方檢察廳長に任じ後最高檢察廳檢察官に轉ず（新京市西四道街）

石　青　山　前黑龍江省警備司令部顧問　奉天省人

君は又眉峯と稱し奉天省遼源縣人にして千八百九十一年（光緒十七年）を以て生る夙に東三省陸軍講武堂を卒業す東北陸軍步兵第二十二旅長兼黑龍江綏海鎭守使省防軍第一路統領官を歷任して千九百二十五年東北陸軍騎兵第十二旅長兼綏海鎭守使に轉ぜしも千九百二十八年辭任し爾來閑地にあり滿洲事變後出でて黑龍江省軍の招撫に努めて功あり千九百三十二年滿洲國成立後黑龍江省警備司令部顧問となりたる事あり尙氏名と字の原音は Shih Ching-shang 及 Mei-feng なり（哈爾濱市）

迫　喜平次　簡任一等、交通部理事官、總務司長、國道會議議員　鹿兒島縣在籍

母　ヤヱ　慶應三、五生、鹿兒島、井上八太郎二女
養子　清親　大七、七生、鹿兒島　內村喜藏孫

君は鹿兒島縣人迫喜兵衛の長男にして明治二十一年六月二十八日を以て生れ同四十一年叔父金太郎の跡を承け家督を相續す夙に東京帝國大學法科大學獨法科を卒業し朝鮮高等法院檢事南滿洲鐵道會社奉天事務所庶務課長等を歷任滿洲國成立後其招聘に應じ國務院總務廳理事官に任じ人事處長を經て交通部理事官に轉じ現時總務司長たり兼ねて國道會議々員被仰付妹シヲ（明二五、五生）は鹿兒島縣人內村喜藏長男清に嫁せり（新京市錦町四ノ二一電話三五三二）

薛　玉　衡　薦任七等、民政部事務官、總務司人事科勤務、奉天省人

君は靜石と稱し奉天省蓋平縣人にして千八百八十九年（光緒十五年）を以て生る夙に奉天農林專科及北京中央陸軍軍需學校を卒業す初め軍界に入りて奉天糧秣廠上校科長に累進したりしが後轉じて天津市政府港務處長に任ず千九百三十二年滿洲國成立後民政部事務官に

任ぜられ同部總務司人事科に勤務す（新京市大經路民政部總務司人事科內電四三二八）

薛　子　麟　錢莊東記銀號出資者兼支配人、河北省人

君は河北省臨楡縣人にして千八百九十三年（光緒十九年）を以て生る早くより實業界に志して商業を營み殊に金融業に從事すること久し千九百二十四年陳儒霖高鶴明等と合資を以て奉天に錢莊東記銀號を開設し自ら支配人となりて市中主要銀行に取引を有し千九百三十一年滿洲事變勃發前迄は業績良好にして殷盛を極めたり現時取引年額五百三十萬元を算す（奉天附屬地浪速通三東記銀號內電話二四二二・二六二九）

聶　子　祥　增益東絲房支配人　山東省人

君は山東省黃縣人にして千八百九十二年（光緒十八年）を以て生る夙に商業界に入り滿洲に於て志を立てんとし現に賣上年額約八十五萬元を有する增益東絲房の支配人として活躍す同店は其開設後僅か十年を經たるに過ぎざるも支店を新京二道溝增益號鄭家屯增益店と稱し奉天市內外の他に臺安撫順興京桓仁通化等各地に販路を有し業績を揚ぐ尙出資者は張益齋なり（奉天市小東門裡增益東內）

聶　樹　濤　薦任五等、吉林省公署理事官、教育廳總務科長、吉林省人

君は又隆芬と稱し吉林省永吉縣人にして千八百八十六年（光緒十二年）を以て生る千九百六年東京宏文學院を卒業す初め教育界に入りて吉林省立第一高等小學校長となり次で吉林教育廳第一科長同祕書主任等を任じたる事あり千九百三十二年滿洲國成立後吉林省公署事務官に任ぜられ教育廳總務科長となり康德元年七月同署理事官に昇任し以て今日に至る（吉林省城二區）

錢　啓　承　薦任八等、交通部事務官、路政司第三科勤務、江蘇省人

君は又軼凡と稱し江蘇省常熟縣人にして千八百八十七年（光緒十三年）を以て生る夙に日本岩倉鐵道學校建築科を卒業す歸國後曾て鴨綠江採木公司技師を經て安東市政籌備處工程科長となり次で洮索鐵路工務處文書課長兼地畝課長より奉天東北交通委員會路工處計畫科長たりし事あり千九百三十二年滿洲國成立後交通部事務官に任じ現に同部路政司第三科に勤務す（新京市馬濠門外交通部路政司第三科內電話四〇五六）

錢　燧　孫　北滿特別區公署勤務　浙江省人

君は浙江省吳興縣人にして千八百九十年（光緒十六年）を以て生る夙に日本に留學して千九百十四年東京帝國大學農科大學を卒業し日本語をよくし日本通たり歸國後農商部に任官したれ共後南滿洲鐵道會社囑託北京政府駐日公使館通譯官等に任じたる事あり千九百三十二年滿洲國成立するや一時東支鐵道督辦公署顧問たりしが奉天路鐵總局參贊に轉し現在前記の職に在り尙氏名の原音はChien Sui-sun なり（哈爾濱市郵政街）

ソ之部

曾　雨　辰　實業家　山東省人

君は山東省福山縣人にして幼少より本村私塾に入り學を修め實業界に志して商務に從事すること久し滿洲に於て身を立てその經驗を以て現時大連にあり商業を營み業績を揚げ信用亦厚く同地の實業家として知らる（大連市東郷町一五電八八五四）

曾　格　簡任二等、熱河省公署祕書長、四川省人

君は又叔度と現し四川省華陽縣人にして千八百七十七年（光緒三年）を以て生る夙に日本に留學して京都帝國大學法學部を卒業し歸國後前清府工部及郵傳部に出仕し次で大理院推丞資政院科長並に祕書等に歷任し民國成立後大總統府祕書に任ぜられ其後約法會議議員政事堂參議兼禮制官評議憲法起草委員等を經て千九百十六年國務院參議の要職に就く千九百十九年敵國人民財產管理事務局長となりしが翌年辭任して官界を去り後實業界に入りて北京東方人壽保險股分有限公司總經理となり其他商社に關係したるが千九百三十二年滿洲國成立後擧げられて熱河省公署祕書長に簡任さる曾て支那電信符號旗信號符號の發案者として知られ「日本行政制度」「歐戰中に於ける支那」「支那の家族制」其他の著書あり尙氏名と字の原音は Tseng Ko 及 Shu-tu なり（熱河省承德）

曾　達　吉林高等法院第二分院長、四川省人

君は又九逵と稱し四川省金堂縣人にして千八百八十六年（光緒十二年）を以て生る國立北京法政專門學校を卒業す法曹界に入りて吉林地方審判廳長に進み後各地に任官するところあり千九百三十二年滿洲國成立後吉林高等法院第二分院長に任ぜられ今日に至る（吉林高等法院內）

曾　有　翼　前北滿鐵路督辦公署顧問、奉天省人

君は又子敬と稱し奉天省瀋陽縣人にして千八百七十年（清同治九年）を以て生る夙に京師大學を卒業す曩に參議院議員衆議院議員等に歷任して千九百十七年東三省鹽運使となり山海關監督を經て千九百二十二年奉天市政公署市長兼奉天電燈廠長に任じ其後轉じて東省鐵路督辦公署祕書長たりしが千九百三十二年滿洲國成立後東支鐵道督辦公署顧問に任じ後同公署の改稱により今日に至る尙氏名と字の原音は Tseng Yu-i 及 Tzu-ching なり（哈爾濱市）

楚　重　三　薦任六等、哈爾濱警察廳理事官、保安科長、山東省人

君は又潤興と稱し山東省單縣人にして千八百八十四年（光緒十年）を以て生る千九百十二年奉天法政學校を卒業す軍警界に入り曾て東省特別區警察管理處第一科長に進み次で第二科長たりし事あり千九百三十二年滿洲國成立後哈爾濱警察廳事務官に任ぜられ保安科長となり康德元年七月同廳理事官に昇任し以て今日に至る（哈爾濱道裡商務街一）

蘇　咸　亨　薦任七等、奉天省公署事務官、實業廳農務科長、奉天省人

君は又上五と稱し奉天省遼陽縣人にして千八百八十二年（光緒八年）を以て生る夙に日本に留學し東京高等警察學校を卒業す歸國後官界に入り曾て中東火

車韃總局祕書を經て奉天實業廳第一科長たりし事あり千九百三十二年滿洲國成立後奉天省公署事務官に任じ現に實業廳農務科長として今日に至る（奉天市奉天省公署實業廳農務科內）

蘇　斯　民　奉天省通化縣長　關東州人

君は又魄俠と稱し關東州金州人にして千八百八十九年（光緒十五年）を以て生る千九百十四年北洋大學法科を卒業す夙に官界に志し千九百三十一年滿洲事變勃發後新國家成るや大同元年奉天民政廳屬官たりしが其後同省通化縣長に昇任し以て今日に至る（奉天省通化縣）

蘇　福　壽　粮棧代理店天聚厚支配人、河北省人

君は河北省東鹿縣人にして千八百九十四年（光緒二十年）を以て生る夙に實業界に志して商業に從事し滿洲に於て身を立つ現時粮棧代理店天聚厚の支配人として活躍し小壯實務家にして賣上年額約八十一萬元を算するに至る千九百十七年の開設に係り林鈞增張明九褚岱譜孫德等の合資經營なり通遼の天聚福北鎭縣の天聚和法庫縣の天聚順は何れも支店なり（奉天市大北關大街路南天聚厚內）

宋　華　封　錢鈔業天元銀號出資者兼支配人、奉天取引所仲買人　河北省人

君は河北省昌黎縣人にして千八百八十五年（光緒十一年）を以て生る早くより實業界に入り金融債券賣買仲買等に從事し現時劉玉庚張煥章等と共に奉天に錢鈔業天元銀號を經營して支配人を兼ね取引所仲買人たり同店は千九百三十一年五月の開設にして間もなく滿洲事變勃發に會し業績亦見るべきものなかりしが爾來銳意努力の結果發展して現時取引年額六百五十萬元に及ぶ市中主要銀行と取引を有す（奉天市附屬地千代田通四天元銀號內）

宋　鴻　鈞　元熱河全省印花稅局長、熱河省人

君は又子衡と稱し熱河省朝陽縣人にして千八百八十八年（光緒十四年）を以て生れ夙に天津北洋法政專門學校政治科を卒業す始め湯玉麟に從ひ千九百二十六年熱河暫編騎兵第二旅第一團長に任じ其後熱河都統署高等參議を經て千九百二十九年熱河全省印花稅局長となりし事あり尚氏名と字の原音は Sung Hung-chun 及 Tzu-heng なり

宋　子　章　綿絲布紬緞及人造絹布商德義祥支配人　河南省人

君は河南省鄭州縣人にして千八百八十八年（光緒十四年）を以て生る早くより商業界に入り實務に從事す現時賣上年額約六十萬元を算する綿絲布紬緞及人造絹布商德義祥の支配人たり同店は支那河南省鄭州縣の有名なる紬緞商德義祥の支店にして千九百十六年の開設なるもよく業績を揚ぐ販賣網は滿洲主要都市に亘るも奉天新京哈爾賓吉林等に主力を注ぎ仕入先は大阪上海鄭州杭州天津等なり（奉天市四平街賈家胡同路西德義祥內）

宋　文　郁　北滿特別區公署顧問　奉天省人

君は又墨林と稱し奉天省臺安縣人にして千八百八十二年（光緒八年）を以て生る夙に奉天高等巡警學校を卒業前淸末年以來奉天省內の各縣警務長を歷任し後奉天省會警察督察長同警察廳長を經て千九百十六年奉天全省警務處長兼省會警察廳督辦となり後奉天沙河稅捐徵收局長省長公署警察顧問に轉じ更に鴨綠江渾河兩江水上警察局長營口警察廳長等を經て千九百十九年黑龍江全省警

務處長兼省會警察廳長に任じ翌年黑龍江省淸鄕局總辦を兼ぬ千九百二十一年黑龍江道尹より黑河道尹兼璦琿交渉員及璦琿關監督となり後黑龍江綏蘭道尹兼綏蘭道區游擊隊統領呼海鐵路局協理等を歷任し千九百三十年東省特別區市政管理處長兼哈爾賓特別市長に任ぜられ翌年滿洲事變後に東省特別區長官公署總參議となり次で北滿特別區公署顧問たり尙氏名と字の原音は Sung Wen-yu 及 Mo-lin なり（哈爾濱市西馬家溝文明街電四六六一）

宋文林 前東省特別區長官公署政務廳長

君は早くより東北邊境方面の官界にあり曾て東省特別區行政長官公署參議たりしが千九百三十二年滿洲國成立後東省特別區長官公署政務廳長に任ぜらる尙氏名の原音は Sung Wen-lin なり（哈爾濱市）

宋銘閣 山貨及細皮商同昌店支配人、河北省人

君は河北省昌黎縣人にして千八百七十一年（淸同治十年）を以て生る夙に實業界に志して商業に從事すること久しく現時賣上年額約二百萬元を算する山貨及細皮商同昌店の支配人として活躍す同店は千九百十五年の開設にして山東省昌黎縣の富商石如璋及宋魁一の合資經營なり吉林新京海拉爾布奎姓通遼洮南鄭家屯等より仕入れ奉天市中の外人商鋪及天津上海方面に販賣す取引銀行には中央銀行奉天分行正金銀行の外主なる銀行銀號あり（奉天市小西關電車路南同昌店內）

相馬龍雄 薦任一等、國道局技佐、哈爾濱建設處長 京都府在籍

君は京都府人にして明治二十五年を以て生る大正七年東京帝國大學工科大學土木工學科を卒業し川北電氣企業社に入る後武藏野水電會社に轉じ更に東京市技師復興局技師川崎市技師長等を歷任し大同二年滿洲國國道局技正に任じ第一技術處計畫科長に補せらる康德元年七月國道局技佐に陞り現に哈爾賓建設處長の要職に在り（哈爾濱市國道局哈爾濱建設所內）

曹恒祺 陸軍上校、第二軍管區司令部軍需處長 奉天省人

君は又翔九と稱し奉天省瀋陽縣人にして千八百九十八年（光緒廿四年）を以て生る夙に軍界に入り曾て黑龍江軍砲兵獨立團三等軍需正を經て東三省第十三旅三等軍需正となり次で延吉鎭守使署軍需官第二十七旅軍需正等を歷任したる事あり千九百三十二年滿洲國成立後陸軍上校に任ぜられ吉林警備司令部軍需處長に補せらる康德元年軍管區成立により改稱以て今日に至る（吉林省城）

曹振海 文房具紙類卸小賣天德信支配人 河北省人

君は河北省束鹿縣人にして千八百八十八年（光緒十四年）を以て生る夙に實業界に志し商業に從事し經驗深く少壯より文房具紙類卸小賣天德信支配人として活躍す同店は千九百十四年の開設資本現洋二十萬元と稱し曹烈齋王潤芝曹忠信等の出資なり大阪奉天大連新京哈爾賓營口北平天津青島等に十二軒の支店を有し主として大阪支店經由を以て仕入れ各縣地の小學校は主要顧客なり斯種店鋪としては組織規模大いなるものにして千九百三十一年度賣上額約六十萬元に及ぶ（奉天市小北門裡鼓樓北天德信內電局二一七三）

叢　榮　九　綿絲布雜貨米穀代理店興茂北棧支配人　山東省人

君は山東省人にして千八百六十八年(淸同治七年)を以て生る早くより實業界に志して多年商業に從事し經驗深く滿洲に於て身を立つ千九百四年開設に係る綿絲布雜貨及米穀代理店興茂北棧の支配人として信用厚く上海奉天方面より仕入れ賣上年額三十五萬兩を算するに至る正金銀行朝鮮銀行等と取引を有し出資者は興茂福王富有堂なり(營口市老爺閣西二道衖興茂北棧內)

雙　海　薦任六等、興安北分省公署理事官、總務廳總務科長　興安北分省人

君は又滙川と稱し興安北分省陳巴爾虎旗人にして千八百八十八年(光緒十四年)を以て生る千九百十三年東三省陸軍學校を卒業す嘗て黑龍江省諮議を經て副都統公署參議處主席蒙藏委員會設計委員等に歷任したる事あり千九百三十二年滿洲國成立するや興安北分省公署祕書官に任じ總務廳總務科長たり康德元年七月同署理事官に昇任す(興安北分省公署內)

臧　爾　壽　吉林高等檢察廳長　奉天省人

男　振　一九〇七(光緒三三)年生、第二軍管區司令部副官

男　鐸　一九一一(宣統三)年生、東京日語專門在學

君の兄臧式毅は勳一位特任民政部大臣兼奉天省長たり君は奉天省瀋陽縣人にして吉興の義弟なり千八百八十七年(光緒十三年)を以て生る兄式毅と共に滿洲國建設に當りては其出所を誤らず吉林地方に於ては熙洽に次ぐ聲望家且つ實力家なり千九百三十二年滿洲國成立後擧げられて吉林高等檢察廳長に任ぜられ以て今日に至る尙氏名の原音は Tsang Erh-shou なり(吉林市城內北安胡同高等檢察廳公館)

參照＝吉興、臧式毅の項

臧　式　毅　勳一位、特任、民政部大臣、奉天省長、憲法制度調査委員會委員、奉天省人

君は又奉九と稱し奉天省瀋陽縣人にて臧爾壽の兄吉興の義弟なり千八百八十四年(光緒十年)を以て生れ夙に日本に留學し振武學校を經て陸軍士官學校騎兵科に在學せしが千九百十一年民國革民の動亂起りて退學し歸國後北京陸軍大學を卒業す嘗て孫烈臣の下にありて千九百二十年黑龍江督軍公署參謀翌年吉林督軍公署參謀兼衛隊團長に任じ千九百二十三年同公署參謀長に昇任し一時督軍事務を代理す孫の死後奉天に出で陸軍整理處參謀長となり爾後楊宇霆に隨身して千九百二十五年楊と共に南京に至り江蘇軍務善後事宜督辦公署參謀長となれり後奉天軍の江南撤退に當り最後迄南京に止まり孫傳芳軍に捕へられて約半年間監禁せられ千九百二十六年釋放せらる滿洲に歸り奉軍最高幹部の北京移轉の後を受け奉天將軍公署參議として留守司令を兼ね奉天の治安維持に任じたり千九百二十八年張作霖死後の善後處置に當り東三省保安總司令部參議たり又楊宇霆暗殺後を承けて奉天兵工廠督辦に任ず又千九百三十年遼寧省政府委員兼主席に任じ翌年滿洲事變勃發後一時下野せしも同年末推されて奉天省長に任ぜられ滿洲國成立後大同元年民政部總長に特任され憲法制度調査委員を兼ぬ康德元年三月帝政實施と共に民政部大臣となり同年五月功績により勳一位に敍せられ景雲章を賜

はる現時前揭の要職の他に國道會議副議長滿洲中央銀行繼承資產審定委員會委員等を兼ぬる重臣なり尙氏名と字の原音は Tsang Shih-i 及 Feng-chin なり（奉天市）

參照＝吉興　臧爾壽の項

增　悌　薦任五等、宮內府事務官兼禮官、掌禮處勤務　滿洲鑲黃旗人

君は又雪莾と稱し滿洲鑲黃旗人にして千九百五年（光緒三十一年）を以て生る夙に北平朝陽大學を卒業す曾て淸室侍衛大典籌備處委員等に任じたる事あり其後執政府庶務科長を經て執政府事務官內務處營繕科長に任ぜられしが改稱により宮內府事務官となり康德元年宮內府禮官を兼任し現に掌禮處勤務たり（新京市宮內府掌禮處內）

孫　其　昌　勳二位、特任、黑龍江省長、奉天省人

君は又鍾舞と稱し奉天省遼陽縣人にして孫祖昌の兄なり千八百八十一年（光緒七年）を以て生る夙に日本に留學し東京高等師範學校を卒業す歸國後遼陽師範學校長奉天商業學校長等を經て黑龍江督軍公署祕書黑龍江省敎育廳長吉林省財政廳長兼永衡官銀號會辦吉長道尹兼北京政府外交部特派吉林交涉員等に歷任し千九百二十九年吉林省政府委員兼建設廳長となりしが千九百三十一年辭任したり滿洲事變勃發後吉林政府に入りて財政廳長兼吉林永衡官銀號督辦菸酒事務局長に任じて時局收拾特に最も困難なる財政金融の局に當りて善處す千九百三十二年滿洲國成立後財政部次長に特任されしが後黑龍江省長に轉ず康德元年五月勳二位に敍せられ景雲章を賜はる尙氏名と字の原音は Sun Chi-chang 及 Chung-wu なり（哈爾濱市）

參照＝孫祖昌の項

孫　吉　菴　油坊經理　山東省人

君は山東省牟平縣人にして千八百七十年九月六日（淸同治九年）を以て生る千八百八十年より約十一ケ年間本村書塾に於て修學し芝罘に出で實業界に志して千八百九十一年より約十二箇年同地永聚成油坊にあり商務を見習ふところあり後大連に到り千九百二年より千九百十七年の間同地天和盛內源記に於て大豆賣買取引に從事し經驗するところあり遂に同年十月油坊經理人となる（大連市太平町二三電五七九一）

孫　旭　昌　簡任二等、民政部警務署長、奉天省人

君は又紹忱と稱し奉天省瀋陽縣人にして千八百七十八年（光緒四年）を以て生れ夙に保定講武學堂を卒業す曾て二十七師第九連長を經て奉天陸軍第二團長となり次で東北軍騎兵旅長を經て遼寧全省警務處長に任じ千九百三十一年安東海關監督安東專賣所長等に轉じ滿洲事變前に及びたりしが新國家建設後擧げられて民政部警務署長に任じ今日に至る尙氏名と字の原音は Sun Hsu-chang 及 Shang-chen なり

孫　玉　泉　福成銀號經理　山東省人

君は山東省掖邑縣西沈村人にして千八百八十九年十月十五日（光緒十五年）を以て生る千九百六年本村學校高等科を卒業し實業界に志し翌年芝罘に出で同地德盛永錢莊に見習として就職以て實務の經驗を積み千九百二十二年辭し翌年青島膠縣路に於て福成銀號を開業す業績大いに揚りし爲め千九百二十六年大連市兩豐仁錢莊內に出張所を設け營業漸次隆昌に向ひしにより千九百二十九年八月同市愛宕町に獨立店鋪を置き福成銀號經理として今日に至る（大連

市愛宕町二二電六四三五）

孫壽山　同義合絲房支配人　河北省人

君は河北省翼縣人にして千八百八十九年（光緒十五年）を以て生る夙に商業に從事して實務を積み現時賣上年額數十萬元を算する同義合絲房支配人として活躍す同店は城內四平街の同名絲房と同一經營に屬し大阪上海天津方面に仕入先を有す千九百十九年に開設され遼陽新京間南滿鐵路沿線各地を財賣とす（奉天市千代田通一八同義合電長三四二〇）

孫秀巖　石炭商岩村號主　山東省人

君は山東省海陽縣人にして千八百八十八年一月十四日（光緒十四年）を以て生る千九百八年海陽學校普通科を卒業す夙に實業界に志して實務に從事すること多年漸次經驗を積み滿洲に到りて身を立つ千九百十六年四月大連に於て石炭商岩村號を開設經營し業務盛大なり（大連市敷島町三二電四二四五）

孫祥雲　薦任六等、文教部事務官、總務司文書科勤務、奉天省人

君は又形書と稱し奉天省法庫縣人にして千八百九十八年六月十五日（光緒二十四年）を以て生れ千九百二十年國立北京師範大學生物學系を卒業す同年直に奉天省立第一中學校生物學教員兼省立第一女子師範學校教育教員を奉ず共後省立第三師範學校教務主任省立第三高級中學校教務主任兼訓育主任を經千九百二十五年奉天洮昂道尹公署第三科長兼洮昂鐵路督辦公署總務科長となり後奉天省長公署第二科主稿を經て千九百二十八年中日合辦鴨綠江採木公司參事となり哈爾賓分局長兼方正縣出張所主任馬市臺分所長及漂木局長等の要職にありたり後奉天省政府吏治調查員鐵嶺稅捐徵收總局長兼烟酒事務分局長たりしが滿洲國成立後大同元年現職に任じ今日に至る（新京市西四馬路永春路二七）

孫振魁　薦任六等、奉天撫順地方法院長　山東省人

君は又冠傑と稱し山東省平度縣人にして千八百九十年光緒十六年を以て生る千九百十二年青島中德合辦特別高等專門學校法政本科を卒業し千九百十三年の考取司法官なり同年山東濟南地方檢察廳學習檢察官を經て後山東高等檢察廳幫辦檢察官山東烟臺地方檢察廳長代理を歷任して千九百十七年安徽高等審判廳辦事に任じ翌年同廳推事に轉じ千九百十九年安徽第一高等審判分廳監督推事となり翌年安徽蕪湖地方審判廳長に任ぜられたりしが千九百二十七年十月司法部より司法事務調查の爲め山東青島福山等に派せられ後奉天安東地方審判廳長に轉じ翌年西安地方審判廳長となり千九百三十年撫順地方法院長たりしが大同元年十月撫順地方法院長に任ぜられ派遣以て今日に至る（奉天省撫順）

孫新甫　船材料麥粉米穀商永和祥支配人　山東省人

君は山東省人にして早くより實業界に志し商業に從事す現時夏紹奇夏蘭蓀王耀堂曾瑞廷及增福堂等の出資に係る船材料米穀商業油工場經營の永和祥支配人たり同店は開設後十數年を經て賣上總額約五十萬兩に達す上海大阪方面へ仕入先を有し取引銀行は正金銀行朝鮮銀行正隆銀行等あり（營口市老爺閣西大街永和祥內）

孫　祖　昌　元奉天紡紗廠長　奉天省人

君は又笙舞と稱し奉天省遼陽縣人にして千八百八十六年(光緒十二年)を以て生る勳二位黑龍江省長孫其昌の令弟なり夙に京師大學堂を卒業し曾て奉天省立高等商業學長たりしが後奉天電燈廠長黑龍江省通原林業公司總辦同省鶴崗煤礦公司總辦等に就任し次で松黑兩江郵船局長吉林軍民兩署參議等を經て千九百二十二年奉天紡紗廠長に任じたり千九百三十年奉天派の國民政府合流に當り劉尙淸と共に南京に至り國民政府內政部總務司長たりしが翌年辭官して奉天に歸り再度奉天紡紗廠長となり滿洲事變前に至る尙氏名と字の原音は Sun Tsu-chang 及 Sheng-wu なり

參照＝孫其昌の項

孫　大　有　元長春總商會長、錢莊業、河北省人

君は又秀三と稱し河北省欒亭縣人にして千八百七十七年(光緒三年)を以て生る早くより長春に於て「益發」と呼ぶ錢莊を經營し同地財界金融界の有力者と知られたる資產家なり千九百三十一年滿洲事變前に至る迄新京の舊稱たる長春總商會長に推さる尙氏名と字の原音は Sun Ta-yu 及 Hsiu-san なり(新京市)

孫　乃　英　薦任六等、實業部技佐、林務司林業科勤務、吉林省人

君は又志廉と稱し吉林省長春縣人にして千八百九十六年(光緒二十二年)を以て生る夙に日本に留學して千九百二十二年東京帝國大學農學部林學實科を卒業す歸國後初め敎育界に入り吉林省立女子中學敎員より同省立第五中學敎員農安縣立中學敎務主任等を經て千九百二十九年吉林省立第二中學校長に昇任したる事あり滿洲國成立と共に入りて實業部農礦司屬官を經て大同二年同部技正に任じ農林業科に勤務す康德元年七月の改正により同部技佐に昇任し以て今日に至る尙名氏と字の原音は Sun Nai-ying 及 Chich-lian なり(新京市北門裡六三)

孫　中　奇　薦任六等、參議府事務官、祕書局勤務、奉天省人

君は又伯英と稱し奉天省臺安縣人にして夙に奉天省立甲種農學校林四級を畢へ更に國立瀋陽高等師範學校本科を卒業す曾て奉天省本溪縣視學撫順縣視學等を經て奉天省臺安縣敎育局長に昇任し爾來哈爾賓東省鐵路局機務處祕書同鐵路督辦公署祕書東省特別區長官公署祕書等を歷任して哈爾賓に特別市制の行はれんとするや同特別市政局總務科長に轉任したりしが千九百三十二年滿洲國成立後參議府祕書官に任ぜられ現に同府祕書局に勤務したりしが康德元年七月同府事務官に昇任し今日に至る(新京市西四馬路民政部前市營住宅六二號)

孫　徵　簡任二等、實業部理事官、工商局長、安徽省人

君は又魯望と稱し安徽省壽州縣人にして夙に日本に留學し千九百二十年日本大學政治科を卒業す歸國後京師警察總廳督察長より四洮鐵路管理局吉林實業廳祕書等を經て東北行政委員會吉林代表に任ぜし事あり千九百三十二年滿洲國成立後實業部理事官となり工商司長たりしが大同二年九月商標局長を兼任し傍ら逆產處理委員會幹事を兼ねしが康德元年兼官を免じ實業部工商局長に專任され以て今日に至る尙氏名の原音は Sun Cheng なり　(新京市常盤町一

ノ四電園三五二六）

孫　輔　忱　吉林地方事務局長　滿洲國協和會理事　奉天省人

君は奉天省營口縣人にして早くより官界に入り各地に任官したる事ありしが千九百三十二年滿洲國成立後吉林省公署理事に擧げられ簡任二等を以て待遇せられ同署實業廳長の要職にありしが康德元年六月之を辭し現時吉林地方事務局長に任じ傍ら滿洲國協和會理事として今日に至る尙氏名の原音は Sun Fu-chen なり（奉天省營口通惠門街德化里電七〇二）

孫　　曜　簡任二等、宮內府事務官、總務處文書科長、河北省人

君は又幼銘と稱し河北省北平人にして千八百八十九年（光緒十五年）を以て生る夙に中國公學大學を卒業す曾て衆議院祕書長憲法起草委員會祕書等を歷任したる事あり千九百三十二年滿洲國成立後執政府事務官に任じ祕書廳機要科長たりしが後同府の改稱により宮內府近侍處機要科長となり後同府總務處文書科長に轉じ今日に至る（新京市宮內府總務處文書科內）

タ之部

田中恭

簡任二等、財政部理事官、理財司長
東京府在籍

君は東京府人にして明治三十二年を以て生る大正十二年東京帝國大學法學部英法科を卒業し爾來財務書記として英佛駐在川崎兩國橋各稅務署長營繕管財局事務官を經て滿洲國成立後其招聘に應じ國務院財政部理事官に任ぜられ現時理財司長たる外積欠善後委員會逆產處理委員會滿洲中央銀行繼承資產審定委員會各委員等を兼ぬ（新京市錦町三ノ七電三六八四）

田中國城

薦任四等、交通部理事官、總務司文書科長、鹿兒島縣在籍

君は鹿兒島縣人にして明治三十四年を以て生る昭和二年東京帝國大學法學部獨法科を卒業し朝鮮全羅南道金融組合日本國際觀光局大連支部勤務を經て大同元年滿洲國成立後其招聘に應じ國務院交通部事務官に任じ總務司文書科長たりしが康德元年七月交通部理事官に轉ず現時前記の要職に在り（新京市錦町二ノ一〇大社方電四三九〇）

田邊治通

【正四位勳三等】特任、參議府參議
東京府在籍

妻　眞知　明二三、九生、前內務次官杉山四五郎養妹

女　作子　明四五、三生

君は山梨縣人田邊富繁の弟にして明治十一年十月を以て生れ同四十四年分れて一家を創立す同三十八年東京帝國大學法科大學佛法科を卒業同年文官高等試驗に合格し通信事務官となり爾來一等郵便局長遞信監理局書記官同事務官遞信省參事官兼爲替貯金局事務官大阪遞信局長東京遞信局長東京地方海員審判所長を歷任し昭和二年大阪府知事に任ぜられしも後退官し同七年滿洲國建設後同國政府の招聘に應じ現時同國參議府參議たり（新京市錦町四ノ一一電三五七二）

田村仙定

薦任四等、法制局參事官、東京府士族

君は東京府士族にして明治三十四年を以て生る昭和三年東京帝國大學法學部法律學科を卒業し南滿洲鐵道會社に入り同六年關東軍司令部囑託兼務を命ぜられ同特務部行政課配屬となり大同元年滿洲國成立と共に法制局參事官に任ぜられ今日に至る嚢に歐米各國に留學を命ぜらる（新京市六車路法制局內電四〇二七）

戴策勳

薦任五等、黑龍江省公署理事官、總務廳統計科長、河北省人

君は又韶琴と稱し河北省寧河縣人にして千八百七十七年（光緒三年）を以て生る夙に官界に入り曾て黑龍江省森林局副技を經て同公署政務廳第三科長となり次で黑龍江省青岡縣知事に進み後巴彥縣長海倫縣長黑龍江省政府祕書處科長等に歷任したる事あり千九百三十二年滿洲國成立後黑龍江省公署事務官に任ぜられ總務廳統計科長となり康德元年七月同署理事官に昇任し以て今日に至る（黑龍江省公署總務廳內）

戴東淮

奉天省西安縣長
奉天省人

君は又蓬溪と稱し奉天省海縣人にして千八百九十八年（光緒二十四年）を以て生る千九百十九年北京中國大學商科を卒業す官界に志して曾て海城公安局課

長に進みたる事あり千九百三十二年滿洲國成立するや奉天省西安縣長となり以て今日に至る(奉天省西安縣)

高井恒則　薦任五等、奉天省公署事務官、總務廳財政科長、富山縣在籍

君は富山縣人にして夙に上海東亞同文書院卒業後南滿洲鐵道會社監理部勤務を經て滿洲國成立後其招聘に應じ奉天省公署事務官に任じ現時總務廳財政科長たり(奉天省公署總務廳財政科內電四九〇二)

高木佐吉　薦任五等、實業部理事官、鑛務司鑛政科長、福岡縣在籍

君は福岡縣人にして明治二十八年を以て生る大正九年旅順工科大學採鑛冶金科を卒業し南滿洲鐵道會社に入る滿洲國成立後其招聘に應じ實業部理事官に任じ現時鑛務司鑛政科長たり(新京市崇智路四一八電四一九二)

高木三郎　【正五位勳四等】簡任二等、尙書府祕書官長、東京府在籍

君は東京府人にして明治二十四年を以て生る夙に中央大學法科を卒業し職を宮內省に奉じ宮內省書記官宮內省參事官兼宮內省事務官等に歷任せり大同三年滿洲國執政府の招聘に依り渡滿現に尙書府祕書官長の要職に在り(新京市商埠地尙書府內)

高綱信次郎　薦任七等、監察院監察官、監察部勤務、新潟縣在籍

君は新潟縣人にして明治二十九年を以て生る夙に東京外國語學校露語專修科を卒業し陸軍省浦鹽派遣軍司令部附國際運輸會社員營口縣自治指導部員を經て大同元年滿洲國成立後其招聘に應じ監察院監察官に任ぜられ監察部勤務となり今日に至る(新京市西北門外監察院監査部內電四一二六)

高橋康順　【從四位勳四等】簡任一等、實業部理事官、總務司長、秋田縣在籍

父　兵藏　萬延元、九生、現戶主

母　サタ　慶應三、七生、秋田本間忠藏孫

妻　美代子　明三四、五生、岡山士、黑崎安太郎長女

男　康太郎　大一〇、七生

君は秋田縣人高橋兵藏の長男にして明治二十四年二月を以て生る大正三年文官高等試驗に合格し同五年東京帝國大學法科大學佛法科を卒業す同六年臨時產業調査局事務官となり同八年歐米各國に出張す歸朝後農商務事務官となり同十二年支那及西比利亞に出張を命ぜられ後鑛山監督局書記官を經て昭和二年特許局事務官に任じ抗告審判官を命ぜられ商工書記官兼臨時產業合理局事務官に任じ鑛山局鑛政課長商務局商政課長及商工大臣官房文書課長に就任す昭和七年滿洲國建設後同國政府の聘に依り渡滿前記の要職に任官す家族は尙長女敬子(大一三、一二生)二女京子(同一五、三生)三女康子(昭三、四生)二男環次(同五、七生)弟三治(明二七、四生)同妻エシノ(同三七、一一生、秋田、小松常松孫)及(其子女弟喜代治(同二九、一生)同妻ミキ(同三八、二生、栃木、猿山權太郎二女)弟錄郎(同三三、九生)同妻みよ(同三四、八生、東京、升川せつ姉)及其一子弟剛(同三〇、一生)同妻文(同三八、一二生、東京、小野健之助長女)弟比古七(同三三、九生)同八十吉(同三六、五生)妹ミチノ(同三九、三生)同トクヨ(同四三、六生)あり弟秀次郎(同二六、一生)は

東京府人川牛嘉太郎の養子となり叔母ミネ(同三、九生)は秋田縣人佐々木久太長男久藏に同タカ(同一三、一一生)は同縣人藤谷清治に嫁せり(新京市馬濠門外實業部總務司内電四〇六三)

瀧本治三郎 薦任八等、大連稅關監視官、兵庫縣在籍

君は兵庫縣人にして明治二十三年を以て生る夙に立命館中學校を卒業し神戸稅關監視部陸務係長を經て大同元年滿洲國成立後其招聘に應じ財政部事務官に任ぜられ稅務司關稅科勤務たりしが現時大連稅關監視官たり(大連稅關内電話二二五〇六)

竹內節雄 薦任四等、吉林省長春縣參事官 愛知縣在籍

君は愛知縣人にして明治三十七年を以て生る昭和三年京都帝國大學法學部獨法科卒業後南滿洲鐵道會社に入り鐵道部勤務たりしが昭和七年九月滿洲事變勃發と同時に自治指導部の招聘に應じ指導科科員として滿洲建國の創業に力を盡し建國と同時に民政部總務司經理科長兼人事科長に任ぜられ大同元年十二月人事科長專任となり同二年十二月吉林省長春縣參事官に轉任せり家族は妻秀子あり(新京市北安胡同電三五五九)

竹內德亥 簡任二等、民政部理事官、總務司長 青森縣在籍

君は青森縣人にして明治二十一年を以て生る大正三年東京帝國大學法科大學政治學科を卒業し同四年文官高等試驗に合格して同五年樺太廳屬に任ぜらる爾來同廳事務官より關東廳理事官同事務官等に歷任し其間旅順大連各民政署長等に歷補す大同元年滿洲國成立と共に民政部理事官に任じ總務司長を命ぜられ今日に至る(新京市錦町四ノ二五電話三六九七)

武岡嘉一 薦任八等、監察院監察官、監察部勤務 北海道在籍

君は北海道人にして明治四十一年を以て生る昭和六年東京商科大學本科を卒業し高等試驗司法科に合格し辯護士を開業したりしが大同元年滿洲國成立後其招聘に應じ監察院監察官となり今日に至る(新京市西北門外監察院監察部内電四一二六)

武波善治 【正七位勳六等】薦任四等、專賣公署理事官、緝私科長 山口縣在籍

妻 芳子 明三五、一一生、山口、田中稔良長女
男 陸郎 大七、九生、旅順中學在學

君は山口縣人にして明治二十年を以て生る神戸商業學校卒業後專賣局書記に任じたりしが同四十四年渡滿し遼陽警察署長貔子窩民政支署長同警察署長長春警察署長等を歷任して滿洲國成立と共に其招聘に應じ民政部事務官に任じ警務司特務科長たりしが大同二年十二月專賣公署事務官緝私科長に轉じ康德元年七月專賣公署理事官に任ず(新京市北大街專賣公省内電三五八九)

單作善 吉林省方正縣長 奉天省人

君は奉天省北鎭縣人にして千八百九十五年(光緒二十一年)を以て生る夙に日本に留學す千九百十三年早稻田大學法科校外生の出身なり歸國後官界に入りて各地に任官し千九百三十二年滿洲國成立後大同二年黑河警察廳長より轉じて吉林省方正縣長に任ぜらる(吉林省

方正縣）

譚　允　丕　文房具印刷材料紙張販賣福順堂出資者兼支配人、山東省人

君は山東省蓬萊縣人にして千八百五十八年（清咸豐八年）を以て生る夙に實業界に志して多年商業に從事し滿洲に於て身を立つ劉忠元と合資により文具印刷材料紙張商福順堂を經營支配人として信用厚く賣上年額二十二萬元を算す千八百七十九年の開設にして大阪裕升棧大連山田洋行光明洋紙店等より仕入れ奉山瀋海各路沿線に販賣す（奉天城內四平街路南福順堂內）

談　國　桓　元熱河省政府祕書長兼熱河清鄉總局副局長、奉天省人

君は又鐵陞と稱し奉天省瀋陽縣人にして千八百七十五年（光緒元年）を以て生れ曾て奉天稅捐總局長を經て東三省屯墾局副局長となり千九百十九年奉天實業廳長東三省巡閲使署祕書處長を歷任し千九百二十三年東三省保安總司令部祕書處長となり次で千九百二十六年北京稅務處會辦に轉じ其後安國軍政務處長東三省保安總司令部參議等を經て熱河省政府祕書長兼熱河清鄉總局副局長となりしが後辭任す尙氏名と字の原音は Tan Kuo-huan 及 Tieh-Kuang なり

檀　執　中　內外雜貨商允隆久主、河北省人

君は河北省樂亭縣人にして千八百五十九年（清咸豐九年）を以て生る夙に實業界に志しよく實務に從事し各般の經驗を積みて現時賣上年額六十三萬元を算す內外雜貨商允隆久の出資者たり千八百八十九年の開設に係り大阪上海營口方面に仕入先を有す取引銀行に中央銀行奉天分行朝鮮銀行等あり尙支配人は同縣人高靜齋なり（奉天市鼓樓南武陵館胡同路北允隆久內）

チ之部

姚　任

薦任五等、國務院總務廳理事官、情報處情報科長、浙江省人

君は又子重と稱し浙江省紹興縣人にして千九百年（光緒二十六年）を以て生る夙に日本に留學して千九百二十一年早稻田大學政治經濟科を卒業す歸國後北京政府財政部祕書を經て上海東方通信社日本通信社記者等に轉じ次で東海關總務科長同關石島分關及掖口分關長等を歷任し滿洲國成立するや外交部宣化司文化科長より國務院總務廳事務官に任ぜられ情報科長となり康德元年七月同廳理事官に昇任す（新京市西四道街）

姚　文　九

絲房子及綿絲布商德興源支配人、山東省人

君は山東省黃縣人にして千八百八十二年（光緒八年）を以て生る夙に實業界に入りて實務に勵む奉天の資本家德興和李獻芝單錫九に加へ楊全璧鄒亞宜劉國章等六名出資に係る絲房子及綿絲布商德興源支配人として業績を揚ぐ同店は開設後未だ三十年に足らざるも克く賣上年額九十餘萬元に及び販路を四洮瀋海路沿線に伸して主に綿絲布卸業者を相手とす（奉天市大北關大街路東德興源內電園二九九〇）

張　亞　東

滿洲計器㈱董事長、中東海林採木公司理事長、山東省人

君は山東省濟寧縣人にして千九百六年山東武備學校を卒業す夙に軍界に入りて千九百九年山東後路巡防哨官を經千九百十二年山東都督府參謀より陸軍第二十七師中佐團附奉軍駐屯鄭州兵站分處長援湘運輸司令兼湘東總司令部副官長に歷任し千九百二十年奉軍總司令部交際處長翌年陸軍部少將諮議となり千九百二十四年國務院參議に任じたる後直隸長蘆官產處長山東魚臺縣知事山東濱縣長に歷任し千九百三十年魯北警備司令兼討逆軍第二旅長に任じたりしが後軍官界を去りて大同元年中東海林採木會社理事長に就任し康德元年五月滿洲計器會社董事長となり今日に至る尙大同元年中鐵路駐京辦公處長に任じたる事あり（新京市）

張　鳴　盛

陸軍上校、第二軍管區司令部副官處長、河北省人

君は又和磬と稱し河北省蠡縣人にして千八百九十五年（光緒二十一年）を以て生る夙に中央陸軍講武堂を卒業す曾て吉林軍政廳第三處科長中校同第二處長等に歷任したる事あり千九百三十二年滿洲國成立後陸軍上校に任ぜられ吉林省警備司令部副官處長たりしが康德元年軍管區成立により改稱以て今日に至る（吉林省城）

張　永　德

前熱河高等法院長、河北省人

君は又守恆と稱し河北省樂亭縣人にして千八百八十二年（光緒八年）を以て生る夙に北京法政專門學校に學ぶ法曹界に入りて河北陝西湖北各省の檢察官に歷任し千九百二十年吉林長春地方審判廳長に昇任す其後吉林延吉地方審判廳長奉天高等檢察廳首席檢察官等に任じ奉天安東地方檢察廳檢察長を經て千九百二十六年熱河都統署審判處長となり更に千九百二十九年熱河高等法院長に累進任官せしが後之を辭す尙氏名と字の原音は Chang Yung-te 及 Shou-heng なり

張　益　三　陸軍少將、軍政部軍需司長、吉林省人

君は又同一と稱し吉林省雙城縣人にして千八百九十五年（光緒二十一年）を以て生る夙に保定陸軍々官學校騎兵科を卒業す早くより黑龍江軍界に入り千九百二十七年陸軍少將に昇進し翌年黑龍江步兵第二旅長に任ぜられ千九百三十一年奉天省東南五縣剿匪總指揮となり次で安東公安局長に任じて克く滿洲事變勃發善後の時局に當りたり又曩に東北第八軍參謀長たりし事あり新國家建設後擧げられて陸軍少將軍政部軍需司長に任じ大同元年秋日本陸軍大演習參觀の爲め張景惠等と共に渡日するところあり尙氏名の原音は Chang I-san なり（新京市崇智路四〇五電三六二五）

張　延　厚　前松黑兩江郵船局長　安徽省人

君は又伯未と稱し安徽省相城縣人にして千八百七十二年（淸同治十一年）を以て生れ夙に日本法政大學に學ぶ歸國後官界に入りて各地の司法官に任じ曾て洮南縣知事を經て黑龍江全省淸鄕處長に轉じ次で松黑兩江郵船局長を任ぜらる千九百三十一年滿洲事變後黑龍江省長代理吉祥に聘せられ其祕書長に擧げられしが吉祥失脚と共に辭す學者として知られ著書多く「英法日本憲法比較」「歐洲各國憲法管窺」「英法政概論」「大淸律系統論」「新刑律講義」「說文識小錄」「古韻今通」「日光遊記」「箱根遊記」「惜味軒文鈔」「退盧雜纂」等は著名なるものにして其範圍政治法律より文學趣味に至る亦書を善くし稀に見る學者なり尙氏名と字の原音は Chang Yen-hou 及 Po-mo なり（齊々哈爾市）

張　燕　卿　勳一位、特任、實業部大臣、憲法制度調査委員會委員　河北省人

君は又耐甫と稱し河北省南皮縣人にして千八百九十八年（光緒二十四年）を以て生る夙に日本に留學し學習院文科に學ぶ歸國後早くより官界に入りて奉天省復州縣知事天津縣知事吉林省政府祕書等に歷任したり滿洲事變勃發後熙洽に拔擢せられ吉林省長官公署實業廳長に任じて時局混亂中の同省財界實業界に善處したる敏腕家なり千九百三十二年滿洲國成立するや實業部總長に特任せられ憲法制度調査委員會委員たり康德元年三月帝制實施と共に實業部大臣となり同年五月功績により勳一位に敍せられ景雲章を賜はる現時前揭要職の他に臨時訂立條約準備委員會委員逆產處理委員會委員中央銀行繼承資產審定委員會委員等を兼攝す尙氏名の原音は Chang Yen-ching なり（新京市西四馬路電三五二四・三五二五）

張　海　鵬　勳一位、特任、陸軍上將、侍從武官長、參議府參議、第五軍管區司令官兼熱河省長、憲法制度調査委員會委員、奉天省人

君は又仙濤と稱し奉天省蓋平縣人にして千八百六十七年（淸同治六年）を以て生る早くより馮麟閣の配下に屬し活動し馮の歸順と共に巡防隊管帶官に任ぜられ後奉天講武堂に學ぶ陸軍二十八師第五十五旅長東北陸軍第四旅長等を經て千九百二十七年洮遼鎭守使兼東北騎兵第三十二師長に任ぜられ軍界に於ける地位を築けり千九百三十一年滿洲事變勃發するや獨立を宣言して昂々溪大興等の地にて馬占山軍と戰ひて勇名を顯はす滿洲國成立後陸軍上將侍從武官長參議府參議たる傍ら憲法制度調査委員會委員にして熱河省警備司令官兼省長の重職に任じ康德元年五月勳功によ

り動一位に敍せられ景雲章を賜はり同年七月軍管區制實施により第五軍管司令官に任補さる彼の熱河討伐に當りては克く日本軍と共に共匪戰に成功す又大同元年秋日本陸軍大演習參觀の爲め張景惠等と共に渡日し各方面の視察を爲したることあり尙氏名と字の原音は Chang Hai-peng 及 Hsien-tao なり(新京市西三道街電話四五三一)

張學臣 聚增長經營 關東州人

君は關東州金州北街人にして千八百八十八年七月二十七日(光緒十四年)を以て生る幼少より本村私塾に修學すること八箇年後實業界に志して商務に從事し約十一箇年間の經驗を積む其後金州聚增長に入り經理に進み在勤十八箇年次で大連聚增長に轉じ其の經營に當りて業績を揚げ信用厚く有力實業家として知らる(大連市西崗一八二電七九五九)

張玉山 靴下工場瑞興長出資者兼支配人 河北省人

君は河北省臨楡縣人にして千九百三年(光緒二十九年)を以て生る夙に實業界に志して商業に從事し現時靴下工場瑞興長を經營して小北實業家として知らる同店は千九百十六年の開設にて市中小北關に瑞興盛分工廠を有し製品年額約八萬元と稱す材料仕入先は市中日滿綿絲商の外に大連營口方面よりも之を受く(奉天城內鼓樓南于石橋胡同瑞興長內)

張景惠 勳一位、特任、參議府參議々長、軍政部大臣、東省特別區長官、憲法制度調査委員會委員、奉天省人

君は又叙五と稱し奉天省臺安縣人にして千八百七十一年(淸同治十年)を以て生れ早くより張作霖の配下たり前淸末張の歸順と共に巡防隊に入り其後奉天講武堂に學ぶところあり爾後張作相等と張作霖を扶け且つ用ひられて千九百十三年騎兵第二十八團長となり翌々年陸軍少將に任ず千九百十七年二十七師步兵第五十三旅長翌年暫編奉天軍第一師長となり湖南に出征したり千九百二十年察哈爾都統兼第十六師長に任じ翌々年第一次奉直戰に敗れて京津に寓居したりしが千九百二十四年擧げられて全國々道籌備事宜督辦に任じ千九百二十六年奉天督軍署參議に轉ず翌千九百二十七年顧維鈞內閣の陸軍總長潘復內閣の實業總長に歷任し奉天派を代表して中央政界に活躍せしが千九百二十八年歸奉の途張作霖爆死の際共にありて重傷を負ひし事あり張の死後は張作相等と舊奉天派の重鎭として知られ東省特別區行政長官國民政府軍事參議院長東北政務委員會委員等に歷任したり千九百三十一年滿洲事變勃發するや日本軍側との接衝に當りて治安維持時局拾收に盡力して千九百三十二年初黑龍江省長に任じたり新國家建設と共に參議府議長東省特別區長官に特任され馬占山背叛に伴ひ軍政部總長を兼任し且つ憲法制度調査委員會委員となる大同元年秋日本特別陸軍大演習參觀の爲め渡日するところあり康德元年三月帝制實施と共に軍政部大臣に任補され同年五月勳功により勳一位に敍せられ景雲章を賜はる尙氏名と字の原音は Chang Ching-hui 及 Hsu-wu なり(新京市四馬路自强街電四五六六)

張慶三 粮棧代理店東源豐支配人、河北省人

君は河北省昌黎縣人にして千八百七十五年(光緒元年)を以て生る夙に實業界

に志し多年實務に從事し滿洲に於て身を立て現時粮棧代理店東源豐支配人たり同店は高子軒王永慶李省三等合資經營にて千九百十八年の開設に係り四洮濟海奉山各沿線より仕入れ賣上年額約八十五萬元を算す支店を朝陽鎭及通化に有す（奉天市大東關大街路南東源豐內）

張　慶　瑞　實業家　河北省人

君は河北省昌黎縣蛤泊鎭人にして千八百九十八年（光緒二十四年）を以て生る幼少にして本村私塾の修學成るや實業界に志して商業に從事すること久しく經驗を積む滿洲に於て身を立て現時大連に商業を營み信用厚く業績隆昌を致し同地の小壯實業家として知らる（大連市東鄕町四電二一八三一）

張　繼　有　薦任六等、新京特別市公署理事官、行政廳衞生科長　奉天省人

君は奉天省本溪縣人にして千九百七年（光緒三十三年）を以て生る夙に南滿醫學堂を卒業す初め醫界に入りて本溪湖滿鐵醫院に勤務し次で滿洲醫科大學小兒科教室に勤務し後民政部事務官たりしが現時新京特別市公署事務官に轉任し行政廳衞生科長たり康德元年七月同署理事官に昇任す（新京特別市公署行政廳內）

張　建　侯　薦任四等、外交部事務官、政務司亞細亞科勤務、福建省人

母　林氏杏某　一八八一（光緒七）年生

妻　李氏文華　一九〇六（光緒三二）年生、奉天女子師範出身

男　世　傅　一九一七（民國六）年生、冀北中學在學

女　淸　琦　一九二〇（民國九）年生

君は又懋勛と稱し福建省同安縣人にして千九百一年（光緒二十七年）を以て生る夙に日本に留學し千九百二十四年早稻田大學法科を卒業し歸國後全國々道將辦公署諮議を經て國民第二軍第二師中校交際員擁護中央軍總指揮部上校祕書等を歷任して後吉林交涉公署日文祕書官たりしが千九百三十二年滿洲國成立と共に外交部事務官に任ぜられ康德元年三月外交部政務司亞細亞科に勤務以て今日に至る家族は尙二男又新（一九二三年生）二女淸瑛（一九二一年生）三女淑端（一九二七年生）あり尙氏名と字の原音は Chang Chien-hou 及 Mao-hsun なり（新京市富士町三丁目二一電三五四二）

張　元　官　陸軍上校、軍政部參謀司軍法課長　奉天省人

君は又寄庵と稱し奉天省新民縣人にして千八百九十六年（光緒二十二年）を以て生る夙に奉天法政專門學校を卒業す初め官界に入り曾て奉天省通化縣公署司法課長より熱河省林西縣公署承審員直隸省豐寧縣承審員灤縣公署司法課長行政課長祕書等に歷任し後轉じて陸軍第十八旅軍法官に任じ次で吉林軍事特務部祕書たりしが滿洲國成立後陸軍上校に任ぜられ軍政部參謀司軍法課長たり（新京市東三馬路口角家胡同一四電三六五七）

張　厚　琬　元東支鐵道路警處長　河北省人

君は又忠蓀と稱し河北省南皮縣人にして夙に日本に留學し千九百十一年陸軍士官學校砲兵科を卒業す歸國後北京陸軍大學教育長東三省保安總司令部參謀

長等に歷任し千九百二十五年北京政府陸軍次長に累進翌年航空署督辦となり千九百二十七年奉天講武堂教育長に轉じ後同學堂長に任じ次で東支鐵道路警處長となり千九百三十一年滿洲事變勃發前に至れり尚氏名と字の原音は Chang Hou-wan 及 Chung-sun なり

張子炯

薦任六等、奉天省公署理事官、實業廳工商科長、河北省人

君は又行午と稱し河北省安國縣人にして夙に日本に留學し千九百二十二年大阪高等工業學校應用化學科を卒業し同年歸國後奉天省立第二工科高級中學校訓育主任東三省兵工廠砲彈廠技士同火具廠技士兼土木部第一作業所長等に歷任す千九百三十二年滿洲國成立後奉天省公署事務官同署實業廳工商科長となり康德元年七月同理事官に任ず（奉天市奉天省公署實業廳工商科內）

張子揚

絲房子及百貨店吉順昌支配人、山東省人

君は山東省黃縣人にして千八百七十四年（清同治十三年）を以て生る早くより實業界に入り實務に精通す現時奉天にありて絲房子百貨卸小賣商吉順昌の支配人として活躍す同店は林姓愼德堂の出資に係り日本大阪支那天津の外營口安東等內外に仕入先を有し奉天を始め鐵嶺開原其他北滿方面に販路を持てる老舖にして奉天に吉順洪吉順隆通遼に吉順盛吉順利山東黃縣城に吉順和の五支店を經營し開設後約四十年を經賣上年額一百三十萬元に及ぶと云はる（奉天城裡四平街路北吉順昌內）

張之漢

元東三省鹽運使
奉天省人

君は又仙舫と稱し奉天省瀋陽縣人にして千八百六十五年（清同治四年）を以て生る曾て張學良の家庭教師たりし事あり千九百十六年奉天全省清文局長兼屯墾局長に任じたりしが千九百十九年東三省銀行督辦に轉じたり其後千九百二十三年奉天實業廳長となり千九百二十八年東三省鹽運使に任じ滿洲事變勃發の千九百三十一年之を辭す尚氏名と字の原音は Chang Chih-han 及 Hsien-fang なり

張志良

元東三省鹽運使
奉天省人

君は又惠霖と稱し奉天省瀋陽縣人にして千八百七十八年（光緒四年）を以て生れ早くより財界に重きをなし張學良系と云はる曾て利達公司總董奉天儲蓄總會長兼總經理を經て奉天總商會長全省商會聯合會長等に推され後東三省鹽運使に任ぜられしが轉じて瀋海鐵路公司總理東北造紙廠籌備處長等に歷任し千九百三十一年再び東三省鹽運使となり滿洲事變勃發後引續き在職せしが千九百三十二年辭任せり尚氏名と字の原音は Chang Chih-liang 及 Hui-lin なり

張實

薦任五等、監察院審計官、審計部勤務、文教部語學講習所講師、湖北省人

父　伯烈　一八七二（清同治一一）年生、律師、日本大學出身
妻　壐舫　一八九一（光緒一七）年生、河南女子師範出身
男　棣華　一九一三（民國二）年生、北平清華大學在學
女　淨蘭　一九一一（宣統三）年生、北京鐵路大學在學

君は又自審と稱し湖北省隨州縣人にして千八百九十三年十月四日（光緒十九

年）を以て生れ千九百五年幼年官費生として日本に派せられ宏文學院岩倉鐵道學校建築科及早稻田大學理工科を卒業し又北京中央大學法律科を卒業す粵漢鐵路技師湖北民政部外交課員を經て千九百十六年九江警視廳同海關公署同道尹公署等に勤務して千九百十八年北京政府交通部技術官に任じ千九百二十七年同府の瓦解に至れり此の間中華工程師學會北京總理事に推され北京日語學校を經營し或は交通部條約司飜譯員同部關係學校教授を兼任し交通部代表訪日工場視察員たりし事あり千九百二十八年民國政府の討張作霖先遣軍中校軍法官軍法處長に任じ同年末南滿鐵道會社囑託となり翌年日本に開催の萬國工業會議世界動力會議に華北技師代表として列席したる事あり其後閻錫山政府の外交處亞洲局に外交官となり傍ら北平滙文學院教授支那語學會導師等を兼ぬ千九百三十一年滿洲事變勃發するや東三省傷兵難民救濟の爲め北平紅十字總會救濟隊長となり奉天に臨時病院施設をなし盡力甚だ努めたり大同元年四月滿鐵囑託を辭し哈爾濱市政管理局祕書に轉じ彼の國際聯盟調査團代表赴哈の際よく斡旋するところありたり現時監察院稽計官に擧げられ傍ら文敎部語學講習所講師を兼ね資性謹嚴にして北平道德學社段正元氏に私淑し王道國家の建設を唱導す又皇漢醫藥に精通し之に關する幾多の著書をなし會て北京に漢東醫院を開設し或は亞歐測量營造局を開業したることあり家族は尙二男公望（一九二九年生）あり尙氏名と字の原音は Chang Shih 及 Tzu-fan なり（新京市西三道街六七號電四二五八）

張　樹　聲

薦任八等、奉天省公署技正、實業廳鑛務科勤務、奉天省人

君は又子風と稱し奉天省彰武縣人にして千八百九十三年（光緒十九年）を以て生れ夙に日本に留學して千九百二十二年秋田鑛山專門學校を卒業す歸國後翌年東三省兵工廠礮彈廠副技士となり千九百二十六年技士に昇任總廠科學研究會々員を兼ね千九百二十九年藥莢部主任兼第一藥莢製造所長となり翌年副技師に進み第一股主任兼黃銅抽伸所長千九百三十一年總廠技術研究會員を兼ね礮彈廠技師に昇任したりしが滿洲事變後奉天市政公署電務處第一課長に任じ後奉天實業廳第二科長に轉じ大同元年奉天省公署技正となり實業廳鑛務科に勤務し今日に至る（奉天市大東邊門外滂江街長發胡同門牌一六三號電四七八〇）

張　壽　增

元露支會議專門委員、河北省人

君は又鶴嚴と稱し河北省宛平縣人にして千八百七十九年（光緒五年）を以て生る夙に北京大學を卒業す黑龍江省交涉局總辦を經て千九百十二年黑河道臺千九百十四年黑河道尹に任じ翌々年外交特派員に轉じ後吉林濱江道尹哈爾濱交涉員等となり千九百二十四年外交部特派黑龍江交涉員に任ぜらる共後黑河市政籌備處長交涉員兼璦琿關監督となりしが千九百三十年辭任し轉じて露支會議專門委員に專任し翌年黑龍江省政府顧問を兼ね主として露國にありて交涉の事務を掌りしが歸國後千九百三十二年滿洲國成立し國際事情の變化と共に本兼職を辭す尙氏名と字の原音は Chang Shou-tsung 及 Hao-yen なり

張　樹　林

同仁號主、奉天省人

君は奉天省復縣長興島人にして千八百八十九年九月五日（光緒十五年）を以て生る千九百四年鄉里の私塾を卒業する

や實業界に志して直に復縣娘娘宮の雜貨商新順同に入りて實務に從事すること約八箇年次で大連に到り千九百十二年同地の特產麻袋運送代理業天運長にありて在勤六箇年商務を修め經驗を積むところあり千九百十八年同地敷島町に同仁號を開設業務盛大以て今日に至る（大連市敷島町五電五六八六）

張　輯五　米穀商同昌厚支配人　河北省人

君は河北省欒亭縣人にして千八百九十三年（光緒十九年）を以て生る夙に實業界に入りて實務に從事し小壯を以て現時米穀商同昌厚の支配人となり開設千九百二十七年の新舖なるが千九百三十一年滿洲事變前よく賣上年額七十五萬元を算するに至らしむ販路は主に奉天地場にして王秀廷王德慶苗慶豐劉義山等を出資者とす（奉天市大北關同昌厚內）

張　俊臣　燒鍋業天成酒店支配人、河北省人

君は河北省昌黎縣人にして千八百七十八年（光緒四年）を以て生る早くより實業界に志し多年商業に從事し滿洲に於て身を立つ遼陽縣の名望家艾福臣の出資に係る天成酒店の支配人として信用厚く賣上年額約五十二萬元を算す同店は前朝乾隆年初の開設と稱する老舖にて八面城及西沙嶺に各支店あり（奉天市大南關大街路東天成酒店內）

張　書翰　簡任二等、吉林省公署參事官、教育廳長　吉林省人

君は又小齋と稱し吉林省伊通縣人にして千八百九十一年（光緒十七年）を以て生れ夙に北洋法政專門學校を卒業す黑龍江省黑河道尹公署財政科長兼內務事宜を經て黑河道立師範學校長山東省警察廳行政科長浙江省長公署祕書兼第一科主任等に歷任し後山東博興縣知事代理山東省長公署祕書兼公報處主任內務部祕書簡任職存記吉林省扶餘縣稅捐徵收局長等となれり次で濱江縣知事賓縣知事より長春縣知事に轉じ傍ら長春雙陽伊通聯防總指揮第四屆省議會議員第二區覆選監督等を兼任したりしが千九百二十九年延吉市政籌備處長兼延吉交涉員となり後舊道區各縣外交監督延琿和汪四縣行政事宜兼延吉海關監督等を經て天圖鐵路公司督辦天寶山銀銅鑛監督吉林省東南路商埠局總辦たりしが千九百三十一年滿洲事變後吉林省長官公署顧問兼伊通縣撫郵專員吉林全省印花稅處長に任じ時局收拾に盡力したり新國家成立後吉林省公署參事官に任ぜられ傍ら松花江下遊水災救濟專員吉林水災義賑會副會長濱江地方淸鄉委員會委員長たる外調查東北各縣吏治暨慰問災民の省長代理等に歷任し康德元年六月吉林省公署教育廳長となり今日に至る尙氏名と字の原音は Chang Shu-han 及 Hsiao-chai なり（吉林粮米行街祥鳳胡同四號電二一六九）

張　恕　前東支鐵路監事長兼海林採木公司理事長　奉天省人

君は又允亨と稱し奉天省瀋陽縣人にして千八百八十七年（光緒十三年）を以て生れ夙に日本に留學し陸軍士官學校第六期步兵科を卒業す歸國後東三省講武學堂監督を經て第二十七師參謀長吉林督軍署參謀長等となり後張作霖の軍事顧問黑龍江軍教練所長等に歷任して千九百二十三年吉林軍官教練所總辦に任じ千九百二十五年北京善後會議には張作相代表として出席接衝に努めたり其後東支鐵路監事となりしが千九百三十二年滿洲國成立後同鐵路監事長に昇任傍ら海林採木公司理事長たり尙氏名と

字の原音は Chang Shu 及 Yun-fu なり（哈爾濱市）

張　松　齡　吉林省城商務會長　吉林省人

君は又節濤と稱し吉林省吉林縣人にして千八百七十一年（淸同治十年）を以て生れ曾て日本に留學するところあり千九百十一年吉林舒蘭縣稅捐徵收局長に任じたりしが民國に入り中日合辦華森公司營業科長となり千九百二十一年吉林總商會董事たり翌年吉林省長公署諮議に任じ千九百二十五年吉林省城木石稅捐總局長を兼任したり其後吉林總商會長東三省商會聯合會副會長等に推擧せられ千九百三十一年滿洲事變後も其職にあり吉林財界に重きをなす著名の實業家なり尙氏名と字の原音は Chang Sung-ling 及 Chien-tao なり（吉林市）

張　昭　瑛　薦任六等、哈爾濱警察廳理事官、衛生科長、山東省人

君は又雨華と稱し山東省榮成縣人にして千八百九十三年（光緒十九年）を以て生る千九百十八年高等警官學校を卒業す軍警界に入り曾て奉天省會警察廳總務科長に進み次で黑龍江省政府民政廳第一科長に轉じ更に東省特別區警察管理處第二科長たりしが其後哈爾濱警察廳事務官に任ぜられ衛生科長たり康德元年七月同廳理事官に昇任し以て今日に至る（哈爾濱市南崗公司街一〇）

張　星　橋　東和長油坊主　山東省人

君は山東省蓬萊縣官庄鄕人にして千八百八十九年六月二十八日（光緒十五年）を以て生る千九百四年商業に關する學を修了するや實業界に志して直に營口に出で同地西義順に商務見習として入り久しく經驗を積みて千九百十九年辭去し次で大連廣泰號代理店に就職し益々實務を習得して千九百二十六年之を辭し東和長油坊を開設經營し以て今日に至る（大連市明治町二東和長油坊電**七九一六**）

張　仙　洲　錢舖益和永出資者兼支配人、奉天省人

君は奉天省蓋平縣人にして千八百七十八年（光緒四年）を以て生る夙に實業界に志して金融業に經驗深く徐俊忱王子述吳仁政堂鞠樹堂等と合資を以て錢舖益和永を經營し自ら支配人たり開設千九百二十九年の新舖なれど市中主要銀行と取引を有し將來を期待せらる（奉天市小西門裡大街益和永內電園**二六一〇**）

張　忠　芳　元熱河省政府祕書兼菸酒事務局長　奉天省人

君は奉天省長白縣人にして千八百七十四年（淸同治十三年）を以て生れ夙に日本に留學するところあり曾て奉天高等巡警學堂總辦を經て奉天全省警務公署總辦吉林省長公署參議等となり後濱江稅捐局長長春商埠局吉林全省煤油特捐總局長等を歷任し熱河省政府祕書兼菸酒事務局長たりし事あり尙氏名の原音は Chang Chung-fang なり

張　兆　麟　薦任八等、黑龍江高等法院第一分院庭長　河北省人

君は又子厚と稱し河北省徐水縣人にして早くより法曹界に入り千九百十四年開封地方檢察廳候補檢察官となり翌年河南高等檢察廳候補檢察官に轉じ千九百十九年同廳第一分廳候補檢察官たりしが千九百二十一年龍江地方審判廳推事に任ぜらる次で千九百二十四年黑龍江高等審判廳推事となり千九百三十一

年黑龍江高等法院第一分院庭長に任じ翌年同代理院長を勤務し大同二年代理を觧かれて現時同院第一分院庭長として今日に至る（黑龍江省綏化縣西二道街）

張　伯　森　奉天市政公署衛生處長、奉天省人

君は奉天省法庫縣人にして夙に南滿醫科大學を卒業し醫術を以て官界に入り嘗て北寧瀋海鐵路醫院長に任ぜられし事あり千九百三十二年滿洲國成立後奉天市政公署衛生處長として今日に至る（奉天市政公署衛生處內）

張　敏　新　薦任五等、交通部技佐、路政司勤務　浙江省人

君は又文盤と稱し浙江省寧波縣人にして千八百九十七年（光緒二十三年）を以て生る夙に浙江大學工學院機械科を卒業す技術界に入り滿洲に到りて瀋海鐵路公司正技師を經て吉敦鐵路工程師機務股長に進み次で東北交通委員會路正處機務科長たりしが千九百三十二年滿洲國成立後交通部技正に任ぜられ路政司勤務となり康德元年七月同部技佐に昇任し以て今日に至る（新京市馬濠門外交通部路政司內電三五七四）

張　復　生　國際協報社長　山東省人

君は山東省人にして千八百七十八年（光緒四年）を以て生れ早くより記者生活に入り嘗て盛京時報主筆泰東日報主事等を經て後東北文化社顧問東省特別區教育廳諮議等に歷任し千九百二十一年哈爾賓に國際協報社を創設し自ら社長となる千九百三十一年末一時停刊したる事あれど翌年春復刊す同社は同地方個人經營の有力なる言論機關にして其發行部數萬を以て數へらる著名のものなり尙氏名の原音は Chang Fu-sheng なり（哈爾濱市）

張　文　鑄　勳二位、陸軍中將、第三軍管區司令官　黑龍江省人

妻　王雅南　一九〇一（光緒一七）年生、黑龍江省女子師範學校出身

君は又鼎元と稱し黑龍江省訥河縣人にして千八百九十九年九月二十一日（光緒二十五年）を以て生れ張大令蒴田の長男なり千九百二十一年保定陸軍々官學校第八期卒業なり黑龍江軍官養成所少校隊長及教官を經て千九百二十三年黑龍江陸軍騎兵第四旅參謀長に任じ爾來騎兵第五旅上校參謀長同第四旅上校參謀長鎭威第八軍々部參謀處上校處長騎兵第十七團上校團長步兵第六團上校團長等に歷任し千九百二十年騎兵第二團上校團長より騎兵第一旅上校參謀長に任じたりしが千九百三十二年滿洲國成立の時建國による功勞により黑龍江省警備司令部少將參謀長兼同省陸軍第一支隊司令に擧げられ同年夏同省騎兵第一旅長として匪賊剿除に勳功あり同年九月黑龍江省警備司令官に昇任し陸軍中將に進む康德元年四月勳二位に敍せられ景雲章を賜ふ同年七月軍管區成立により第三軍管區司令官に任補以て今日に至る家族は尙二男三女の外に弟文柄（日本成城學校在學）あり尙氏名と字の原音は Chang Wen-Chu. 及 Ting-Yuan なり（黑龍江省齊々哈爾市）

張　秉　彝　元熱河省政府民政廳長兼政府委員　熱河省人

君は又子良と稱し熱河省朝陽縣人にして千八百八十四年（光緒十年）を以て生れ夙に北京籌邊高等學校を卒業す千九百十三年熱河都統署祕書を經て蒙旗廳長に任じ千九百十六年熱河墾務局總辦となり千九百二十二年外交部特派熱河

交涉員兼商埠局長に轉じたるが千九百二十六年熱河實業廳長を經て千九百二十九年熱河省政府民政廳長となり同政府委員たり千九百三十二年滿洲國成立し熱河省政府の消解と共に辭任す尙氏名と字の原音は Chang Ping-i 及 Tzu-liang なり

張　保　賢　銅鐵雜貨毛織物電用品商四先公司支配人　奉天省人

君は奉天省人にして張惠霖の第六子なり千九百四年（光緒三十年）を以て生る夙に實業界に入り小壯よく銅鐵雜貨毛織物電用品輸入卸商四先公司支配人として活躍す同公司は千九百二十八年開設にて公稱資本五十萬元の株式組織なり主なる株主は舊奉天系の人々にして張惠霖金哲忱彭香亭及奉天儲蓄總會等なり千九百三十一年度賣上額約八十八萬元を算す（奉天市商埠地十一緯路四先公司內）

張　鵬　九　綿絲布及雜貨商慶德昌出資者兼支配人　河北省人

君は河北省撫寧縣人にして千八百五十八年（清咸豐八年）を以て生る夙に實業界に入り商業に從事すること久しく老齡にして尙活躍を續け現に田成衣廣慶堂陳子珍と共同出資を以て綿絲布及雜貨商慶德昌を經營し且つ支配人となりて業績を揚ぐ仕入先を上海營口安東方面に有し奉天吉林黑龍江各省主要都市に販路を伸す賣上年額六十五萬元を算し開設後既に七十年を經過する老舖たり（奉天市城內鐘樓東路南慶德昌內）

張　本　政　大連華商公議會長、宏濟善堂總理、政記輪船公司經營　關東州人

君は又德純と稱し關東州旅順管內王家店會黃泥川屯人にして千八百六十五年十二月十二日（清同治四年）を以て生る千八百七十六年書房に入りて修學し後實業界に志して芝罘に出で千八百九十七年德和洋行支配人として活躍し千九百二年海運業政記輪船公司を經營して業績大いに揚り著名なる民間船舶業者となる尙千九百七年大連公學堂評議員に推され千九百十四年大連華商公議會協理となり又宏濟善堂協理に就任するところありたり千九百二十二年大連市會議員に選任され關東廳經濟調査委員會委員に選ばる次で大連宏濟善堂總理に昇任し千九百二十六年大連華商公議會長に推され同地財界の重鎭たり尙氏名と字の原音は Chang Pen-cheng 及 Te-Chun なり（大連市監部通三九）

張　明　九　元黑龍江省政府顧問　奉天省人

君は又星五と稱し奉天省新民縣人にして千八百七十年（清同治九年）を以て生れ故張作霖舊時の同僚たり千九百十四年黑龍江陸軍第二混成旅長を經て千九百二十二年十七旅長となり後呼倫鎭守使滿海警備總司令に歷任せしが千九百二十八年軍職を辭して黑龍江省政府顧問に轉じたりしが千九百三十二年滿洲國成立後同顧問をも辭して專ら實業に從事するところあり尙氏名と字の原音は Chang Ming-chiu 及 Hsing-wu なり（黑龍江省齊々哈爾市）

張　明　軒　實業家　關東州人

君は關東州大連管內水子會王家屯人にして千八百九十六年（光緒二十二年）を以て生る夙に大連市伏見臺公學堂を卒業す實業界に志して千九百十五年滿洲薬品會社に就職して實務に從事すること十箇年經驗を積んで千九百二十五年

自ら獨立事業を經營し以て今日に至る信用厚く業績隆昌にして小壯實業家として知らる（大連市磐城町四三電三三三二）

張　明　濬　簡任二等、民政部理事官、衛生司長　奉天省人

君は又允升と稱し奉天省瀋陽縣人にして千八百九十二年（光緒十八年）を以て生れ夙に奉天南滿醫科大學を卒業し軍醫となる累進して吉林督軍公署軍醫課長吉林省立軍醫學校長を歷任し千九百三十一年滿洲事變勃發當時吉林東北邊防軍副司令長官公署軍醫處長たる傍ら吉林官醫院長を兼任したりしが新國家成立後民政部理事官に任じ衛生司長たる傍ら鴉片專賣籌備委員會委員たり尙氏名と字の原音は Chang Ming-chun 及 Yun-sheng なり（新京市大馬路電長三六六三）

張　明　哲　北滿鐵路監理局副理事長、奉天省人

君は又允鄉と稱し奉天省人にして千八百九十五年（光緒二十一年）を以て生れ曾て東支鐵路護路軍總司令部祕書を經て東省特別區行政長官公署參議に任じ其後東支鐵路總務處副處長同鐵路稽核局長等となり千九百三十二年滿洲國成立後東支鐵路督辦公署祕書長たる傍ら同監事會鑑査局長たりしが後改稱と共に北滿鐵路監路局副理事長となり今日に至る尙氏名と字の原音は Chang Ming-che 及 Yun-ching なり（哈爾濱市北滿鐵路管理局內）

張　茂　春　糧棧代理店兼糧米鋪福勝公出資者兼支配人、河北省人

君は河北省樂亭縣人にして千八百七十七年（光緒三年）を以て生る早くより實業に從事し商務に經驗深く多立山王耀廷王堯階趙子陽等と共同出資を以て米穀商福勝公を經營し且つ支配人たり同店は千九百一年の開設にして主に北滿產粮地より仕入れ市中の穀物商を始め大連營口方面に販路を有す賣上年額約三十萬元支店は奉天の福勝公粮米舖同細皮店鐵嶺の福恒泰洋貨莊の外に開原樂亭縣にあり市中有力銀行と取引あり（奉天市大北關大街路東福勝公內）

張　耀　中　基泰建築公司支配人　河北省人

君は河北省天津縣人にして千八百八十八年（光緒十五年）を以て生る夙に實業界に入り滿洲に於て身を立て千九百二十九年開設に係る基泰建築公司支配人として活躍する小壯實業家なり同公司は資本金現洋二十萬元の合資經營にして出資者には支那北方財界の元老舊交通系首領にして元參議院議長國務總理梁士詒元吉林巡撫使にして北京政府の將軍府に列せられたる孟恩遠等ありと云はれ市中主要銀行と取引を有す（奉天市商埠地十一緯路路北基泰建築公司內）

張　　諒　奉天市政公署財務科長、奉天省人

君は又子固と稱し奉天省開原縣人にして千八百九十五年（光緒二十一年）を以て生る夙に日本に留學し千九百二十八年慶應大學を卒業す歸國後稅關事務を司り奉天省財政廳科員稅務講習所敎授を經て曾て大連關辦事處長たりし事あり千九百三十二年滿洲國成立後奉天市政公署祕書兼財政處長に任じ後財務科長に轉じ今日に至る（奉天市小東關小什字街）

張聯文

薦任三等、奉天省公署理事官、總務廳人事科長、關東州人

君は又韻珊と稱し關東州金州城內人にして千八百九十四年(光緒二十年)を以て生る夙に遼陽警務學校を卒業す曾て奉天省巡防第六營軍需長を經て同省印花稅處第一科長となり稅捐局長より海龍縣及莊河縣知事に進み更に奉天省政府諮議たりし事あり千九百三十二年滿洲國成立後奉天省公署事務官となり後進んで理事官に任じ總務廳人事科長として今日に至る(奉天市)

趙郁卿

濱江午報社長、山東省人

君は山東省牟平縣人にして前淸監生の出千八百七十三年(淸同治十二年)を以て生れ夙に機務大學を卒業し中東鐵路繙譯委員及專辦委員となり後縣丞保江蘇候補知府並に鹽運使銜を經て滿洲里交涉局總辦に任ず又千九百五年より二箇年間海外を巡遊し克く英佛獨露土其他歐洲各國の政治憲法民情を視察研究して得るところあり歸國して北平に公言報を創刊し大いに海外各國の國情風俗を報道し併せて自國內の民風振興發揚に努めたり民國政府成るに及び一時鄉里に退きしが哈爾濱に出で木石稅費總局諮議綏寧鎭安使公署高等顧問等に就きたり然れ共其社會改良の念願を文筆により鼓吹鞭撻するの熱意已み難く遂に千九百二十一年哈爾濱に濱江午報を創設して嚴正中立唯社會風敎の改革發揚を宗旨とし自ら社長となりて十餘年來の筆陣を張り同地方漢字新聞として名あり滿洲建國に際しては日滿提携を叫び帝制を主張して新國家の基礎確立に盡すところあり尙世界慈善總會孔敎會萬國道德會等慈善機關の名譽會長に推擧せられし事あり(哈爾濱市)

趙雲九

糧棧代理店天合號支配人、河北省人

君は河北省昌黎縣人にして千八百八十一年(光緒七年)を以て生る早くより實業界に志して多年商業に從事して經驗あり奉天省海城縣人王巨川を出資者とする糧棧代理店天合號の支配人たり同店は千九百二十三年の開設なるが山城子に天合東西豐縣に天合興の各支店を有し賣上年額約七十八萬元を算す奉山瀋海各沿線に仕入先を持ち市中日鮮特產物商及大連營口安東方面に販賣す(奉天市小北關爐灰山胡同天合號內)

趙永貴

薦任四等、民政部理事官、土木司陸路科長、奉天省人

君は又庸久と稱し奉天省瀋陽縣人にして千八百九十一年(光緒十七年)を以て生る夙に奉天省立第一中學校を卒業す早くより官界に入りて黑龍江省被服廠副經理兼工務主任を經て廣東省懲戒廠長に轉じ更に吉林省軍械廠工務科長內務部參事鎭威軍兵站處馬廠軍糧城盤山等各兵站長等を歷任して奉天陸軍糧秣廠駐錦縣糧秣辦事處中校主任となり薦任職に任用五等文虎章を受く千九百三十二年滿洲國成立後民政部事務官より理事官に進み現に同部土木司陸路科長たり(新京市東五馬路北電三五八七)

趙永祿

滿洲里市政分局長兼滿洲里市政公所市長、河北省人

君は又藎臣と稱し河北省北平人にして千八百九十七年(光緒二十三年)を以て生れ夙に莫斯科宗敎學校を卒業す千九百十九年歸國して滿洲里市政公所及海拉爾步兵第二旅の通譯官たりしが千九百三十一年呼倫貝爾市政籌備處駐滿代辦に任ぜられ千九百三十二年滿洲國成立後轉じて滿洲里市政分局長兼同市政

公所市長に任ず尚氏名と字の原音は Chao Yung-lu 及 Chin-chen なり（滿洲里市）

趙 榮 陞

陸軍上校、新京被服支廠長、奉天省人

君は又俊傑と稱し奉天省瀋陽縣人にして千八百九十三年（光緒十九年）を以て生る夙に陸軍々官學校工兵科を卒業す曾て熱河陸軍中校團附を經て吉林陸軍々官國教練處教官となり次で吉林軍署上校參謀同署少將參謀處長に進み後轉じて吉林省會公安局長に任じ吉林被服廠長たりし事あり現時陸軍上校に任ぜられ新京被服支廠長たり（新京市商埠地）

趙 嶠

陸軍上校、第二軍管區司令副官、吉林省人

君は又鶴年と稱し吉林省永吉縣人にして千八百八十四年（光緒十年）を以て生る夙に日本に留學し千九百十年陸軍士官學校を卒業す曾て吉林副司令官公署上校に進み後吉林軍政廳參事たりし事あり千九百三十二年滿洲國陸軍上校に任ぜられ吉林省警備司令官副官に補せらる康德元年軍管區成立により改稱されれ以て現職に在り（吉林省城）

趙 欣 伯

勳一位、特任、〔法學博士〕立法院長、憲法制度調査委員會委員、河北省人

君は河北省宛平縣人にして千八百八十七年（光緒十三年）を以て生れ夙に北洋大學を卒業し日本に留學して明治大學卒業後日本陸軍大學支那語講師となり後法學博士故花井卓藏に師事して法律を研究し千九百二十五年日本法學博士の學位を受けたり翌年張作霖の東三省法律顧問に任じ千九百二十七年北京政府外交部條約改訂委員會委員となりしが翌年張作霖歿後歸奉して東北法學研究會長たり千九百三十一年滿洲事變勃發するや逸早く日本軍側と接衝してよく難局に處し奉天の治安維持に努めたり翌年推されて奉天市長兼高等法院長に任じたりしが同年春滿洲國成立に及び立法院長に特任され憲法制度調査委員會委員たり康德元年五月功勞により勳一位に叙せられ景雲章を賜はる又憲法制度研究の爲め同年渡日して現に調査憲法委員事務所にあり尚氏名の原音は Chao Hsin-po なり（日本東京市芝區高輪南町七渡邊伯爵邸內電高輪二三八〇）

趙 桂 岩

黑龍江省鐵驪縣長、奉天省人

君は又丹石と稱し奉天省昌圖縣人にして千八百九十一年（光緒十七年）を以て生る夙に奉天法政專門學校法科を卒業す官界に入りて千九百二十八年黑龍江省公署科員たりし事あり千九百三十二年滿洲國成立後擧げられて黑龍江省鐵驪縣長に任ぜらる（黑龍江省鐵驪縣）

趙 桂 馨

熱河省灤平縣長、河北省人

君は又馥山と稱し河北省撫寧縣人にして千八百八十二年（光緒八年）を以て生る夙に吉林法政學校第一班を卒業す官界に志して曾て吉林省樺甸縣知事伊蘭道尹公署總務科長等に歷任したる事あり千九百三十二年滿洲國成立後大同二年擧げられて熱河省灤平縣長に任ぜらる（熱河省灤平縣）

趙 國 仁

薦任五等、民政部理事官、衞生司防疫科長、內蒙古人

君は又冠五と稱し內蒙古旗籍にして千九百一年（光緒二十七年）を以て生る夙に奉天に出で南滿醫學堂を卒業す曾て哈爾濱市衞生機査所長を經て奉天市政

公署衛生處課長たりし事あり千九百三十二年滿洲國成立するや民政部事務官に任じ次で理事官に進み現に衛生司防疫科長として今日に至る（新京市西三道街交通銀行左側電三五八一）

趙　子正　葯房廣生堂支配人　河北省人

君は河北省昌黎縣人にして千八百八十二年（光緒八年）を以て生る早くより實業界に志して實務を習得し商店經營に經驗を有す現時葯房廣生堂の支配人として活躍す同店は前淸乾隆四年の開設と稱し新京哈爾濱に夫々支店廣生堂を有する老舖にして賣上年額約四十五萬元を算す南滿北支方面より仕入れて各地に販路を有す市中有力銀行と取引あり尚出資者は葯種商として四十年の經驗を持つ河北省人趙廷珍なり（奉天市中街廣生堂內）

趙　子芳　豐記粮棧支配人　河北省人

君は河北省樂亭縣人にして千八百八十五年（光緒十一年）を以て生る早くより實業界に志し滿洲に入りて身を立て多年商務に從事す現時明遠堂を出資者とし千九百十四年開設の豐記粮棧の支配人にして賣上年額約六十八萬元を揚ぐ奉天小北關長發園胡同豐記粮棧及洮南大街豐記粮棧は共に支店なり（奉天城內四平街木行胡同豐記粮棧內）

趙　子豐　錢莊德興泰支配人　河北省人

君は河北省樂亭縣人にして千八百七十二年（淸同治十一年）を以て生る夙に實業界に志し金融業に從事すること久しく深き經驗を有す現時千八百九十六年開設以來約四十年の歷史を有する奉天の錢莊德興泰支配人として活躍し市中主要銀行と取引をなす尚同店の出資者楊潤泉は奉天省の出身にして多年銀爐業に從事し約二十萬元の家財を擁する資產家たり（奉天市大北門裡三又胡同德興泰內電[長]二六三〇）

趙　芷香　元吉林警備第四旅長兼綏寧警備司令　奉天省人

君は又拱九と稱し奉天省臺安縣人にして千八百七十八年（光緒四年）を以て生る夙に東三省講武學堂を卒業す千九百二十四年吉林衛隊第三十四團長となり翌年東北陸軍騎兵第十六師第十旅長更に翌年陸軍步兵第二十一旅長に歷任し千九百三十一年滿洲事變後熙洽を助けて獨立吉林政權に從ひ翌年吉林警備第四旅長兼綏寧警備司令に任ぜられしが同年春之を辭せり尚氏名と字の原音は Chao Chih-hsiang 及 Kung-chiu なり

趙　緒芝　綢緞綿布雜貨商天興東主、河北省人

君は河北省昌黎縣人にして早くより實業界に入り實務を修め後獨立して同縣人史義運を支配人とし自から出資者となり千九百二十七年八月海倫に天興東を創始し綢緞綿布及雜貨を扱ふ仕入先を哈爾濱とし專ら地場賣をなすも賣上年額約十萬元を算す順記貨店と共に同地の大店舖たり取引銀行は中央銀行なり（海倫縣東大街路北天興東內）

趙　秀峰　錢舖淵泉溥支配人　山西省人

君は山西省太原縣人にして千八百八十年（光緒六年）を以て生る早くより商業に志して永く實務に服し殊に金融業に經驗深し現時奉天市の錢舖淵泉溥の支配人として開設以來六十年の信用を維持し市內大商店を主なる顧客として貸出年額七十萬元を算し內外主要銀行に取引を有す尚出資者は山西省の富商に

して金融界に著名なる曹厚德堂なり（奉天市大北關火神廟胡同路北淵泉溥內）

趙　叔　平　皮革並皮靴材料商陸記洋行出資者兼支配人、奉天省人

君は奉天省營口縣人にして千八百八十一年（光緒七年）を以て生る夙に實業界に志して多年商業に從事し實務の經驗深し劉善堂呂福臣と共同出資を以て皮革取扱隆記洋行を經營し支配人たり開設千九百十二年大阪上海方面より仕入れ賣上年額十數萬元に及ぶ（奉天城內四平街賈記胡同隆記洋行）

趙　祝　三　內外雜貨商義泰永支配人、河北省人

君は河北省昌黎縣人にして千八百八十八年（光緒十四年）を以て生る夙に實業界に志して商業に從事し現時賣上年額數十萬元を算する內外諸雜貨商義泰永の支配人として活躍す同店は成泰永濟幹臣李永順堂の三名共同出資に係り洮南に義泰興支店あり大阪營口上海天津方面より仕入れ奉天省の外吉林黑龍江兩省に販路廣く取引銀行に中央銀行分行朝鮮銀行世公合銀號等あり（奉天市西小關路北義泰永內）

趙　駿　第　奉天省海龍縣長　奉天省人

君は又塵と稱し奉天省鐵嶺縣人にして千八百九十八年（光緒二十二年）を以て生る千九百十七年北京中華大學文科を卒業す官界に入りて曾て遼寧省政府科長たりし事あり千九百三十二年滿洲國成立後擧げられて奉天省海龍縣長に任ぜらる（奉天省海龍縣）

趙　汝　楳　簡任二等、吉林省公署理事官、實業廳長　奉天省人

妻　李　氏
男　繼　龔
女　慧　齡
女　福　齡

君は又任龔と稱し奉天省海城縣人にして千八百九十一年三月二十一日（光緒十七年）を以て生れ千九百二十年黑龍江滿海警備副司令部祕書兼軍法官に任じ次で吉林哈綏司令部祕書奉天全省自治籌備委員等を經て千九百二十四年吉林省長公署參議に轉じ翌年樺甸縣知事千九百二十六年賓縣知事に任ぜられ翌年再び吉林省長公署參議となる千九百三十一年長春縣長に任じ滿洲事變勃發前後の時局に善處し大同元年吉林省公署警務廳長兼同省公署參事官たりしが康德元年六月省公署理事官に任じ實業廳長として現在に至る尚氏名の原音は Chao Ju-mei なり（吉林省城北山神廟胡同五號電二八七五）

趙　振　邦　陸軍少將、第三軍管區司令部參謀長　奉天省人

君は又化南と稱し奉天省遼源縣人にして千八百九十三年（光緒十九年）を以て生る夙に東北陸軍講武堂を卒業す曾て騎兵第二十一團附少校となり次で步兵第一旅第三團中校騎兵第一旅中校同參謀長上校等に歷任したる事あり大同二年陸軍少將に任ぜられ黑龍江警備司令部參謀長に補せらる康德元年軍管區成立により改稱され以て現職に在り（黑龍江省城）

趙　宗　清　吉林省珠河縣長　奉天省人

君は奉天省梨樹縣人にして千八百八十七年（光緒十三年）を以て生る夙に日本に留學し千九百十一年早稻田大學を卒業す歸國後官界に入り各地に任官して

千九百三十一年山西省大同縣長たりしが滿洲國成立後大同元年吉林省珠河縣長に任ぜらる（吉林省珠河縣）

趙　中　孚　會元亨粮棧支配人　河北省人

君は河北省臨楡縣人にして千九百年（光緒二十六年）を以て生る夙に實業界に入り商業に從事し小壯實業家として知らる現時會元亨粮棧支配人として活躍し資上年額約六十八萬元を算す同店は開設千九百二十四年にて奉天地場賣を主とす尙出資者は黑龍江省人孫憲鈞なり（奉天市大北關大街路東會元亨粮棧內）

趙　仲　仁　前滿洲國協和會理事　黑龍江省人

君は又作人と稱し黑龍江省人にして千八百八十九年（光緒十五年）を以て生れ趙伯俊の實弟にて故吳俊陞系の文治派を以て知らる夙に吉林法政學堂を卒業し參議院議員を經て黑龍江省督軍署顧問賓黑鐵道局長等に歷任し千九百二十四年呼倫貝爾善後督辦兼交涉員となる後呼倫道尹呼倫貝爾市政籌備處長兼蒙旗事宜取扱交涉員等を經て千九百三十年黑龍江省政府委員に任じ翌年春國民會議黑龍江省代表に推されたり千九百三十二年滿洲國成立後黑龍江省公署財政廳長に任ぜられ次いで滿洲國協和會理事に轉ぜしも後之を辭す尙氏名と字の原音は Chao Chung-jen 及 Tso-jen なり

參照＝趙伯俊の項

趙　仲　達　奉天省撫順縣長　奉天省人

君は又伯英と稱し奉天省鳳城縣人にして千九百一年（光緒二十七年）を以て生る千九百二十七年北京朝陽大學を卒業す官界に志して各地に任官し曾て奉天省雙山縣長たりしが大同二年同省撫順縣長に轉任す（奉天省撫順縣）

趙　兆　瀋　吉林省磐石縣長　河北省人

君は河北省宛平縣人にして千八百九十八年（光緒二十四年）を以て生る千九百二十三年北京中國大學を卒業す初め教育界に志して曾て北平大學經濟部教授たりし事ありしが後官界に轉じ千九百三十二年滿洲國成立後大同二年擧げられて吉林省磐石縣長に任ぜらる（吉林省磐石縣）

趙　梯　青　司法部法令審議會委員長、河北省人

君は又雲平と稱し河北省安國縣人にして千八百七十七年（光緒三年）を以て生れ千九百十一年直隸法律學堂を卒業す早くより法曹界に入りて千九百十四年直隸高等審判廳長に累進し其後錦縣地方審判廳長瀋陽地方審判廳長等に歷任して千九百二十二年奉天高等檢察廳長に任ぜらる千九百三十一年滿洲事變後最高法院檢察長の重職にありしが滿洲國成立に及び司法部法令審議委員會委員長となれり尙氏名と字の原音は Chao Ti-ching 及 Yun-ping なり（新京市東四馬路一〇電三六八七）

趙　鼎　志　吉林省撫遠縣長　河北省人

君は河北省昌黎縣人にして千八百七十九年（光緒五年）を以て生る千八百九十六年水平府學附生の出なり官界に志して各地に任官し千九百三十一年陸軍書記官に進む滿洲新國家成立後大同二年擧げられて吉林省撫遠縣長に任ぜらる（吉林省撫遠縣）

趙　德　健　薦任四等、文教部理事官、學務司普通教育科長、奉天省人

君は又則剛と稱し奉天省瀋陽縣人にして千八百九十五年(光緒二十一年)を以て生る夙に日本に留學し早稻田大學文學科を卒業し歸國後教育界に入り曾て北京朝陽大學教授を經て福建省第一師範學校長に任じたる事あり千九百三十二年滿洲國成立後擧げられて文教部事務官となり現に同部學務司普通教育科長となり康德元年七月同部理事官に昇任して今日に至る(新京市富士町二ノ七電四二七七)

趙　伯　俊

哈爾濱市政公署勸務
黑龍江省人

君は又樹人と稱し黑龍江省龍江縣人にして故吳俊陞系の要人として知られたる前黑龍江省公署財政廳長たりし趙仲仁の實兄なり千八百八十八年(光緒十四年)を以て生る千九百九年師範大學を卒業す曾て齊昂輕便鐵路幫辦林甸縣知事たりし事あり千九百三十二年滿洲國成立後濱江市政籌備處長に任ぜられたりしが現時哈爾濱市政公署勸務となる尚氏名と字の原音は Chao Po-chun 及 Shu-jen なり(哈爾濱市)
參照＝趙仲仁の項

趙　品　仲

靴下工場泰來德出資者、奉天省人

君は奉天省瀋陽縣人にして千八百七十二年(淸同治十一年)を以て生る早くより實業界に志して多年商務に從事し工場經營に經驗深し趙金玉を支配人として靴下工場泰來德に出資し賣上年額約十三萬元を算す同店は千九百十年の開設にて市中日滿綿絲商の有力者奉天毛織會社奉天紡紗廠遼陽紡織會社等より材料を仕入れ販路廣し(奉天市小南門外順城街泰來德內)

趙　福　臣

爲替兼兩替業福發長出資兼支配人
河北省人

君は河北省欒亭縣人にして千八百八十一年(光緒七年)を以て生る早くより實業界に志して金融業に從事し漸次經驗を積む滿洲事變勃發の前年たる千九百三十年天津の祥發銀號及聚香九と合資を以て爲替兩替業福發長を奉天に開設し天津方面への爲替事務を主要に旁ら阿片販賣を營み金塊取扱をもなし巨利を占めつゝあり(奉天市千代田通四福發長內電長二九五八)

趙　福　民

黑龍江省綏濱縣長
奉天省人

君は奉天省梨樹縣人にして千八百八十四年(光緒十年)を以て生る千九百九年奉天地方自治研究所の出身にして千九百三十二年滿洲國成立後大同二年東省特別區市政管理局科長たりしが後黑龍江省綏濱縣長に任ぜらる(黑龍江省綏濱縣)

趙　保　安

錢舖富森竣支配人
山西省人

君は山西省太原縣人にして千八百七十一年(淸同治十年)を以て生る夙に實業界に入りて實務に從事し現時奉天市に於ける著名なる錢舖富森竣の支配人として重用さる同舖は曹厚德堂の出資にして百有餘年前の開設に係る老舖なり支店を梨樹縣平頂堡四平街蘇家屯等に有し貸出年額五十數萬元に及ぶ市內一流の內外銀行を取引先とし其需要先は主として絲房子洋雜貨商酒商油工場及質屋等なり(奉天市大北關元寶胡同路西富森竣內)

趙　鵬　第

簡任一等、奉天省公署理事官、民政廳長
江蘇省人

君は又孟南と稱し江蘇省鎭江縣人にして千八百七十八年(光緒四年)を以て生る夙に奉天法律講習所を卒業す千九百

十三年東三省官銀號委員となり千九百十八年黑龍江督軍公署諮議を經て吉林官銀號幫辦奉天省長公署祕書等に歷任し千九百三十一年滿洲事變後奉天省公署祕書長兼財政廳長に任じたりしが新國家成立後奉天省公署理事官となり民政廳長たり康德元年六月簡任一等に昇敍さる尙氏名と字の原音はChao Peng-u 及 Meng-nan なり(奉天市)

趙　萬　春　粮棧代理店萬聚福支配人、河北省人

君は河北省東鹿縣人にして千八百八十九年(光緒十五年)を以て生る夙に實業界に志して商業に從事し小壯にて粮棧代理店萬聚福支配人たり同店は千八百七十九年の開設にして河北省昌黎縣の富商李春璞の出資に係り賣上年額約八十六萬元を算す販賣先は市中日鮮特產物商並に大連營口安東方面とす(奉天市大北關大街路南萬聚福內)

趙　養　愚　熱河省承德縣長　山東省人

君は又審宣と稱し山東省臨淄縣人にして千八百八十八年(光緒十四年)を以て生る夙に熱河省立法政學校を卒業す官界に入りて朝陽縣承審員民政廳視察員等を經て灤平縣長に昇任したる事あり千九百三十二年滿洲國成立後大同二年承德縣長に擧げらる(熱河省承德縣)

沈　瑞　麟　特任、宮內府大臣　浙江省人

君は又硯裔と稱し浙江省吳興縣人にして千八百七十四年(清同治十三年)を以て生れ早くより外交官となり前清末年駐獨代理公使外務部參議を經て駐墺公使となり千九百十七年歸國す千九百二十年外交部和約研究會副會長に任じ千九百二十二年外交部次長に昇任す次で外交總長代理特別關稅會議籌備處副處長に歷任して千九百二十五年外交總長關稅會議委員長に任じ同年末許世英內閣成立するや下野したるも翌千九百二十六年安國軍外交討論會會員に任じ翌年潘復內閣の內務總長に任じ傍ら京都市政督辦禮制館副總裁楊子江水利委員會長を兼任す千九百二十八年張作霖の沒後東北軍司令長官公署參議となり千九百三十年東支鐵道理事に轉じ翌年滿洲事變勃發後も留職して首席理事に昇任したり新國家成立後康德元年執政府府中令を經由して宮內府大臣に轉任今日に至る尙氏名と字の原音は Shen Zoeu-ling 及 Yen-i なり(新京市)

沈　崇　祺　薦任三等、營口水產局長、吉林省人

君は又芝軒と稱し吉林省吉林城內人にして千八百八十一年(光緒七年)を以て生る千九百二年吉林法政學校を卒業す早くより官界に入り曾て吉林省實業廳第二科長農鑛廳第一科長たりし事あり千九百三十二年滿洲國成立後實業部事務官に任じ農鑛司漁牧科長たりしが其後營口水產局長に轉任昇格し以て今日に至る(奉天省營口市)

陳　維　則　奉天市商會頭、營口紡織奉天第一分廠總經理、日滿實業協會常務理事、奉天省人

君は又楚材と稱し奉天省遼中縣人にして千八百九十四年(光緒二十年)を以て生れ夙に日本に留學し千九百二十四年東京高等工業學校を卒業す歸國後東興色染公司を創立し千九百二十八年之に機織科を增設して奉天東興紡織廠と改稱し自ら總經理となり奉天縣新窯業公司總理を兼ぬ千九百三十一年營口紡紗廠を組織して總理に任ず日滿實業協會成立するや推れて常務理事となり奉天市商會頭に就任し東興營口兩紡織廠の併合成るや營口紡織公司奉天第一分廠

總經に任じ現在に至る（奉天市大東關來安胡同電五三三〇）

陳　雨　田　特產物代理業　河北省人

君は河北省樂亭縣人にして幼少より本村私塾に修學し千九百二年學成りて實業界に志し業務の經驗を積みて滿洲に到り曾て長春に於て特產物取扱をなし業績を收めたる事あり現時大連に出で特產物代理業を經營し隆昌を致し信用厚し（大連市浪速町二電五六三七）

陳　榮　武　鮮果海產物山貨雜貨問屋謙益合支配人　河北省人

君は河北省昌黎縣人にして千八百八十四年（光緒十年）を以て生る早くより實業界に入り多年商業に從事し經驗深し遷安縣の富豪謙益堂錢莊の出資に係る鮮果海產物山貨雜貨商謙益合支配人として信用厚く專ら奉天地場を販路とするもよく賣上年額四十二萬元を算すと云ふ同店は千九百二十九年開設の新舗なるが大連昌黎縣天津安東釜山京城等に仕入先あり取引範圍廣し（奉天市小西關太濟宮南胡同謙益合內）

陳　荊　玉　前東支鐵道護路軍參謀處長、奉天省人

君は又品如と稱し奉天省人にして千八百八十一年（光緒七年）を以て生れ夙に日本に留學し千九百十一年陸軍士官學校砲兵科を卒業す曾て廣東省長公署軍事參議たりしが轉じて保定陸軍軍官學校教官となり其後北京參戰軍訓練所參謀東三省講武堂教官等を歷任し東支鐵道護路軍參謀處長となり千九百三十二年滿洲國成立後も留任するところありたり尚氏名と字の原音は Chen Ching-yu 及 Pin-ju なり（哈爾濱市）

陳　桂　林　西安地方檢察廳長　山東省人

君は山東省恒臺縣人にして夙に北京法律大學を卒業す早くより法曹界に入り各地の司法官に任じ千九百三十二年滿洲國成立後西安地方檢察廳長に任ぜらる（奉天省西安）

陳　桂　森　薦任八等、立法院事務官、祕書廳記錄科長、奉天省人

君は奉天省瀋陽縣人にして千八百九十七年（光緒二十三年）を以て生る千九百二十年奉天省立師範學校を卒業す曾て瀋陽縣教育會長同縣電話局長たりしが其後奉天市警察局總務科長を經て同市政公所行政處長兼商埠局埠政科長に轉じ千九百三十二年滿洲國成立後立法院事務官に任じ祕書廳記錄科長として今日に至る（新京市東四道街立法院祕書廳內電四一六三）

陳　建　薦任二等、國務院法制局參事官　福建省人

君は福建省閩侯縣人にして千八百八十四年（光緒十年）を以て生る千九百七年廣東法政學堂を卒業す早くより官界に入り千九百二十四年福建省政務廳長に任ぜられ翌年北京政府憲法起草委員會委員となる次で千九百三十一年東省特別區長官公署祕書に任じ其後吉林省長官公署祕書となり克く熙治を助けて時局收拾の任に當る滿洲國成立後大同元年擧げられて國務院祕書官に任ぜしも後法制局參事官に轉任以て今日に至る（新京市日本橋通法國旅館電三六二八）

陳　公　鉅　最高檢察廳書記官長　河南省人

君は又名卿と稱し河南省潢川縣人にして千九百二年（光緒二十八年）を以て生

る夙に北京中央大學法律學科を卒業す曾て瀋陽縣錦縣各地方檢察官を經て後最高法院東北分院檢察署書記官長に任じ大同元年同署檢察官より轉じて現職にあり（新京市西三道街電三六八九）

陳　克　正

吉林高等法院長
奉天省人

君は又止中と稱し奉天省遼陽縣人にして千八百七十二年（淸同治十一年）を以て生れ夙に保定法政學校を卒業す曾て參議院參議たり法曹界に入り山西省陽曲審判廳刑庭推事を經て瀋陽地方審判廳民庭々長吉林高等審判廳刑庭々長等となり其後直隷高等審判廳檢察長吉林財政廳長等に歷任して千九百二十一年吉林高等審判廳長に累進し千九百二十三年東省特別區高等法院長に任じ滿洲事變後も在職せしが大同元年秋吉林高等法院長となる尙氏名と字の原音は Chen Ko-cheng 及 Chih-chung なり（吉林市高等法院內）

陳　國　翰

洮南地方檢察廳長
福建省人

君は又勁夫と稱し福建省閩侯縣人にして千八百八十九年（光緒十五年）を以て生る夙に湖南會通法律專門學校を卒業す早くより法曹界に入り各地の司法官に任じ千九百三十二年滿洲國成立後洮南地方檢察廳長に任ぜられ以て今日に至る（奉天省洮南）

陳　紫　瀾

簡任二等、黑龍江省公署參事官
黑龍江省人

君は黑龍江省龍江縣人にして千八百七十一年（淸同治十年）を以て生れ早くより官界に入りて千九百十四年興城縣長に補任せらる其後遼中縣長を經て第二十九師軍法官となり次で東北邊防軍總司令部祕書長黑龍江省督軍公署參議を歷任し千九百二十年三等嘉禾章及三等文虎章を授けらる千九百三十二年滿洲國成立後一時中央銀行祕書たりしが後黑龍江省公署參事官に任じ今日に至る（哈爾濱市）

陳　叔　達

薦任三等、國務院總務廳事務官、祕書處文書科勸務
福建省人

君は又覺人と稱し福建省閩侯縣人にして千八百九十六年（光緒二十二年）を以て生る夙に日本に留學して千九百十九年高等師範學校を卒業す曾て北京敎育部編審員を經て中華懋業銀行員となり次で農商部祕書處辨事上海啓新洋灰公司文書課主任より上海交通大學講師たりし事あり大同元年國務院總務廳事務官に任じ祕書處文書科勤務となる（新京市西三道街）

陳　汝　瓚

薦任六等、吉林省公署事務官、民政廳旗蒙科長、
湖南省人

君は文循林と稱し湖南省湘鄉縣人にして千八百八十七年（光緒十三年）を以て生る夙に官界に志して千九百十一年吉林東南路道署科員を經て千九百十五年吉林延吉道尹公署科長に進み千九百三十一年吉林長官公署民政廳祕書たりしが滿洲國成立後吉林省公署事務官に任ぜられ民政廳旗蒙科長として今日に至る（吉林省城湖廣會館內）

陳　承　定

黑龍江省克東縣長
福建省人

君は又恂叔と稱し福建省閩侯縣人にして千八百九十二年（光緒十八年）を以て生る夙に日本に留學し千九百十二年早稻田大學政經科を卒業す歸國後初め實業界に入りて中支に到り千九百三十年上海華豐糖瓷工廠長たりし事あり滿洲國成立するや北上し大同二年黑龍江省

克東縣長に任ぜられ以て今日に至る（黑龍江省克東縣）

陳振廷 内外雜貨靴帽子商志雲翔支配人 河北省人

君は河北省通州縣人にして千八百八十八年（光緒十四年）を以て生る早くより實業界に志し滿洲に於て身を立て現時内外雜貨及靴帽子商志雲翔の支配人として活躍す同店は千九百二十二年の開設なれど奉天附屬地霞町に支店を有し賣上年額約六十萬元を算す大阪上海天津方面より仕入れ販路は新京四平街に及び中央銀行奉天分行世合公銀號等を取引銀行とす尙出資者は裕順慶なり（奉天城内鼓樓南路西志雲翔内）

陳曾疇 簡任二等、宮內府事務官、祕書廳近侍處長、湖北省人

君は又仁先と稱し湖北省人にして千八百七十六年（光緒二年）を以て生る前淸進士にして曾て都察院廣東道監察御使より學都右侍郎たりし事あり千九百三十二年滿洲國成立後執政府事務官に任じ祕書廳文書科長たりしが後組織改稱により現時宮內府祕書廳近侍處長たり（新京市宮內府祕書廳內）

陳寶琛 淸朝遺臣、皇帝師傅 福建省人

君は又弢庵と稱し福建省福州人にして千八百四十七年（淸道光二十七年）を以て生れ前淸の進士たり一時南洋大臣を代理せしが其經綸容れられずして歸鄕し福建師範學堂を設立して人才育英に從事し福建鐵道會社總理に選ばれし事あり千九百九年北上して禮學館總纂大臣に擧げられ次で山西巡撫に任ぜられしも赴任せず後弼德院顧問大臣に任ず其後宣統帝溥儀の侍講となり革命後尙克く幼帝補育に努め其側近に侍し忠節を致せり張勳復辟に當り內閣議政大臣に擧げられし事あり千九百三十一年滿洲事變後も克く其老齡を顧みず溥儀に從ひ滿洲に入り建國後も滿洲國皇帝の側近に侍する有名なる學者なり尙氏名と字の原音は Chen Pao-shen 及 Tao-an なり（新京市）

陳懋鼎 簡任二等、文敎部理事官、禮敎司長 福建省人

君は又徵宇と稱し福建省閩侯縣人にして千八百七十年十月十六日（淸同治九年）を以て生れ前淸の進士なり千八百九十七年崇人府主事となり千九百二年外務部和會司主事を經て千九百十年外務部左參議に昇任す千九百十五年參政院參議となりしが千九百二十一年轉じて福建省廈門道尹に任ぜらる滿洲國成立後大同元年十一月文敎部理事官に任じ現に同部禮敎司長たり（新京市大馬路滿洲旅社電四二八一）

ツ之部

都富佃

薦任二等、法制局參事官、第一部長
熊本縣在籍

妻　喜美子　明四〇、三生、佐賀、村岡俊太郎長女、縣立都城高女出身

男　章　昭八、七生

君は熊本縣人都富亭造の二男にして明治三十年十二月十七日を以て生る大正十三年東京帝國大學法學部政治學科を卒業す先是同十一年高等試驗外交科試驗に合格し東北帝國大學法文學部助手東北學院專門部講師となり法政大學文學部教授に任ず大同二年聘せられて渡滿し法制局參事官に任じ第一部長に補せられ今日に及ぶ「メッガー法律哲學」「日本憲法」上下「英國憲法要論」等の著書あり家族は尚長女敦子（昭二、一生）あり（新京市崇智胡同四一九電三五五六）

都留國武

薦任五等、民政部事務官、衞生司醫務科長兼新京戒煙所長
大分縣在籍

君は大分縣人にして明治三十年を以て生る大正九年奉天南滿醫學堂卒業後二ケ年間京都帝國大學醫學部に留學衞生學を修め滿洲醫科大學衞生學講師同助教授に歷任し滿洲國成立に際し招聘されて前記現職に任ず（新京市羽衣町四ノ二〇電三五七八）

筑紫熊七

【正四位勳一等功三級、陸軍中將】特任、滿洲參議府副議長、鏡泊學園名譽總長
東京府在籍

妻　ヤエ　明七、一〇生、熊本士、畲田勇長女

男　富士雄　明三六、八生

女　サチ　明四三、一〇生

君は熊本縣人筑紫源三の長男にして文久三年一月を以て生れ明治六年家督を相續す陸軍大學校卒業後同二十年陸軍砲兵少尉に任ぜられ大正六年陸軍中將に累進す其間陸軍大學校を卒業し由良要塞副官參謀本部々員陸軍砲兵射擊學校教官大本營陸軍參謀（日露戰役）陸軍重砲兵射擊學校長陸軍技術審査部議員重砲兵監陸軍省兵器局長軍需局參與陸軍技術本部長等に歷補し同十二年豫備役被仰付曩に軍事視察の爲め清國並に歐洲に出張を命ぜらる昭和七年滿洲國建設後同國政府の招聘に應じ渡滿し同國參議府參議の重職に就任す同九年八月同副議長に擧げらる家族は尚七女マサ（大九、三生）あり長女ヨシ（明二六、三生、熊本縣立第一高女出身）は東京府士族島田繁太郎に三女ヤス（同三一、一〇生）は茨城縣人石橋茂作二男勝に四女ミツヨ（同三八、一生）は同縣人野口茂正に五女トヨ（同四一、七生）は岡山縣人光延東洋に嫁し二女アサ（同二七、三生）四男廣勝（同三九、二生）は共に京都府士族村岡恒利の養子となり妹タメ（慶應元、一生）同夫格藏（文久二、五生、熊本、後藤惣平弟）は共に其女を伴ひ分家せり（新京市錦町三ノ九ノ二電三六〇一）

テ之部

丁鑑修
勳一位、特任、交通部大臣、憲法制度調査委員會委員
奉天省人

君は又幹元と稱し奉天省蓋平縣人にして千八百七十六年（光緒二年）を以て生る夙に日本に留學し千九百十年早稲田大學專門部政治科を卒業す曾て東三省陸軍司令部外交處長東三省巡閲使等を經て奉天省長公署諮議に任じ轉じて日支合辦弓長嶺鐵鑛公司總辦に任ず千九百二十八年張作霖遭難し奉天市中の動揺混亂するや袁金凱等と共に臨時委員會を組織して克く奉天治安の維持に當り時局收拾に善處せり千九百三十一年滿洲事變勃發するや亦地方治安維持に盡し日本側と共同して難局に處し東北交通委員會委員長地方維持委員會委員及瀋海鐵路維持會長等の重責に任じたり千九百三十二年新國家成立と共に交通部總長に特任せられ大同元年夏日本に視察旅行をなすところありたり康德元年三月帝制實施後交通部大臣に任じ現に憲法制度調査委員會委員臨時訂立條約準備委員會委員國道會議議員等の要職を兼ぬ康德元年五月其功績により勳一位に敍せられ景雲章を賜はる家族は父母共に健在にして五男三女の子福者なり尚氏名と字の原音は Ting Chien-hsiu 及 Kan-yuan（新京市五馬路電三五三七）

丁光普
吉林省扶餘縣長
吉林省人

君は又雲霈と稱し吉林省永吉縣人にして千八百九十九年（光緒二十五年）を以て生る千九百二十五年東三省講武堂を卒業す官界に入り大同元年吉林日本領事館祕書に勤務したりしが其後轉じて吉林省扶餘縣長に任ぜらる（吉林省扶餘縣）

丁鴻順
薦任八等、交通部事務官、總務司祕書科勤務、奉天省人

君は又式堃と稱し奉天省蓋平縣人にして千八百九十八年（光緒二十四年）を以て生る夙に北京國立大學經濟學科を卒業し官界に入り曾て河北省民政廳第二科主任天津市立巡捐總處文牘主任等を經て後東北交通委員會祕書に任じたる事あり千九百三十二年滿洲國成立するや交通部事務官に任ぜられ總務司祕書科勤務を以て今日に至る（新京市馬濠門外交通部總務司祕書科內電四〇五一）

丁士源
勳二位、特任、特命全權公使、日本帝國駐在、浙江省人

君は又門樓と稱し浙江省吳興縣人にして千八百七十六年五月五日（光緒二年）を以て生る千八百九十五年天津北洋水師學校を卒業後會辦となり北洋防務に任じ宋慶將軍の幕僚となり千八百九十九年同將軍より留學榮務委員に任ぜられ翌年崇文門商稅總稽査を兼務し更に翌年陸軍大尉に進級す千九百二年英國に留學リンコンスイン辯護士學院に於て法律學を專攻し千九百四年歸國少佐に昇進直隸地方の討匪に當る馬玉崑將軍の留京榮務委員となり脩訂法律館協脩官を兼任翌年第四師團高級參謀中佐に進級次て第六師團に轉じ河間府の第一回大演習には北軍高級參謀となり練兵處法律監督に任ず更に翌年彰德府の第二回大演習の際大佐の資格にて司令部附となる尚同年佛國五等光榮章を受

けたり千九百七年陸軍代表として第二回海牙講和會議に派遣され活躍するところあり巴里滯在中に陸軍部軍法司長兼海軍部軍法司長に任ぜらる歸朝して翌年民政部參議となり北京軍警學堂總辨を兼任す千九百十一年永平府の第四回大演習には憲兵司令官陸軍大臣副官長兼第一軍團高級參謀となり且つ陸軍法務總監たり翌年中將事務取扱ひ少將に昇任したるが辭官して天津日々新聞主筆に轉じたり千九百十三年再び陸軍少將となり漢口稅關監督に任じ二等嘉禾章を受け湖北省駐在外交部特派交涉員を兼任し又漢口工巡總監陸軍中將事務取扱を命ぜられ支那中部地方に於ける要職にありしが千九百十五年袁世凱の死後北京に召還せられ國務總理段祺瑞の諮議に擧げられ翌年革命鎭定の爲め浙江省に派遣の國防委員會委員となり二等文虎章を受く後京綏鐵路管理局長に任ず千九百十七年歐洲大戰參加委員會首席參謀を兼ね民國大總統侍從武官に任じ二等大綬寶光章を受け又龍煙鐵鑛會辨を兼任じたり千九百十八年陸軍中將に昇進支那陸軍を代表して他の聯盟軍と共に西比利亞出兵に派遣せらる千九百二十年世界大戰に於ける功勞により勳五位を授けられ邊防軍參謀に任ぜられしが其後漸く軍界を去り千九百二十四年全國財政整理會副會長及內國公債局總理に任ぜられ翌年中法實業銀行支那政府側重役となり次で支那側總支配人たり千九百二十九年中華滙業銀行經理に任じ破產せる同行の復活事務に專心努力したり千九百三十二年滿洲國成立後執政に召されて滿洲國に至り執政個人代表として特命を帶び歐洲に使ひし國際聯盟會議前後大いに活躍せり大同二年四月特命全權公使に任ぜられ日本東京駐在として今日に至り康德元年五月功績により勳二位に敍せられ景雲章を賜はる尙氏名と字の原音は Tinge Shii-yueen 及 Men-cha なり（日本東京市麻布區櫻田町五〇駐日滿洲帝國公使館邸**電青山七〇五七**）

丁　子　文

紙類印刷材料販賣順益成出資者兼支配人
河北省人

君は河北省保定縣人にして千八百九十二年（光緒十八年）を以て生る夙に實業界に入りて商業に從事し小壯よく實務の經驗を以て千九百二十九年紙類印刷材料商順益成を經營し業績漸次揚る大連山田洋紙店永田洋行等より仕入れ市中及奉天線各地に販路を有す（奉天市小西關車路側順益成內）

丁　肖　泉

薦任四等、交通部理事官、總務司祕書科長、奉天省人

君は奉天省蓋平縣人にして千八百五十七年（淸咸豐七年）を以て生る前淸光緒戊子優貢に合格し官界に入りて各地に任官し曾て瀋海鐵路局祕書たりし事あり千九百三十一年滿洲事變後新國家成立するや大同二年交通部事務官に任じ總務司祕書科長たり康德元年七月同部理事官に昇任す（新京市馬濠門外交通部總務司祕書科內**電四〇五一**）

丁　夢　武

元黑龍江省政府顧問
河北省人

君は又聘三と稱し河北省靜海縣人にして千八百六十九年（淸同治八年）を以て生る早くより官界に入り故吳俊陞系として知らる曾て龍江道尹を經黑龍江森林局長黑龍江臨時參政院參政等に歷任して千九百二十八年黑龍江廣信公司總辨に轉じ更に千九百三十年黑龍江省政府顧問たりし事あり尙氏名と字の原音は Ting Meng-wu Ping-san なり

程　科　甲　吉林市長　吉林省人

君は又斌亭と稱し吉林省吉林縣人にして千八百八十三年（光緒九年）を以て生る夙に吉林高等巡警學堂警監科を卒業す曾て黑河採金局長吉林總商會會董等を經て永衡印書局長吉林省議會副議長華森林業公司經理等に歷任じ千九百三十年天圖輕便鐵路公司中國側總辦に任じ千九百三十二年滿洲國成立後吉林市政籌備處長に擧げられたり次で吉林市長となり大同二年十一月渡日して六大都市を歷訪し市政の視察研究をなすところあり尙氏名と字の原音は Cheng Ko-chia 及 Pin-ting なり（吉林市通天街）

程　義　明　薦任三等、司法部理事官、總務司祕書科長、奉天省人

君は又橫一と稱し奉天省遼源縣人にして千八百九十七年（光緒二十三年）を以て生る千九百十八年北京國立法政專門學校を卒業す官界に入りて安徽明光關總辦より安徽軍務署軍法科長交通總司令部祕書東北交通委員會祕書等に歷任したる事あり千九百三十二年滿洲國成立後司法部事務官に任ぜられ總務司祕書科長となる康德元年七月同部理事官に昇任し以て今日に至る（新京市小五馬路門牌一號電三六四五）

程　志　遠　前參議府參議　山東省人

君は又銘閣と稱し山東省萊縣人にして千八百七十八年（光緒四年）を以て生る卒伍より身を起し千九百二十一年東三省陸軍講武堂騎兵科を卒業す營長を經て千九百二十六年騎兵第八團長に進み翌年東北陸軍第十七師第五旅長となり更に翌年騎兵第二旅長に任ず千九百三十年東支鐵路護路哈滿副司令に轉じ滿洲事變後陸軍第八旅長となり新國家成立後黑龍江省長兼黑龍江省警備司令官に任じ北邊の重鎭たりしが大同元年秋參議府參議の顯職に轉じ後之を辭せり尙氏名と字の原音は Cheng Chih-yuan 及 Ming-ko なり

程　　崇　北滿特別區高等法院長、吉林省人

君は又曉川と稱し吉林省人にして千八百八十三年（光緒九年）を以て生る夙に奉天專門學堂を卒業し法曹界に入りて曾て吉林特別區高等法院長に累進し綏化縣龍江縣長となり又唐山交通大學校長たりし事あり千九百三十二年滿洲國成立後擧げられて司法部行刑司長心得に任じ其後轉じて東省特別區高等法院長に任ぜられ後改稱により北滿特別區高等法院長たり尙氏名の原音は Cheng-Chung なり（哈爾濱市）

鄭　　禹　簡任二等、國務總理祕書官、福建省人

君は福建省福州人にして千八百八十九年光緒十五年を以て生る國務總理大臣兼文敎部大臣鄭孝胥の次子にして故鄭垂の弟なり兄鄭垂は又護于と稱し日本早稻田大學を卒業し第一革命後浙江法政大學敎授より上海に赴き清朝復辟に奔走し後天津に至り宣統帝溥儀の家庭敎師となり滿洲事變後父と共に入滿して新國家成立なるや國務院祕書官に任じたりしが後死去す康德元年六月勳三位景雲章を追敍されたり君は千九百五年日本成城學校を卒業し千九百十一年英國利物浦大學を卒業す千九百二十年北京京華印書局副經理より東記印刷所經理となり更に上海啓新洋灰公司南部批發所經理に轉じ後上海華豐搪瓷公司常務董事たりし事あり亦父兄と共に滿

洲國建設に努力し千九百三十二年滿洲國成立するや兄の跡を追ひ父の祕書として現に國務總理祕書官たり尙氏名の原音は Cheng-Yu なり（新京市祝町五ノ一二電四五五七）

參照＝鄭孝胥の項

鄭　頤　津　吉林省寧安縣長　奉天省人

君は又韻泉と稱し奉天省鐵嶺縣人にして千八百七十九年（光緖五年）を以て生る早くより官界に志し國子監優學生に身を起して累進し遂に奉天省西安縣知事に任じたる事あり千九百三十一年滿洲事變後新國家成るや大同元年擧げられて吉林省寧安縣長に任ぜらる（吉林省寧安縣）

鄭　孝　胥　勳一位、特任、國務總理大臣兼文教部大臣、憲法制度調杳委員會委員、福建省人

君は又蘇龕と稱し福建省福州人にして千八百五十九年（淸咸豐九年）を以て生る前淸の進士にて曾て日本神戸駐在領事たりし事あり其後廣西邊防大臣に任じ千九百七年安徽按察使廣東按察使等に任ぜられしも同年辭官して上海に入り實業及公共事業に從事し傍ら故張謇湯壽潛朱福詒等と豫備立憲公會を創設之を主宰して憲政思想の鼓吹普及に努めたる事あり後北上して千九百九年東三省總督錫良の許にあり錦愛鐵道の敷設運山灣築港建等を建策し自ら事務督辦に任じて日露兩國對滿牽制策を計りしが成らず後北京に至り盛宣懷の幕下に入り大いに鐵道國有策を主張建議して湖南布政使となりたりしが鐵道國有策は却て第一革命の端緖となりて志を得ず上海に退きて上海商務印書館董事に任じ時勢を待てり民國成立後袁世凱黎元洪段祺瑞等の各代主腦者より幾度か出廬を請はれたるも出でず只管淸朝復興を念願としたり後天津に赴き長子鄭垂と共に淸室內務府辦事處に出仕し傍ら上海儲蓄銀行重役を兼ねたり千九百三十一年滿洲事變後宣統帝溥儀に從ひ滿洲に入りて新後家建設の大業に盡力す陳寶琛等と共に淸朝遺臣の尤なるものなり千九百三十二年滿洲國成立するや國務總理に擧げられ後文教部總長を兼任す康德元年三月帝制實施により國務總理大臣兼文教部大臣に任じ同年五月其勳功により勳一位に敍せられ景雲章を賜はる現に前揭顯職の他に國道會議議長逆產處理委員會委員長滿洲中央銀行繼承資產審定委員會長等の職にあり曩に幾度か渡日せるところありて日本朝野の名士に知己多く康德元年滿洲皇帝の修好聘問正使となり日本訪問をなせり學者にして書を能くし盡忠の至誠經綸の抱負を筆に托したるもの克く人の知るところなり尙氏名と字の原音は Cheng Hsiao-hsu 及 Su-kan なり（新京市東五馬路電三五二二「國務總理室」六馬路國務院內電四〇三五）

參照＝鄭禹の項

鄭　炳　武　奉天省梨樹縣長　奉天省人

君は又冠軍と稱し奉天省瀋陽縣人にして千八百九十五年（光緖二十一年）を以て生る千九百十一年警官高等學校を卒業す官界に入りて千九百三十年遼中公安局長に進みたりしが千九百三十二年滿洲國成立後大同二年擧げられて奉天省梨樹縣長となる（奉天省梨樹縣）

鄭　豫　巽　奉天省開通縣長　江蘇省人

君は又銳支と稱し江蘇省凓水縣人にして千八百八十四年（光緖十年）を以て生る前淸貢生の出にして早くより官界

に入り各地に任官して千九百三十年奉天省開通縣長に任ぜられよく地方治安行政の衝に當り滿洲國成立後引續き同縣長たり（奉天省開通縣）

鄭　林　臯

前黑龍江省公署理事官、教育廳長
黑龍江省人

君は又鳴九と稱し黑龍省拜泉縣人にして千八百八十二年（光緒八年）を以て生れ夙に黑龍江省立第一師範學校を卒業す曾て黑龍江教育總會長たりしが後臨時議會議員衆議院祕書長總統府顧問京奉鐵路局祕書等に歷任して千九百二十八年東北交通大學校長に轉じ千九百三十年黑龍江省政府委員兼教育廳長に任じたりしが千九百三十二年滿洲國成立後黑龍江省公署理事官に任じ教育廳長に補せられ大同二年四月之を辭す尚氏名と字の原音は Cheng Lin-kao 及 Ming-chiu なり

寺　尾　良　一

【正八位】薦任八等、吉林省琿春縣參事官
靜岡縣在籍

母　ク　ニ　明一〇年生、靜岡、望月久兵衛長女
妻　八重子　明三一、八生、靜岡鈴木氏女、實踐女學校出身
男　雄　策　昭七、六生
女　恭　子　大七、九生、靜岡高女在學

君は靜岡縣人寺尾延太郎の長男にして明治二十六年五月三日を以て生れ同四十二年家督を相續す夙に東京農業大學耕地整理科を修業し大正七年日本大學高工土木本科を卒業し同年十月宮內省帝室林野局技手に任官農務課勤務を命ぜらる同十二年辭職し翌十三年復興局技手に任じ昭和五年復興局主催法制試驗合格證附與せらる同年三月退官し滿蒙事情研究の爲渡滿同七年奉天市政公署工程科技師となり奉天自治指導部々員たり同年建國促進運動參加通遼洮南班々員同年滿洲國建設成るや聘せられて奉天省海城縣副參事官同八年吉林省琿春縣參事官に任ぜられ以て今日に至る曩に滿洲事變に就き三宅關東軍參謀長島本奉天守備隊長より表彰狀を受く從來青年會軍人會等に關係を有し其の趣旨に共鳴し目下滿洲青年團童子團等の組織につき計畫中なり尺八乘馬狩獵等に趣味深し家族は尚二女まさ（大九、一一生）三女法（昭二、四生）四女喜久（同四、一〇生）あり妹さう子（明三二年生）は靜岡縣人渡邊浩藏に嫁せり（吉林省琿春縣琿春西門內電三二）

寺　崎　英　雄

【從四位勳五等、陸軍三等主計】簡任一等、監察院審計官、審計部長、佐賀縣在籍

父　武　人　慶應元、二生、福岡堤恕一二男、現戶主
母　キクヱ　慶應三、一二生、佐賀、飛松準次郎長女
妻　ルリ子　明三八、七生、大分、貴族院議員久恒貞雄長女
男　準　一　昭六、一〇生

君は佐賀縣人寺崎武人の長男にして明治二十一年一月を以て生る大正四年東京帝國大學法科大學政治學科を卒業し文官高等試驗に合格爾來大藏屬副司稅官を經て大正十一年十二月大藏事務官に任じ薩哈嗹軍政部附を命ぜらる同十四年歸朝稅務監督局事務官に任じ昭和三年稅務監督局書記官に任じ熊本稅務監督局關稅部長を經て札幌稅務監督局總務部長兼經理部長たりしも昭和七年退官して滿洲國建設後同國政府の招聘に應じ前記の要職に就任す家族は尚弟

孤鹿（明二八、二生）あり妹靖子（同三〇、三生）は福岡縣人熊手米藏に同豐年（同三七、五生）は同縣人河原保基に嫁せり（新京市蓬萊町一ノ一〇電四二七一）

參照＝久恒貞雄の項

田　式　忱　絲房子及內外雜貨商興順恒支配人　山東省人

君は山東省黃縣人にして夙に實業界に志して實務に從事し吉林市に於て著名なる絲房及內外雜貨商興順恒の支配人たり同店は單興順の出資に係り大阪大連上海營口方面より仕入れ賣上年額百五十萬元に及ぶ滿洲銀行と取引を開き同市內の興順西號北號東號及敦化の下九臺は何れも其支店なり（吉林省城翠花胡同興順恒內）

ト之部

杜重遠

肇新窯業公司出資者兼支配人、奉天省人

君は奉天省奉天人にして千八百九十五年（光緒二十一年）を以て生る夙に實業界に志して業務に從事し經驗あり少壯にして陶磁器煉瓦及瓦製造業肇新窯業公司支配人たり同公司は千九百二十三年の開設にして現洋四十二萬元の株式組織なり主なる株主は舊奉天系の要人等多く張學良張志良莫德惠金哲忱及杜重遠等なりと云ふ材料は鋥水金水より仕入れ各種染料は東京大阪等より輸入して千九百三十一年度賣上額三十二萬五千元に及ぶと稱す（奉天城北二臺子肇新窯業公司內）

塗全勝

陸軍中將、軍政部勤務、奉天省人

君は又郁忱と稱し奉天省錦西縣人にして千八百八十四年（光緒十年）を以て生る夙に軍界に入り黑龍江軍內にて累進し獨立騎兵第八旅第五十四團長に任じ滿洲國成立の年黑龍江騎兵第二旅長に任ぜられしが後陸軍少將に擧げられ更に同中將に昇任す尙氏名と字の原音は Tu Chuan-sheng 及 Yu-chen なり（齊々哈爾市）

佟濟煦

簡任一等、特任禮遇、宮內府警衛處長 滿洲鑲黃旗人

君は又楫先と稱し滿洲鑲黃旗人にして千八百八十四年（光緒十年）を以て生る千九百三年の福州府學附生なり千九百七年福建全省高等學堂を卒業す翌年厦門官立中學堂教習を經て千九百九年貴州法政學堂教員兼軍諮府科員に任ぜられ千九百十二年參謀本部員兼航空學校附となりて千九百二十三年に至る辭任に當り戴花翎二品を賞せらる其後內務府堂郎中兼內務府三旗護軍總辦に任じ傍ら張園庶務事宜靜園事宜を管理す千九百三十二年滿洲國成立後執政府內務處內務官に擧げられ大同元年四月同府警備處長同年十一月警衛長に特任せられ康德元年三月現職に任ぜらる尙氏名の原音は Tung Chi-hsu なり（新京市新發屯崇智路六〇一號電**四五四九**）

佟松鱗

薦任八等、熱河省公署事務官、總務廳祕勤處勤務、奉天省人

君は又霽巖と稱し奉天省撫順縣人にして千九百一年（光緒二十七年）を以て生る夙に奉天同文商業學校を卒業す曾て滿鐵撫順炭礦員を經て盤山縣自治指導部員となり千九百三十二年滿洲國成立するや民政部屬官となり大同二年熱河省公署事務官に任ぜられ總務廳祕書處に勤務し今日に至る尙氏名の原音は Tung Sung-lin なり（熱河省承德西大街二號）

佟錫侯

同德俊錢莊經營 河北省人

君は河北省樂亭縣人にして千八百八十八年正月十四日（光緒十四年）を以て生る千九百四年鄉里自設專館の修學後翌年長春に赴き益發合銀行に入りて實務に就き千九百六年銀市場職員を經て司賬員營業部主任副經理事宜等に歷任し千九百十七年大連益發合支店經理に昇任す後千九百二十一年之を辭したりしが千九百二十八年大連麥加利銀行華賬房經理となり千九百三十二年同行大連分行の閉店により一時退職せしが後

計畫するところあり自ら同德俊錢莊代理店を開設營業以て今日に至る（大連市紀伊町一八同德俊電四四四四・五二六九）

佟 兆 元　元東北邊防軍司令長官公署顧問　奉天省人

君は又德一と稱し奉天省撫順縣人にして千八百八十二年（光緒八年）を以て生れ夙に奉天高等師範學校を卒業す千九百二十三年奉天省議會議長となり後巡按使公署教育顧問興綏鹽務局長等を經て千九百十七年奉天督軍兼省長顧問となり次で鴨綠江採木公司理事長に任じ千九百十九年日本に視察旅行をするところあり翌年奉天純益繅織公司總理に任じ翌々年署理奉天交涉員となり千九百二十三年遼瀋道尹兼營口交涉員に轉じ其後遼河工程局督辦營口市政公所督辦に任ず千九百二十九年熱河省政府委員兼財政廳長に招任されしが之を受けず同年東北邊防軍司令長官公署顧問に任ぜられたり尚氏名と字の原音は Tung Chao-yuan 及 Te-i なり

陶 心 源　薦任五等、文教部督學官、學務司勤務　奉天省人

君は奉天省瀋陽縣人にして千八百九十八年三月十三日（光緒二十四年）を以て生る千九百十七年國立北京大學法科政治學部を卒業し同年山海關監督公署科員兼山海鈔關委員となる其後綏中常關税局長錦縣常關税局長新民常關税局長等に歷任し千九百二十一年京師憲兵司令部警務課行政股主任上尉課員に任じ同年奉天省立高等工業學校英文教員に轉ず翌年奉天省第一回高等文官試驗に合格して奉天省立女子師範學校兼女子中學校長となり臨時奉天省專門人才登用試驗襄校員を兼ねしが千九百二十四年四洮鐵路局車務處文牘課首席に轉じ同科長を代理す其後東北大學國文教授奉天華昇書院臨時保管委員を經て大同元年七月文教部督學官となり今日に至る（新京市日本橋通遼東棧）

陶 柏 邨　薦任五等、奉天署公署理事官、民政廳總務科長、河北省人

君は河北省北平人にして夙に北京警務學校を卒業す曾て奉天財政廳祕書たりし事あり千九百三十二年滿洲國成立後奉天省公署事務官に任ぜられ後理事官に昇任し民政廳總務科長たり（奉天市奉天省公署民政廳內）

董 毓 基　奉天省鳳城縣長　奉天省人

君は奉天省復縣人にして千八百八十八年（光緒十四年）を以て生る千九百十四年奉天師範學校を卒業す官界に志して各地に任官するところあり千九百三十二年滿洲國成立後大同二年奉天省復縣淸鄉委員を經て後同省鳳城縣長に任ぜらる（奉天省鳳城縣）

董 雲 卿　奉天省通遼縣長　奉天省人

君は又紹仲と稱し奉天省梨樹縣人にして千八百九十一年（光緒十七年）を以て生る千九百七年奉天法官養成所の出身なり曾て營口常關税局長に進みたる事あり其後擧げられて奉天省通遼縣長に任ぜらる（奉天省通遼縣）

董 靜 仁　薦任八等、新京特別市公署事務官、行政處財務科長　奉天省人

君は奉天省海城縣人にして夙に奉天高等學校を卒業す曾て東三省憲兵司令部

軍需課少校課員を經て東北銀行會計科長となり次で長春市警備處第三科長たりし事あり千九百三十二年滿洲國成立後新京特別市公署事務官となり現に行政處財務科長たり（新京市西四道街）

董 暢

簡任二等、新京特別市公署理事官、行政處長、奉天省人

妻 黃仲華 一九〇九（宣統元）年生

男 如山 一九三一（民國二〇）年生

君は奉天省海城縣人にして千八百八十八年十一月十三日（光緒十四年）を以て生る千九百十年奉天法政專門學校を卒業す千九百十二年奉天律師公會長に推され翌年安東地方檢察廳檢察長に任ぜらる後國際律師協會駐江幹事黑龍江省軍署法科長を經千九百二十二年高等文官試驗に合格して其後綏中縣知事に轉じ千九百二十七年京師警察廳祕書兼特務委員長に任ぜられ更に同年末奉天全省清鄉總局祕書兼司法科長奉天南路清鄉局長となり翌年奉天全省清鄉總局參事に任ぜらる千九百三十一年滿洲事變勃發後長春市政警備處祕書主任となり大同元年三月新京特別市公署地方處長を經て大同二年四月新京特別市公署理事官に任じ行政處長となり傍ら國都建設計畫諮問委員會委員を兼ね以て今日に至る（新京西四道街新開路電一八〇）

董 敏舒

薦任四等、郵政管理局理事官、奉天省人

君は奉天省人にして千八百九十五年（光緒二十一年）を以て生る夙に日本に留學して千九百十九年明治大學政治經濟科を卒業す歸國後翌年東三省鹽運使祕書兼總調查員となり千九百二十二年輯安緯私局長を經て千九百二十八年臨江縣長たりし事あり大同元年八月郵政管理局事務官に任ぜられ哈爾濱郵政管理局に在り康德元年七月同局理事官に昇任す（哈爾濱市）

董 文瑞

前黑龍江省公署祕書官、吉林省人

君は又紀五と稱し吉林省人にして千八百八十二年（光緒八年）を以て生る早くより官界に入り千九百十九年黑龍江省公署第四科長を經て千九百二十九年黑龍江省公署祕書に任じたりしが千九百三十一年滿洲事變後同公署祕書長代理に任じ新國家成立後黑龍江省公署祕書長に昇任し次で同公署總務廳祕書官となり簡任二等を以て待遇せられしが大同二年二月辭任す尙氏名と字の原音は Tung Wen-jui — Chi-wu なり

董 炳然

薦任七等、奉天省公署技佐、警務廳衛生科醫務股長、吉林省人

父 桂林 一八六五（清同治四）年生、前清營官

妻 田氏 一八九九（光緒二五）年生

男 承文 一九二七（民國六）年生

君は又光曄と稱し吉林省伊通縣人にして千九百二年十一月二十日（光緒二十八年）を以て生る幼少より漢學を修め二十一歲の時滿洲醫科大學に入り同校豫備科豫科を經て千九百三十年同校本科を卒業す醫學士の稱號を得て同年南京國民政府衛生部中央醫院內科に勤務せしが間もなく辭し再び滿洲醫科大學法醫學敎室に入り法醫學を研究す翌年遼寧省高等法院法醫囑託を兼ねしが大同元年四月同囑託を辭し奉天省公署事務官に任じ康德元年七月同署技佐に昇

任す現に警務廳衛生科醫務股長たり趣味に讀書寫眞あり家族は尙二男承英（一九二九年生）三男承權（一九三一年生）あり尙氏名と字の原音は Tung Ping-yen及 Kuang Ye なり（奉天省城南埠地九緯路自强里一三一號）

竇　聯　芳

元黑龍江省警官學校長、奉天省人

君は又桂五と省し奉天省瀋陽縣人にして千八百七十四年（淸同治十三年）を以て生れ夙に東三省陸軍講武學堂を卒業す曾て東北陸軍第一師第一旅長たりし事あり千九百二十九年黑龍江省政府委員全省公安管理局長淸鄕總局長兼保甲總辦等に歷任し翌年全省淸鄕局副局長黑龍江省警官學校長等に轉じたり千九百三十二年滿洲國成立後黑龍江省警務廳長に擧げられしも之を受けず尙氏名と字の原音は Tou Lien-fang 及 Kuei-wu なり

黨　　德

絲房子及染色工場興茂厚支配人
山西省人

君は山西省太原縣人にして千八百七十八年（光緒四年）を以て生る夙に實業界に志して實務を習得す山西省太谷縣人にして奉天富商たる時立山と李茂堂楊永生三名合資に係る絲房子兼染色工場經營の興茂厚の支配人たり同店は賣上年額數十萬元を算し遼陽通遠新京等に支店を有し日本大阪支那上海及大連に仕入先あり（奉天市大北關大街路西興茂厚內）

童　好　謙

內外雜貨商春發長出資者兼支配人
山東省人

君は山東省黃縣人にして千八百七十二年（淸同治十二年）を以て生る幼少より商業に從事し實務を習得す滿洲に於て身を立て現時內外雜貨商春發長支配人として店務に精勵す同店は開設後數十年を經今や賣上年額六十五萬元を算する有數の老鋪にして支店を奉天附屬地に有し李玉山楊輔臣と共に出資者たり（奉天市城內武陵館胡同路北春發長內）

德　　啓

薦任、宮內府事務官
內務處會計科長
河北省人

君は河北省北平人にして夙に日本に留學し早稻田大學を卒業す歸國後官界に入り曾て吉林省財政廳員たりし事あり千九百三十二年滿洲國成立後宮內府事務官に任ぜられ現に同府內務處會計科長として今日に至る（新京市宮內府內務巡會科內）

德　　春

薦任六等、興安北分省公署理事官、民政廳勸業科長
興安北分省人

君は又子元と稱し內蒙古達呼爾人にして千八百九十三年（光緒十九年）を以て生れ千九百十一年黑龍江省中學校を卒業す曾て蒙古政廳副都統公署辦事員を經て蒙古銀行支配人アルシヤン溫泉支配人等となり千九百二十八年呼倫貝爾副都統公署參議所主席兼外交署主任たりし事あり千九百三十二年滿洲國成立後興安北分省公署事務官に任じ現時同署民政廳勸業科長たり康德元年七月同署理事官に昇任す尙氏名の原音は Te Chun なり（興安北分署民政廳內）

德　楞　額

京師憲兵司令
奉天省人

君は奉天省瀋陽縣人にして千八百九十一年（光緒十七年）を以て生る早くより軍警界に入り各地に任官す千九百三十二年滿洲國成立後京師憲兵司令に任

ぜられたり尙氏名の原音は Te Teng-e なり（新京市京師憲兵司令處內）

敦　福　瀚　陸軍上校、軍政部參謀司軍司課長　黑龍江省人

君は又文濤と稱し黑龍江省璦琿縣人にして千八百九十六年（光緒二十二年）を以て生る夙に保定陸軍軍官學校を卒業す曾て東省鐵路護路軍總司令部上尉を經て第十八路少校副官參謀となり次で吉林副司令官公署參謀處中校科長に任じ後吉林省長官公署軍政廳第一處長同警備第二旅第四團長等に歷任したる事あり千九百三十二年滿洲國成立後陸軍上校に任ぜられ軍政部參謀司軍司課長に補せらる（新京市西四馬路通順二條胡同電三六三二）

ナ之部

那木海札布　薦任六等、興安總署理事官、政務處文教科長、興安南分省人

君は內蒙古興安南分省人にして札賚特旗の出なり夙に北京官立大學を卒業す曾て黑龍江省蒙旗師範學校教務主任兼蒙旗教育委員會委員たりし事あり千九百三十二年滿洲國成立後興安總署事務官に任じ現に政務處文教科長として教育行政に盡し康德元年七月同署理事官に昇任して今日に至る（新京市大經路興安總署政務處文教科內電**四三〇九**）

內藤三次　薦任五等、興安警察局警正、海拉爾興安警察局警務科長、神奈川縣在籍

君は神奈川縣人にして明治二十四年を以て生る夙に軍籍に身を投じ同四十四年陸軍士官學校を卒業し陸軍步兵少尉に任じ昭和三年同少佐に陞る後滿洲國に轉じ興安警察局警務科長となり今日に至る（海拉爾興安警察局內）

直木倫太郎　【正五位勳三等、工學博士】簡任一等、國道局長、兵庫縣在籍

妻　りラ　明一三、八生、養父政之介長女
男　茂　明三三、三生
婦　道子　明三七、一一生、長男茂妻、大阪、加輪上勢七二女、プール高女出身
男　博　明三五、五生
婦　節子　明四〇、一〇生、二男博妻、兵庫、柴田楠三長女
男　惇　明四一、一〇生
女　素枝　明四五、一生
男　正　大二、八生

君は兵庫縣人眞島顯藏の長男にして直木三郎の養兄なり明治九年十二月を以て生れ同縣人直木政之介の養子となり昭和二年分れて一家を創立す明治三十二年東京帝國大學工科大學を卒業し東京市技師となり次で大藏省臨時建築技師內務技師大阪市港灣部長兼都市計畫部長復興院技監復興局長官等に歷任し其間東京市並に大阪市より築港及都市計畫調査の爲海外に派遣せらる大正三年工學博士の學位を受く後大林組取締役兼技師長日本アスファルト工業會社取締役となり現時滿洲國國務院國道局長たり家族は尙六男力（大四、一生）七男平（同七、三生）孫馨一郎（昭七一一生、長男茂長男）同千鶴子（同九一一生、同長女）同玲子（同四、一〇生二男博長女）同晴彦（同八、二生、同長男）あり長女美代（明三八、一生）は兵庫縣人丹波辰藏長男孝三に嫁し三男暎（同三九、二生）は東京府人前田武四郎の後を相續せりＡ一四二三（新京國道局「留守宅」神戶市葺合區野崎通三ノ五電合**一七三五**）
參照＝加輪上勢七、丹野辰藏、直木三郎、直木政之介※川岸愛三郎※坂堪※谷口茂雄※錦織宗の項

中尾董　薦任七等、大連稅關鑑査官、奈良縣在籍

君は奈良縣人にして明治二十年を以て生る同四十年神戶高等商業學校を中途退學し南滿洲鐵道會社に入り鐵道部埠頭事務所勤務を命ぜらる後同社を辭し上海海關に轉じ蕪湖安東各海關員琿春稅關監察長を經て大同元年大連稅關鑑査官に任じ今日に至る（大連市山城町）

中澤武夫

薦任六等、濱江稅務監督署副署長
奈良縣在籍

君は奈良縣人にして明治三十八年を以て生る昭和四年東京帝國大學法學部英法科を卒業し高等試驗行政科に合格す爾來稅務監督局屬大藏屬司稅官小倉稅務署長等を經て大同二年滿洲國財政部に入り吉林稅務監督署副署長に任じ康德元年七月濱江稅務監督署副署長に轉じ今日に至る（濱江稅務監督署內）

中島有恒

薦任四等、稅關理事官、安東稅關總務科長、佐賀縣在籍

君は佐賀縣人にして明治十九年を以て生る同四十四年東京帝國大學法科大學政治學科を卒業し文官高等試驗に合格す大正二年門司稅關に入り爾來熊本稅務監督署勤務を經て更に青島埠頭局海關部江門天津上海大連漢口各海關勤務を經て大同元年滿洲國成立後其招聘に應じ稅關事務官に任じ安東稅關總務科長に補せられ今日に至る（安東市山手町稅關官舍）

中島鐵

【從六位勳五等】薦任三等、國務院總務廳理事官、需用處總務科長、千葉縣士族

妻　他幾子　明三四、四生、石川炭谷三郎姉
男　實　大一二、三生
女　絹　大八、五生

君は東京府士族中島和太郎の長男にして明治二十四年十二月二十三日を以て生れ昭和二年家督を相續す大正四年陸軍經理學校を卒業し同年十二月陸軍三等主計に任じ昭和八年六月陸軍三等主計正に累進し其間步兵第二聯隊附第一師團經理部々員等に歷補し豫備役被仰付大同元年滿洲國建設後其招聘に應じ國務院總務廳事務官に任じ需用處總務科長たりしが康德元年七月國務院總務廳理事官に轉じ現時前記の要職に在り家族は尚二男和夫（昭六、一二生）二女明子（同九、一生）弟貫一（明二八、三生）同妻花（同三七、八生、東京、雫石銀次郎長女）及其二男二女弟昇（同三九、四生）妹幾（同四二、六生）弟四郎（同四五、三生）あり（新京市老松町二ノ九電四五四八）

中島時雄

薦任四等、國道局技正、新京國道建設處工務科長
東京府在籍

君は東京府人にして明治三十年を以て生る大正十一年東京帝國大學工學部土木工學科を卒業し同年東京市技手となり同十三年復興局技師に轉ず次いで昭和六年內務技師に任じ東京土木出張所勤務を命ぜられしが同八年滿洲國政府の招聘に依り國道局技正に任じ新京國道建設處工務科長となり今日に至る（新京市國道局新京建設處內）

中島俊雄

【正七位、陸軍步兵少尉】薦任二等、奉天郵政管理局長
石川縣在籍

父　乙吉　石川縣石川郡崎浦村收入役
妻　俊子　明三七、一二生、石川、橋次作長女
男　光世　大一二、二生

君は石川縣人中島乙吉の長男にして明治三十一年二月を以て生る大正十一年東京帝國大學法學部を卒業し高等試驗行政科に合格直に遞信省に入りしが一年志願兵として入營し昭和二年陸軍步

兵少尉に任官す同五年熊本鐵道郵便局長に任じ鹿兒島郵便局長を經て同七年遞信書記官となり遞信省工務局勤務を命ぜらる大同二年滿洲國政府の招聘に依り奉天郵政管理局長に轉じ今日に至る庭球乘馬を趣味とす家族は倚二男和世（昭二、一生）三男昭夫（同七、九生）あり（奉天市奉天郵政管理局長公館電四九八三）

中島比多吉　【正五位勳三等】前執政府掌禮處繙譯官兼禮官（簡任）埼玉縣在籍

妻　松　明二一、一二生、埼玉、新井松四郎長女
男　元夫　大七、一生
女　婆子　明四四、一生
女　美惠子　大二、三生
女　美奈子　大四、六生

君は埼玉縣人中島慶太郎の七男にして山本開藏の弟なり明治九年十一月を以て生れ同二十九年兄端藏方より分れて一家を創立す同三十三年東京外國語學校清語別科を卒業し早稻田大學支那語講師陸軍通譯同通譯官支那駐屯軍司令部附等を經て關東廳飜譯官長官々房外事課勤務に就任せしも昭和七年滿洲國建設後同國政府に聘せられ前記要職に在りしが後之を辭す前清時代袁世凱及清國陸軍部の招聘に應じ警察學校及陸軍の教習兼飜譯官たりし事あり趣味は碁將棋にて碁は三段將棋は初段格なり家族は倚二男吉夫（大一〇、四生）四女都佐子（同一三、一生）五女文子（同一五、七生）あり（新京市）

中原濟　薦任五等、財政部事務官、理財司勤務　鳥取縣在籍

君は鳥取縣人にして明治十八年を以て生る同四十年陸軍士官學校を卒業し陸軍步兵少尉に任じ昭和四年同中佐に陞る滿洲事變の勃發するや關東軍司令部勤務として活躍し押收金整理委員長となり昭和七年待命被仰付尋いで逆產委員會幹事に補せられしが大同三年財政部理財司事務官に聘せられ今日に及ぶ（新京市國務院財政部理財司內）

中原八郎　【正五位勳三等功五級陸軍步兵大佐】薦任二等、大同學院學監、佐賀縣士族

母　トモ　慶應元年生
妻　キヨ　明二五年生

君は佐賀縣士族中原平一の長男にして明治十五年十一月二十七日を以て生れ後家督を相續す同三十六年陸軍士官學校を卒業し同三十七年陸軍步兵少尉に任官爾來累進して昭和四年陸軍步兵大佐に任ぜられ同年十月豫備役に編入同七年滿洲國建設後同國政府の招聘に應じ現時大同學院學監たり子女なし專ら日滿の俊秀と起居を共にし新興國官吏の養成に獻身しつゝあり（新京市寬城子大同學院內電二〇四四）

中村久平　薦任七等、奉天郵政監理局事務官、祕書電政處長　山口縣在籍

君は山口縣人にして明治十五年を以て生る夙に東京錦城中學校を卒業し遞信官吏となり大連郵便局郵便課長を經て大同元年現職に就任し今日に至る（奉天郵政監理局官舍電局五一〇五）

中村元　簡任二等、安東稅關長、福岡縣在籍

父　治吉　安政五、四生、現戶主
母　千代　慶應二、一二生、福岡、士、南里格治長女

妻　竹　明三三、九生、福岡士、渡邊村男四女

男　立身　大一五、七生

君は福岡縣人中村治吉の長男にして明治二十年二月を以て生る同四十五年東京帝國大學法科大學を卒業同年文官高等試驗に合格翌大正二年中華民國海關に幫辦として招聘せられ大連を振出しに廣東芝罘安東龍井村上海青島の各地海關を歷任す昭和五年四月再び大連海關に副稅務司として轉ずるや幾何もなくして滿洲國成立し全滿海關の接收行はるゝに至り大同元年六月中華民國總稅務司に辭表を提出し滿洲國財政部に入り同年十月安東稅關長に補せられ今日に至るゴルフ狩獵に趣味あり家族は尙長女貞（大一一、三生）二女龍（同一三、七生）三女晴（昭四、四生）四女ミツ（同六、三生）五女ヒデ（同八三生）六女マス（同九、四生）弟亨（明三五、七生、滿鐵安東驛助役、經濟學士）あり（安東縣山手町稅關長官舍電**四七六**）

中村撰一

薦任五等、興安東分省公署參事官　神奈川縣在籍

君は神奈川縣人にして明治三十一年を以て生る大正八年東京帝國大學農學部獸醫學實科を卒業し南滿洲鐵道會社に入り同社公嶺主農事試驗所哈爾濱事務所庶務課勤務を經て大同元年滿洲國成立後其招聘に應じ興安總署參與官に任じ尋で康德元年七月興安東分省公署參事官に轉じ今日に至る（興安東分省公署內）

中村貞輔

【從五位】簡任二等、奉天國道局技正、國道建設處長　山口縣在籍

君は山口縣人にして明治二十年を以て生る大正八年京都帝國大學工學科を卒業し直に株式會社鹿島組に入社す同十年同社を辭し關東廳技師に任ぜられ次いで同十五年旅順工科大學講師を囑託せらる昭和六年歐米各國へ出張を命ぜられ歸朝後大同元年滿洲國建設を見るや國道局技正に任じ奉天國道建設處長に擧げられ今日に至れり（國道局奉天國道建設處長官舍電**㈣四八七一**）

中村寧

薦任七等、監察院監察官、監察部勤務、高知縣在籍

君は高知縣人にして明治三十四年を以て生る夙に京都帝國大學法學部を卒業し南滿洲鐵道會社鐵道部員撫順縣自治指導部員を歷て大同元年滿洲國成立後其招聘に應じ現職に任じ今日に至る（新京市西北門外監察院監察部內電**四一三六**）

永井四郎

【從四位勳四等】簡任一等、黑龍江省公署理事官、總務廳長、富山縣士族

妻　みつ　明三一、六生、兵庫南部茂妹

男　昭之介　昭二、一生

君は富山縣士族永井信義の三男にして明治二十五年五月を以て生る大正五年文官高等試驗に合格し翌年東京帝國大學法科大學法律學科を卒業す爾來稅務監督局屬兼大藏省臨時調査局屬副司稅官長崎稅務署長司稅官神戶稅務署長稅務監督局事務官廣島熊本各稅務監督局經理部長仙臺稅務監督局間稅部長名古屋及東京各稅務監督局直稅部長等を經て昭和四年拓務書記官兼外務書記官朝鮮部第二課長同六年南北米及歐洲各國へ出張を命ぜられ歸朝後大臣官房文書課長普通試驗委員文官普通懲戒委員官

報報告主任資源局事務官國有財產調査會幹事となり同七年關東州及滿洲に出張を命ぜられ同年九月關東廳勅任事務官大連民政署長兼關東廳專賣局長に任ぜられ大連市計劃委員官有財產調査委員等に歷任し現時滿洲國政府の招聘に應じ前記黑龍江省公署理事官總務廳長たり家族は尙長女しづ子（大一四、二生）の外兄信一（明一八、七生、現戶主）弟信六（同二九、一二生）同妻壽美子（同三九、六生、富山、黑川延平妹）及其一男妹ヨシ（同三九、五生）あり同スミ（同三四、一〇生）は兵庫縣人杉岡幸次に嫁せり（黑龍江省公署總務廳內）

永井哲夫

【正七位】薦任三等、財政部理事官、稅務司關稅科長
兵庫縣在籍

君は兵庫縣人にして明治三十五年を以て生る大正十五年東京帝國大學法學部政治學科を卒業し直に大藏屬兼稅關事務官補に任じ主稅局關稅課勤務となり次いで昭和四年司稅官に被任岡崎宇都宮各稅務署長を歷補して大同元年七月滿洲國政府の招聘に應じ財政部事務官稅務司關稅科長に任じ康德元年七月前記官職に轉ず（新京市室町三ノ七電三六七二）

長尾吉五郎

【陸軍憲兵大佐】簡任二等、民政部理事官警務司長
香川縣在籍

君は香川縣人にして明治十五年を以て生る夙に軍籍に入り陸軍士官學校を卒業し累進して憲兵大佐に陞る其間朝鮮青島西比利亞各地に駐在せり昭和七年豫備役に編入せられ滿洲國建設と共に聘せられて民政部理事官に任じ警務司長に補せられ今日に至れり（新京市羽衣町四ノ一四電長三六三四）

行《ナメ》方《カタ》信太郎

【從四位勳五等】薦任三等、監察院審計官審計部勤務
山形縣士族

母　せい　慶應三、四生、祖父吉左衛門二女
妻　てい　明三〇、三生、山形中野儀兵衛二女
男　正信　大七、五生

君は山形縣士族行方正の二男にして明治十七年十月二十七日を以て生る鄕里米澤中學卒業後小學校に教鞭を取り青山學院高等科を經て大正三年京都帝國大學法科大學政治學科選科を卒業し同年文官高等試驗に合格同四年會計檢査院書記となり同七年副檢査官に任じ爾來陸軍省所管課鐵道省所管課を經て昭和六年臺灣總督府所管課に移る同九年退官し滿洲國政府の招聘に應じ監察院審計官に任ぜられ審計部勤務たり俳句を好み「黃橙」「句と評論」等の同人たり家族は尙二男篤信（大九、二生）三男敬信（昭四、三生）あり妹やちよ（明二五、四生）は宮崎縣人關必に嫁し弟敏正（同三二、三生）は埼玉縣人野口一郎の養子となれり（新京市老松町三岡村實方「勤務先」同市西北門外監察院審計部電四二五九）

二之部

西　貞吉【從四位勳四等】簡任二等、財政部技正

妻　アキ子　明三六、二一生、醫學博士赤木勝雄妹、千代田高女出身

君は東京府人にして明治十九年二月二十四日を以て生れ後家督を相續す同四十三年東京帝國大學農科大學農藝化學科を卒業し直に臺北製糖會社に入り大正二年神奈川縣立農業學校教諭に轉じ同四年大藏省に入り主稅局技手稅關鑑査官を經て大藏省臨時調査局技師に任ぜらる同八年歐米各國に出張を命ぜられ同九年歸朝爾來橫濱大阪神戶各稅關檢査課長に歷任同十四年北京にて開催の關稅會議に帝國代表隨員として列席す昭和七年十一月專賣局技師に任じ同十二月滿洲國の招聘に應じ入りて財政部技正に就任現在に至るゴルフに趣味を有す家族は尙長女華子（大一五、一生）二女景子（昭六、八生）あり（新京市入船町二ノ一七電四一七六）

西村義太郎　簡任二等、北滿特別區高等法院推事　東京府在籍

君は東京府人にして明治二十九年を以て生る大正十年東京帝國大學法學部獨法科を卒業し判事となり福岡東京各地方裁判所判事甲府地方裁判所部長東京控訴院判事等に歷補す大同三年滿洲國司法部の招聘に依り北滿特別區高等法院推事となり今日に至る（哈爾濱市北滿特別區高等法院內）

西山政猪【從四位勳三等】簡任一等、文教部理事官總務司長　高知縣在籍

妻　三八　明三二、三生、福岡上野端彥從妹

女　和子　大三、八生

君は高知縣人西山正弘の長男にして明治十六年一月二十一日を以て生れ大正十一年家督を相續す明治四十四年東京帝國大學法科大學獨法科を卒業し同年文官高等試驗に合格し長崎高等商業學校教授となり大正九年民法及商法研究の爲英米獨各國に留學し歸朝後東京帝國大學書記官兼學生監東京帝國大學庶務課長文部書記官文部大臣官房會計課長等に任補し昭和二年文部省專門學務局長に轉任同四年宗教局長に任ぜられ同七年退官し同年滿洲國建設後其招聘に應じ現時文教部理事官總務司長たり家族は尙弟爲太郞（明二八、一生）同政年（同三〇、七生）同妻都（同三六三生、高知、田村武平孫）妹千重子（同三八、一一生）あり（新京市羽衣町四ノ二〇電三六九四）

任　建讚　奉天西豐地方分廳長　河北省人

君は河北省撫寧縣人にして夙に奉天法政專門學校を卒業し早くより法曹界に入りて各地に任官し千九百三十二年滿洲國成立後奉天西豐地方分廳長に任ぜられ今日に至る（奉天省西豐）

任　召南　福和盛錢莊、同油坊經營、大連錢鈔取引人組合副組合長　山東省人

君は山東省牟平縣萊山村人にして千八百七十七年十二月十三日（光緒三年）を以て生る千八百九十二年鄉里私塾に漢學を修め實業界に志して翌年芝罘に出で同地餘盛同錢莊に入り實務に從事すること久しく大いに經驗を積む千九

百四年辭して翌年二月芝罘に恒盛同錢莊を組織して自ら經營に當るところあり業績を揚ぐ千九百十六年六月大連に於て福和盛錢莊を開設し更に千九百二十四年同市に福和盛油坊を創始し共に經營隆昌を致して今日に至る尚千九百二十六年日本赤字社特別社員となり千九百三十一年大連錢鈔取引人組合副組合長に推され同地の資本家たり（大連市愛宕町一八福和盛電五八二五）

任　捷　三　永源利錢莊主　山東省人

君は山東省福山縣人にして千八百八十九年四月十七日（光緒十五年）を以て生る千九百五年本村私塾の修學成るや實業界に志して芝罘に出で商務に從事し經驗するところあり滿洲に於て身を立てんとし千九百十八年大連に到り現時永源利錢莊を經營し信用厚く大いに業績を揚ぐ（大連市愛宕町三〇永源利錢莊電五六〇一）

任　祖　安　薦任六等、文教部理事官、總務司調査科長、河北省人

君は河北省固安縣人にして千八百七十九年十月二十五日（光緒五年）を以て生れ千九百年廣西秀峰書院を卒業す廣西洪水統稅局長廣西省陸川縣知縣を經て千九百十一年兩廣總督公署支應所總辦に任じ千九百十四年廣東都督公署副官長となり廣東省四會縣知事に轉ず翌年廣西省蒼梧縣知事藤縣知事横縣知事を經て千九百十六年桂林縣知事より廣西省潯州常關監督となる翌年廣東省粵海道尹兼廣東官產處總辦に任じ千九百十九年兩廣巡閲使顧問廣西督軍諮議廣西省長顧問等を經て千九百二十三年直魯豫巡閲使公署顧問に轉じ同年末河南省林縣知事となる翌年直隸大名各屬捲菸特稅局長に任ぜられ滿洲國成立後大同元年文敎部事務官となり現に總務司調査科長たり康德元年七月同部理事官に昇任す（新京市太平街一九號）

ネ之部

寧榮錦 薦任五等、外交部事務官、滿洲里辦事處長、河北省人

君は河北省北平人にして千八百九十三年(光緒十九年)を以て生る夙に北京外交部俄文專修館を卒業す官界に入り曾て東省特別區長官公署祕書路警處通譯官等に歷任したりしが千九百三十二年滿洲國成立後大同二年外交部事務官に任ぜられ北滿特派員公署滿洲里辦事處長となり以て今日に至る(滿洲里)

根來昌太郎 薦任八等、黑龍江省公署事務官、實業廳工商科勤務 和歌山縣在籍

君は和歌山人にして明治三十五年を以て生る昭和二年慶應義塾大學法學部法律學科を卒業し直に常磐生命保險式會社に入社す在職する事六年にして大同元年滿洲國政府の創立を見るや同社を辭し聘せられて黑龍江省公署事務官に任じ實業廳工商科勤務を命ぜられ新興滿洲國の發展に竭し今日に及ぶ(齊々哈爾市)

根本成一 薦任七等、吉林省公署事務官、會計科長 千葉縣在籍

君は千葉縣人にして明治二十九年を以て生る大正九年東京立教大學商學部を卒業し南滿洲鐵道株式會社に入り經理部主計課勤務を經て昭和七年同社を辭し滿洲國成立と共に任ぜられて吉林省公署事務官となり會計科長の要職に就き今日に及ぶ(吉林省城東寺胡同)

根本祐 薦任八等、大連稅關鑑視官、千葉縣在籍

君は千葉縣人にして明治三十五年を以て生る大正十三年桐生高等工業學校を卒業し橫濱稅關鑑査官となり次いで大同二年滿洲國政府に聘せられ大連海關に入り鑑視官に任じ以て今日に及ぶ(大連稅關內)

八之部

巴嘎巴迪　元蒙古政廳呼倫貝爾副都統公署右廳長　興安北分省人

君は內蒙古興安北分省人にして新巴爾虎右翼旗の出なり同地方名門にして曾て新巴爾虎右翼總管たりし事あり又輔國公に封ぜらる曩に蒙古政廳呼倫貝爾副都統公署右廳長に任ぜられし事あり尙氏名の原音は Pa-ka-pa-ti なり

巴金保　萬任四等、興安東分省公署理事官、總務廳長、興安東分省人

君は興安東分省東布旗人にして千八百九十二年(光緒十八年)を以て生る夙に官界に志して千九百二十一年授佐領たりし事あり大同元年興安東分省莫力達左旗長に任ぜられ同二年興安東分省公署總務廳長となり以て今日に至る(興安東分省公署內)

羽根田久一　薦任五等、郵政管理局理事官、奉天郵政管理局勤務　三重縣在籍

君は三重縣人にして明治三十一年を以て生る大正八年遞信官吏練習所を卒業し遞信省電務局業務課電信係長を經て大同元年滿洲國成立後其招聘に應じ交通部事務官に任じ郵務司電務科長に補せられ尋で郵政管理局事務官に轉ぜしが康德元年七月同理事官に榮進し奉天郵政管理局勤務を命ぜられ今日に及ぶ(奉天郵政管理局內)

馬季援　薦任七等、吉林省公署事務官、警務廳勤務、奉天省人

君は又又波と稱し奉天省綏中縣人にして千九百二年(光緒二十八年)を以て生る夙に北京內務部警官高等學校を卒業す曾て長春警察廳保安督察長に進み次で吉林全省警務處督察長たりし事あり千九百三十二年滿洲國成立するや吉林省公署事務官に任ぜられ警務廳勤務となり以て今日に至る(吉林城內北倉前胡同)

馬景桂　黑龍江省公署參議　奉天省人

君は又志丹と稱し奉天省洮安縣人にして千八百八十四年(光緒十年)を以て生れ早くより官界に入り奉天系常蔭槐派として知らる曾て洮安縣高等小學校教員たりしが後洮安縣議會議長同縣教育公所長を經て黑龍江省望奎縣知事直錄省玉田縣知事等を歷任し京奉鐵路局庶務課長に轉じて千九百二十八年黑龍江省長公署政務廳長兼警備隊會辦に任じ翌年同省政府委員兼民政廳長となり次で農鑛廳長たりしも千九百三十一年之を辭す滿洲國成立するに及び黑龍江省公署總務廳長に任ぜられ大同元年夏同公署參議に轉ず尙氏名と字の原音は Ma Ching-kuei 及 Chih-tan なり(黑龍江省齊々哈爾市)

馬景範　絲房和興隆支配人　山東省人

君は山東省黃縣人にして早くより商業に從事して身を立て同縣人餘慶堂等合資經營に係る和興隆絲房の支配人として活躍し現時賣上年額約九十萬元を算すと云ふ仕入先を大阪上海營口天津方面に有し取引銀行は滿洲銀行なり(吉林省城河南術和興隆內)

馬顯異　薦任六等、新京特別市公署理事官、行政處教育科長　奉天省人

君は奉天省海城縣人にして千九百四年（光緒三十年）を以て生る夙に陸軍軍官學校を卒業す曾て長春軍政招待處主任より吉黑榷運局祕書を經て吉林鐵道守備隊司令部交涉處參事長たりし事あり千九百卅二年滿洲國成立後新京特別市公署事務官に任じ後理事官に昇任し現に行政處敎育科長たり（新京市浪速町）

馬合恒 絲房及雜貨商怡合恒支配人、山東省人

君は山東省黃縣人にして夙に實業界に入り商業に志を立つ現時經畬堂出資に係る絲房及雜貨商怡合恒の支配人として賣上年額約六十萬元を算し大阪大連上海營口方面に仕入先を有し怡合隆は其支店なり（吉林省城翠花胡同怡合恒內）

馬子卿 慶泰長粮棧支配人 河北省人

君は河北省昌黎縣人にして千八百八十八年（光緒十四年）を以て生る早くより實業界に志し多年實務に從事す現時粮棧代理店兼油坊經營の慶泰長棧支配人として賣上年額約六十六萬元を算す同店は郭恒久項繪風夏善廷張守禮等の合資にして開設千九百三年の店舖なり遼中縣に支店慶泰隆あり（奉天市大北關大街路西慶泰隆內）

馬麟 薦任三等、專賣公署理事官、新京專賣署長、河北省人

君は河北省北平人にして千八百八十四年（光緒十年）を以て生る夙に日本に留學し陸軍士官學校騎兵科を卒業す歸國後軍界に入り東三省講武堂敎官中校より吉林督軍參謀上校に任じ後步兵團長吉林軍少將として長春にありしが千九百三十一年滿洲事變後吉林獨立に參畫し熙洽の下に吉林警備第三旅長となり新國家建設時局收拾に努力するところあり滿洲國成立するや吉林剿匪司令部副司令に任じ後吉林省軍政廳副廳長に轉じたり吉林硝磺局長に任ず次で大同二年專賣公署事務官となり新京專賣署長たり康德元年七月同署理事官に昇任す尙氏名の原音は Ma Hsi-lin なり（吉林市）

馬俊聲 薦任三等、北滿特別區公署理事官、行政處長、奉天省人

君は又省生と稱し奉天省瀋陽縣人にして千八百九十二年（光緒十八年）を以て生る千九百十九年北京大學を卒業す官界に志し東省特別區公署祕書を經て哈爾濱市政務籌備處特別市政局祕書等に歷任し大同二年北滿特別區公署理事官に任ぜられ行政處長となり以て今日に至る（北滿特別區公署行政處內）

馬駿忠 黑龍江省公署參議 奉天省人

君は又藎卿と稱し奉天省海城縣人にして千八百七十年（淸同治九年）を以て生れ早くより官界に入り前淸時代營口釐金局總辦兼營口交涉事宜を經て營口轉運局總辦吉林省屯墾局長吉林官運局長等に歷任したり民國成立後駐哈黑龍江交涉總局總辦となり千九百二十二年東省特別區市制管理局副局長に任じ翌年同局長に昇任せり後駐哈黑龍江鐵路交涉局總辦たりしが千九百三十二年滿洲國成立するに及び黑龍江省公署參議に任ぜらる尙氏名と字の原音は Ma Chung-chun 及 Chin-ching なり（黑龍江省齊々哈爾市）

馬稆萬 錢鈔業興順長出資者兼支配人、奉天取引所仲買人、河北省人

君は河北省豐潤縣人にして千八百八十年（光緒六年）を以て生る夙に商業に志

し金融業に從事すること久しく現時奉天取引所仲買人たると共に王鳳鳴と合資を以て錢鈔業興順長を經營し取引年額六百六十萬元に及ぶ市中の有力銀行と取引を有し千百九十九年の開設なり（奉天市附屬地千代田通四興順長內電話三一七二・三二五五）

瑪尼巴達刺

薦任五等、興安總署理事官、政務處旗政科長兼縣政科長
興安南分省人

君は內蒙古興安南分省人にして科爾沁左翼前旗の出なり夙に北京俄文法政專門學校を卒業す曾て哲里木盟代表となり本旗教育局長に任ぜし事あり其後中華民國北京政府の高等文官試驗に合格し薦任職任用たり千九百三十二年滿洲國成立後興安總署理事官に任ぜられ現に政務處旗政科長兼縣政科長として同署管內蒙古關係の行政に活躍し今日に至る（新京市大經路常安市胡同三五號電三六四二）

白雲麟

薦任八等、文教部事務官、禮教司社會教育科勤務、奉天省人

君は又玉書と稱し奉天省蓋平縣人にして千八百八十四年（光緒十年）を以て生る千九百十一年奉天法政專門學校を卒業す曾て哈爾濱道勝銀行總稽核を經て東省特別區文物研究會總務主任たりし事あり千九百三十二年滿洲國成立後文教部事務官に任じ現時禮教司社會教育科勤務たり（新京市西四馬路通順胡同）

白恒興

薦任六等、民政部理事官、地方司行政科長、奉天省人

君は奉天省瀋陽縣人にして千八百八十四年（光緒十年）を以て生る早くより官界に入り曾て千九百九年奉天度支司副司書を經て撫順縣知事奉天新民稅捐局長黑龍江財政廳第二科長等に歷任せし事あり千九百三十二年滿洲國成立後民政部事務官に任じ次で理事官に昇任し現に地方司行政科長として今日に至る（新京市西四馬路通順胡同電三六六四）

白子炳

泰記錢號支配人
山西省人

君は山西省太谷縣人にして千八百六十一年（淸咸豐十一年）を以て生る幼少より實業に從事し商務に經驗深く當地方に於ける著名の大資本家山西省楡次縣人呂瑞符の出資に係る泰記錢號の支配人として現時貸出年額百萬元に達する店務を監理經營す同舖は開設數十年に過ぎざれ共永隆泉酒店其他十餘店に及ぶ附屬營業を有し絲房子洋雜貨商質商等を客筋として業績隆昌なり（奉天市小西關大街路北泰記錢號內）

白斌安

奉天瀋陽地法院長
吉林省人

君は又錫九と稱し吉林省双城縣人にして千八百八十四年（光緒十年）を以て生る夙に奉天法政學校を卒業す早くより官界に入りて龍江地方審判廳推事を經て東三省鹽運使署祕書より興綏縣錦縣各知事に進み更に興長縣長兼淸鄕局長たりしが大同元年司法部行刑司保護科恩赦股長に任じ後現職に轉じ以て今日に至る（奉天省瀋陽）

白銘璋

滿洲炭坑（株）理事
奉天省人

君は又子憲と稱し奉天省瀋陽縣人にして千八百九十三年（光緒十九年）を以て生る夙に日本に留學し千九百二十三年京都帝國大學を卒業す歸國後西安炭鑛總辦たりし事ありたり千九百三十二年滿洲國成るや擧げられて參議府祕書官に任せしが康德元年六月之を辭し現時滿洲炭坑會社理事に就任し今日に至る

（新京市滿洲炭坑會社內）

白　銘　鎭　營口縣警務局長　奉天省人

君は又子敬と稱し奉天省瀋陽縣人にして千八百八十四年（光緒十年）を以て生れ早くより軍警界に入り曾て山海關及唐山警察廳長たりし事あり千九百二十八年奉天省城公安局長に任ぜられ後轉じて千九百三十一年營口商埠公安局長に任ぜられ後營口縣警務局長に轉じ今日に至る尙氏名と字の原音はPai Ming-chen 及 Tzu-ching なり（關東洲營口）

柏　　堅　薦任四等、吉林省公署事務官、實業廳總務科勤務、河北省人

君は又寒操と稱し河北省固安縣人にして千八百九十七年（光緒二十三年）を以て生る夙に山東工業專門學校及山東法政專門學校を卒業す官界に入り曾て山東省掖縣知事に進み次で護理東海道尹より煙臺市政府祕書長工務局長等に歷任したる事あり千九百三十二年滿洲國成立するや吉林省實業廳祕書たりしが後同署事務官に任ぜられ實業廳總務科勤務に轉じ以て今日に至る（吉林省公署實業廳內）

博　彥　滿　都　薦任三等、興安南分省公署理事官、民政廳長、興南分省人

君は又豹忱と稱し興安南分省科爾沁左翼前旗人にして千八百九十四年（光緒二十年）を以て生る千九百十五年奉天籌邊專門學校を卒業す官界に志し曾て蒙古治安處長たりし事あり千九百三十二年滿洲國成立するや興安南分省公署理事官に任ぜられ民政廳長となり以て今日に至る（遼源縣城）

橋口　勇九郎　簡任二等、新京特別市公署理事官、總務處長兼工務處長、鹿兒島縣在籍

妻　澄　子　明三二、一、二五生
男　明　男　大一四、一、二生

君は鹿兒島縣人橋口丹後の弟にして明治二十六年九月六日を以て生る大正十年東京帝國大學經濟學部商業學科を卒業同年南滿洲鐵道會社總務部調査課勤務となり昭和六年同調査課長代理を命ぜらる同年十一月吉林省政府長官公署顧問に轉じ同七年南滿洲鐵道會社參事を拜命し同年三月滿洲國建設後聘せられて新京特別市公署理事官總務處長に任じ同時に工務處長を兼任し今日に至る（新京市日本橋通一八電四九五一）

濱　島　紫　朗　薦任四等、首都警察廳事務官、警務科長、埼玉縣在籍

君は埼玉縣人にして夙に陸軍士官學校卒業累進して憲兵中佐に陞る大同元年滿洲國成立後其招聘に應じ首都警察廳事務官に任じ警務科長に補し以て今日に至る（新京市新發屯聚合住宅五電四三八九）

原　　　武　薦任四等、駐日本國公使館參事官、東京府在籍

君は東京府人にして明治三十一年を以て生る大正十二年東京帝國大學法學部を卒業し南滿洲鐵道會社に入り北京公所庶務主任を經て大同元年滿洲國成立後吉林省公署總務廳創設に從事し總務廳長となり後國務院總務廳祕書科長を經て大同二年現職に就き以て今日に至る（東京市麻布區櫻田町五〇滿洲國公使館內電青山七〇五九）

范　其　光　元東支鐵道理事、江蘇省人

君は又冰澄と稱し江蘇省江寧縣人にし

て千八百八十二年(光緒八年)を以て生れ夙に北京同文館を卒業し露國に留學してセントペテルブルグ道路大學を卒業す歸國後吉長鐵路技師を經て蒙藏事務局僉事庫倫辦事大臣公署祕書長黑龍江特派交涉員等に歴任して後オムスク駐在總領事浦鹽駐在總領事等に任ぜられ後東支鐵道理事たり尙氏名と字の原音は Fan Chi-kuang 及 Ping-cheng なり

范　熙　中　海軍上校、軍政部軍需司艦政課長　湖北省人

君は又宣庵と稱し湖北省黃波人にして千八百八十一年(光緒七年)を以て生る夙に日本に留學し海軍學校を卒業す歸國後海軍總司令部副官を經て東北航警學校學監となり次で威海軍艦副長より威海軍艦長江安艦長利綏艦長等を歴任し後艦隊司令部參謀長に任じ現時海軍上校に任ぜられ軍政部軍需司艦政課長に補せらる(新京市頭道溝)

范　國　珍　薦任六等、首都警察廳理事官、司法科長　河北省人

君は又聘臣と稱し河北省景縣人にして千八百八十七年(光緒十三年)を以て生る夙に河北廣川書院を卒業す嘗て奉天警務處及省會警察廳衛生課長に任じ次で長春警察廳總務課長より長春市公安局第四科長たりし事あり千九百三十二年滿洲國成立後首都警察廳事務官に任ぜられ司法科長たり康德元年七月同廳理事官に昇任す(新京市二馬路)

范　象　魁　吉林全省商會聯合會長

君は吉林市に於ける資產家にして同地方の實業家として知らる嚢に吉林省城商務會長たりし事あり千九百三十二年滿洲國成立後吉林全省商會聯合會長に推されたり尙氏名の原音はFan Hsiang-kuei なり(吉林市)

范　培　忠　滿洲電信電話(株)監査役、奉天省人

君は奉天省莊河縣人にして千八百九十四年(光緒二十年)を以て生れ早くより各地に任官して千九百三十二年滿洲國成立後交通部に入り哈爾濱郵政專員となり大同元年哈爾濱電政管理局副局長に任じ翌年哈爾濱電話學校長を兼任したりしが其後滿洲電信電話會社創立せらるるに及び入りて現に監査役たり(大連市柳町五七)

范　敏　學　薦任七等、首都警察廳警正、長通路警察署長、奉天省人

君は又繼賢と稱し奉天省營口縣人にして千八百九十五年(光緒二十一年)を以て生る夙に營口縣實業中學を卒業す嘗て長春公安局消防組副組長を經て同公安局第二分局長たりし事あり滿洲國成立後首都警察廳警正に任ぜられ長通路警察署長となり今日に至る(新京市長通路)

范　聘　卿　濱江時報社長　河北省人

君は河北省人にして千八百八十三年(光緒九年)を以て生れ夙に哈爾濱警察學校を卒業す始め官界に入り東支鐵道督辦公署諮議報界公署長等に歴任したれ共民國九年濱江時報社を設立し自ら社長として北邊漢字新聞の經營に當り大いに輿論を喚起するところあり尙氏名の原音は Fan Ping-hsing なり(哈爾濱市)

樊　避　齡　奉天開原地法分廳長　河北省人

君は河北省通縣人にして夙に青島中國國立特別法政專門學校を卒業す早くよ

り法曹界に入り各地に任官して千九百三十二年滿洲國成立後奉天開原地方分廳長に任ぜられたり（奉天省開原）

潘　瑞　麟　熱河省圍場縣長　熱河省人

君は又祉祥と稱し熱河省圍場縣人にして千八百八十三年（光緒九年）を以て生る夙に北洋自治法政學校を卒業す政界に志して曾て熱河省議會議員に選出せられし事あり千九百三十二年滿洲國成立後大同二年擧げられて同省圍場縣長に任ぜられる（熱河省圍場縣）

ヒ之部

費蔭棠　薦任六等、黑龍江省公署事務官、警務廳衛生科長、河北省人

君は又化南と稱し河北省臨楡縣人にして千八百八十三年（光緒九年）を以て生る千九百十三年京師大學堂工科を卒業す曾て順直省議會議員となり察哈爾實業學校長を經て黑龍江省保甲總辦公署祕書より同全省警務處第三科長に進みたる事あり千九百三十二年滿洲國成立後黑龍江省公署事務官に任ぜられ警務廳衛生科長となり以て今日に至る（黑龍江省城全福胡同）

費振聲　綿絲布商正記布莊支配人、山東省人

君は山東省蓬萊縣人にして千八百九十年（光緒十六年）を以て生る夙に實業界に志して商務に從事し現時賣上年額約七十萬元を算する綿絲布商正記布莊支配人たり開設千九百十九年なるも業績を揚げ奉天附屬地千代田通聚記布莊は其支店なり大阪上海安東營口方面より仕入をなし中央銀行分行朝鮮銀行公濟平市錢號等を取引銀行とす尙出資者は奉天省安東著名の綿糸布商にして資産家たる福聚生なり（奉天城內廣生堂胡同路東正記布莊內）

樋口光雄　薦任二等、北滿特別區公署總務處長、青森縣在籍

君は青森縣人にして明治二十三年を以て生る大正六年東京帝國大學法學部英法科を卒業し西比利亞商事會社監査役に就任し次で大連商業學校長大連女子商業學校長を歷任し大同二年北滿特別區公署事務官に任じ總務處長に補す康德元年七月同公署理事官に昇任し今日に至る（哈爾濱市北滿特別區公署總務處內）

疋田拾三　薦任四等、監察院監察官、東京府士族

君は東京府士族疋田金一の弟にして明治三十四年を以て生る大正十三年法政大學政治經濟科を卒業し南滿洲鐵道會社に入り同社總務部及鐵道部勤務を經て大同元年滿洲國成立後其招聘に應じ監察院監察官に任ぜられ今日に至る（新京市住吉町二ノ六）

土方龜次郎　民政部土地局囑託、東京府在籍

君は東京府人にして明治三年を以て生る夙に參謀本部陸地測量部修技所を卒業し陸軍省陸地測量手に任ず爾來臨時沖繩縣土地整理局技手南京陸軍測繪學堂總敎習朝鮮總督府臨時土地調査局監査官朝鮮總督府道技師等を經て大同二年現職に轉じ今日に至る（新京市朝日通）

馮蔭樹　吉林省雙陽縣長、奉天省人

君は又湘岑と稱し奉天省遼陽縣人にして千八百八十年（光緒六年）を以て生る千九百八年江蘇司法研究所の出身なり官界に入り曾て吉林民政廳視察員たりし事あり其後擧げられて吉林省雙陽縣長に任ぜらる（吉林省雙陽縣）

馮涵清　勳一位、特任、司法部大臣、憲法制度調査會委員、奉天省人

君は又汁青と稱し奉天省蓋平縣人にして千八百九十二年（光緒十八年）を以

て生れ馮慶瀾の長男にして世英世榮等の長兄なり夙に奉天法政專門學校を卒業し燕京第一次法官考試に合格し吉林省廳檢察官に任じ阿城地方廳長たりしが奉天初級審廳監督推事に轉じ其後山西高等審廳刑庭長大同第二分庭長河東一分庭長を經て河南信陽檢察分廳監督檢察官吉林長嶺縣長京奉鐵路局第三科長祕書長同總務處長に歷任の後黑龍江呼蘭稅捐局長に任ぜられしが千九百三十一年滿洲事變勃發するや趙欣伯等と共に逸早く奉天地方の秩序維持時局收拾に當り翌年奉天市政公署祕書長同實業廳長等に任ぜられ新國家成立と後に司法部總長に特任され憲法制度調査會委員となる康德元年三月帝制實施により司法部大臣に任じ現時傍ら臨時訂立條約準備委員會委員逆產處理委員會委員等の職にあり康德元年五月功績により勳一位に敍せられ景雲章を賜はる尙氏名と字の原音は Feng Han-ching 及 Chih-ching なり（新京市大經路甲子街電三五五三）

參照＝馮慶瀾、馮世英の項

馮　慶　瀾　同和自動車（株）常務理事、奉天省人

男　涵　清　勳一位司法部大臣
男　世　英　東豐稅捐局長
男　世　榮　營口漁業總局分局長
男　貴　藩　警務局員

君は奉天省蓋平縣人にして千八百七十二年（淸同治十一年）を以て生れ弱冠にして宿儒陳湛生に師事し詩文を修め夙に千八百八十九年縣試冠軍たり翌年府試に連捷し後塾師たる事五箇年丁酉科拔貢戊戌科朝考を經て直隸州分州に奉職庚子拳匪肅淸に當り順直の賑捐に盡力し分省を給せられ知縣に補用されて同知銜花翎を受けたり千九百六年西豐縣警務會辦として令名あり特に同總辦に昇任警務學校を創始して精幹學員三十餘人を造成せり千九百九年より蓋平東南一鎭董事會總董に選ばれ滿期に及んで議事會議長となる千九百十九年黑龍江省署諮議黑龍江督軍署調査員吉林軍政署祕書等に任じ千九百二十三年奉天關監督總務兼會計科長となる千九百二十六年張虎多稅關山廟稅局長を經て通橋稅局長に轉じ同年秋京兆房山縣長代理として官產局長徵兵委員會委員長を兼ぬ南北戰局定らざるに公暇一律を賦す「不僧不道不儒流潦倒房山百里侯垂老書生除暴政誰家天下抱杞憂陣雲變幻翻蒼狗鐵騎縱橫盪火牛北望京華煙樹裏銅駝荆棘故宮秋」千九百二十八年辭職歸鄕して專ら公益に力を盡すところあり滿洲事變勃發するや縣長辛擧任等と協力執行委員會委員として地方の治安に當り次で安東稅捐局務督率員となりしが過勞の爲め病を得て辭任休養す康德元年春實業部大臣の任囑により國務院より派せられ同和自動車工業會社理事に任ず家族は尙五男貴喆（最高法院書記官）六男貴祺及弟恩瀾（法政專門學校出身、奉天第一監獄典獄長）あり尙氏名の原音は Fen Ching-lan なり（奉天省蓋平城內山東會館西街）

參照＝馮涵淸、馮世榮の項

馮　建　勳　糧棧代理店東昇泰支配人、河北省人

君は河北省深縣人にして千八百九十一年（光緒十七年）を以て生る早くより實業界に志して商業に從事すること久しく現時糧棧代理店東昇泰の支配人として活躍し貿上年額約五十三萬元を算す同店は千八百八十四年の開設にて洮南に東源泰新民縣に東興泰の支店を有し奧地糧產地より仕入れ販路廣く出資者は張錦忱なり（奉天市大西關大街路

北東昇泰內電長三三四八）

馮　廣　民　奉天省錦縣長
奉天省人

君は又子安と稱し奉天省鐵嶺縣人にして千八百八十四年（光緒十年）を以て生る千九百十四年北京高等師範學校を卒業す官界に入り各地に任官し奉天省西豐縣長に任ぜられしが大同二年轉じて同省錦縣長となる（奉天省錦縣）

馮　廣　有　前黑龍江步兵第一旅長、黑龍江省人

君は又萬益と稱し黑龍江省闌西縣人にして千八百九十八年（光緒二十四年）を以て生れ早くより軍界に入り石友三の下にありて累進少將團長となり後第八師長第十一師長第三副軍長等に歷任したり千九百三十一年滿洲事變勃發後滿洲に入り北邊にありて日本軍及馬占山間の斡旋交涉に盡力するところありたり新國家成立後一時黑龍江省陸軍第三支隊司令兼騎兵第一團長に任ぜられ次で同省步兵第一旅長に轉補せらる尙氏名と字の原音は Feng Kuang-yu 及 Wan-i なり（黑龍江省昂々溪）

馮　世　英　奉天東豐稅捐局長
奉天省人

君は奉天省蓋平縣人にして馮慶瀾の二男同涵青の弟世榮貴藩等の兄なり夙に日本に留學し早稻田大學を卒業し歸國後政治交通各界に任官し曾て奉天稅務署科長たりし事あり千九百三十二年滿洲國成立後奉天東豐稅捐局長に任じ現在に至る尙氏名の原音は Feng Shih-ying なり（奉天省東豐縣）

參照＝馮涵清、馮慶瀾の項

フ之部

符志堅 薦任六等、民政部事務官、衛生司保健科勤務、奉天省人

君は又東閣と稱し奉天省臺安縣人にして千九百年（光緒二十六年）を以て生る夙に南滿醫學堂を卒業す奉天東北醫院內科二等軍醫正を經て青島傳染病院內科主任東北陸軍第三十軍軍醫處長東三省兵工廠醫院內科主任等を歷任し其後奉天同善醫科專門學校教授奉天市政公署衛生處主任たりしが千九百三十二年滿洲國成立後民政部事務官に任じ衛生司保健科に勤務し以て今日に至る（新京市大經路民政部衛生司保健科內電四〇八二）

富春田 最高法院民事第二庭長、奉天省人

君は又雨亭と稱し奉天省義縣人にして千八百七十五年（光緒元年）を以て生れ夙に奉天法政學堂を卒業す法曹界に入り千九百十四年奉天地方檢察廳推事を經て千九百十九年吉林高等審判廳民事庭長に任じ翌年長春地方審判廳長に轉じ其後吉林地方審判廳長より千九百二十六年吉林高等審判廳長に任じたり滿洲事變後吉林長官公署建設廳長となり克く時局の收拾に當り翌千九百三十二年吉林高等法院長に轉任し大同元年秋最高法院民事第二庭長に任ず尙氏名と字の原音は Fu Chun-tien 及 Yu-ting なり（吉林市）

富凌阿 薦任四等、興安南分省公署理事官、總務廳長、興安南分省人

君は又劍潭と稱し興安南分省東科前旗人にして千八百九十六年（光緒二十二年）を以て生る千九百二十五年朝陽大學法科を卒業す曾て直隸全省清鄉局審判處長西科中旗公署祕書長たりし事あり千九百三十二年滿洲國成立するや興安南分省公署理事官に任ぜられ總務廳長となる（遼源縣街）

傅作霖 薦任七等、奉天省公署事務官、警務廳外事科長、奉天省人

君は又侶可と稱し奉天省瀋陽縣人にして千八百九十三年光緒十九年を以て生る千九百十八年北京高等師範學校英語科を卒業し曾て瀋陽高等師範附屬中學教員を經て同縣教育公所長となり次で奉天省立第三高級中學校長より奉天兵工廠材料處長たりし事あり千九百三十二年滿洲國成立後奉天省公署事務官に任じ警務廳外事科長として今日に至る（奉天市大東關濟家胡同一〇〇）

傅士偉 奉天市政公署電務處長、奉天省人

君は奉天省金縣人にして夙に旅順工科大學を卒業す技術方面の官界に志し曾て東三省兵工廠製造所長に累進したる事あり千九百三十二年滿洲國成立後奉天市政公署電務處長に任ぜられ以て今日に至る（奉天市政公署內）

傅宗耀 元上海總商會長、實業家、浙江省人

君は又筱庵と稱し浙江省鎭海縣人にして千八百七十一年（清同治十年）を以て生れ故盛宣懷の使用人より身を起したる立志傳中の士なり千九百二十年中華銀行上海支店長となり其地位を築き千九百二十二年北京政府財政總長に擬

せられしも官界に入るを欲せずして受けず其後上海總商會總董招商局督辦中國通商銀行董事漢冶萍煤鐵公司董事等に任じ尙四明銀行總經理寧波商業銀行董事內河輪船公司總董シーエム內國發動機公司董事上海華商自來水公司董事等を兼ね他に鐵工業製紙製粉ライター業等上海附近に於ける各種の事業に關與し實に財界商工界の第一人者を以て知られしが千九百二十七年孫傳芳を援助せしとの理由にて南京政府より逮捕令を發せられ天津に逃れ居たりしが遂に大連に移りたり尙氏名と字の原音は Fu Tsung-yao 及 Hsiao-an なり（大連市）

傅夢巖　陸軍少將、中央陸軍訓練處騎兵部長　奉天省人

君は又笑峰と稱し奉天省海城縣人にして千八百九十八年（光緒二十四年）を以て生る夙に日本に留學し騎兵學校を卒業す歸國後直魯聯軍騎兵第十五旅上校參謀長に進み次で第一軍騎兵第一團長第十五旅長に任じ轉じて東北講武堂戰術敎官講武堂騎兵科長たりし事あり滿洲國成立後陸軍少將に任ぜられ中央陸軍訓練處騎兵部長に補せらる（奉天市中央陸軍訓練處內）

傅明勳　前吉林警備騎兵第五旅長

君は早くより軍警界に入り各地に任官して千九百三十二年滿洲國成立後吉林警備騎兵第五旅長に任ぜられし事あり尙氏名の原音は Fu Ming-hsun なり（吉林市）

傅豫廷　黑龍江省甘南縣長　奉天省人

君は又子衡と稱し奉天省法庫縣人にして千八百九十六年（光緒二十二年）を以て生る千九百十七年北京中國大學を卒業す千九百二十九年洮昂路庶務課長たりし事あり千九百三十二年滿洲國成立後擧げられて黑龍江省甘南縣長に任ぜらる（黑龍江省甘南縣）

武蘊山　東興帆布染色公司支配人、山西省人

君は山西省太古縣人にして千八百七十八年（光緒四年）を以て生る早くより實業界に入りて實務を習得し滿洲に至りて身を立て現時綿帆布兼染物工場を經營する東興公司支配人たり千九百二十四年の開設にして仕入先を營口大連安東方面に有し賣上年額一百三十萬元を算す株主の主なるは泰記錢號商業銀行の外に楊香圃程夢九等あり市內小西關に支店を有す（奉天市大西關月窗胡同路西東興帆布染色公司內）

武儀尊　燒鍋業萬隆合支配人　山西省人

君は山西省太古縣人にして千八百七十年（清同治九年）を以て生る早くより實業界に入り多年商業に從事經驗深し滿洲に於て身を立て燒鍋業萬隆合の支配人として信用厚く賣上年額約六十二萬元に及ぶ同店は前清嘉慶三年の開設に係る老舖にして販路を營口遼陽本溪湖安東方面に有す（奉天市大北關大街路西萬隆合內）

武進階　燒鍋業萬隆泉支配人　山西省人

君は山西省太古縣人にして千八百九十一年（光緒十七年）を以て生る夙に商業界に入りて實務に從事し小壯を以てよく燒鍋業萬隆泉支配人として活躍し賣上年額約七十三萬元を算す同店の出資者は胡正揚にて開設前清嘉慶年初の老舖たり市中大北關萬隆合大西關萬隆

徳小東關萬隆泉及營口支店あり（奉天城東北老龍口萬隆泉內）

武大廣 廣成東經營 關東州人

君は關東州金州輚家街人にして千九百一年十月六日（光緒二十七年）を以て生る幼少より本村私塾に於て修學約六箇年後實業界に志して大連に出で商務に從事して經驗を積むこと八箇年間大いに信用を得て千九百二十六年自ら廣成東を開設して經營し業績を揚げて今日に至る小壯實業家にして將來を囑望せらる（大連市西崗街一九〇廣成東電**三四五〇**）

福井優 薦任五等、文教部編審官、山梨縣在籍

妻 はな 明二九、三生、山梨師範出身

君は山梨縣人にして明治二十七年十二月二十一日を以て生る大正三年山梨縣師範學校卒業後母校訓導として教鞭を執り同七年南滿洲鐵道會社に入社し遼陽公學堂教諭となり爾來遼陽商業學校教諭瓦房店公學校長等に歷任昭和五年十月北京に留學し滿洲事變直後復縣自治指導員を兼務し自治指導部の解消と共に滿鐵を退社大同元年滿洲國の招聘に應じ文教部編審官に任ず（新京市錦町三ノ一三電**四三七六**）

福士末之助 【從五位勳六等】薦任二等、前文教部督學官兼事務官 青森縣在籍

君は青森縣人にして明治九年十月十一日を以て生る明治三十七年東京高等師範學校地歷學部を卒業し同年東京市深川尋常高等小學校訓導兼校長となり同四十年文部屬を經て大正四年靜岡縣濱松師範學校長に任じ次で大阪市主事兼視學學務課長同十三年長崎縣師範學校長同十四年東京高等師範學校教授等に歷任し昭和二年朝鮮總督府祕書官京城帝國大學豫科教授兼朝鮮總督府視學官に就任同六年神戶市教育課主事兼視學に轉任し教育課長たりしが大同二年滿洲國の招聘に應じ文教部督學官兼事務官に任じ康德元年九月退官す（新京市）

藤原保明 【從五位勳六等】簡任二等、交通部理事官郵務司長 熊本縣在籍

母 ヨソ 文久元、九生、熊本永田喜三郎長女
女 榮子 大六、一生
女 房子 大八、一生

君は熊本縣人藤原忠次郎の二男にして明治二十二年三月を以て生る大正四年東京帝國大學法科大學法律學科を卒業し同年文官高等試驗に合格同五年遞信書記兼通信屬となり爾來通信爲替貯金局各事務官補遞信事務官兼貯金局事務官等に歷任し同十年遞信書記官に任じ電話局業務課長を經て昭和五年郵便局外國郵便課長に補せられしが大同元年滿洲國成立と共に前記現職に轉ず大正十三年ストツクホルムに開催せる第八回萬國郵便會議に隨員として出席す家族は尙三女民子（大一〇、三生）姉イヤ（明一六、九生）兄春二（同一九、三生、現戶主）同妻ヒサノ（同二六、九生、熊本、永多米藏長女）及其子女弟信甫（同二五、一一生）同妻季代加（同二七、三生、熊本、川野久叔母）及其一女あり養妹初子（同二七、二生東京、須田穰次姉）は東京府人朝岡健に嫁せり（新京市千鳥町一ノ一榊谷ビル內電長**三五九四**）

藤山一雄　簡任二等、監察院祕書官、總務處長、官衙建築計畫委員會委員、山口縣在籍

君は山口縣人にして大正五年東京帝國大學法科大學經濟學科を卒業し神戸湯淺貿易會社員下關梅光女學院教授福昌華工會社調査役等を經て昭和四年歐米港灣勞働事情調査に出張す大同元年滿洲國成るや實業部理事官に任じ總務司長に補せられ尋で現職に轉ず傍ら官衙建築計畫委員會委員たり著書に「淸貧」「饗盤抄」「心境の世界」「南山雜記」「群像ラオコオン」等數種あり（新京市北安南胡同九〇二電長三五四八）

古坂健吉　薦任八等、交通部技正、郵務司工務科長、長野縣在籍

君は長野縣人にして夙に旅順工科大學を卒業し關東廳遞信局工務課勤務を經て滿洲國成立後其招聘に應じ交通部技正に任じ現時郵務司工務科長たり（新京市馬濠門外交通部郵務司工務科內電長四二四五）

古田正武　【從四位勳四等】簡任一等、司法部總務司長、岐阜縣在籍

父　庄次郎　安政四、六生、岐阜加藤彌兵衞二男、現戸主

母　ふ　で　安政五、七生、岐阜渡邊きよ子二女

妻　乃　理　明二九、八生、岐阜靑木達四郎長女

男　稻　夫　大六、七生

君は岐阜縣人古田庄次郎の長男にして明治二十一年一月を以て生る大正三年東京帝國法科大學獨法科を卒業し同五年判事に任じ次で檢事に轉じ東京地方兼同區裁判所檢事に補し同十二年兼司法省參事官に同十三年兼警察講習所敎授に任じ司法書記官刑事局勤務となり更に東京地方裁判所檢事兼警察講習所敎授大審院檢事を經て大同二年十月滿洲國に聘せられ司法部總務司長に任じ現在に至る昭和三年歐米各國に出張す家族は尙二女雅子（大一〇、七生）ありA　一一七（新京市司法部總務司內電長四一〇九、九一一「留守宅」東京市杉並區荻窪二ノ八三電荻窪二九三五）

古海忠之　【正六位】薦任一等、國務院總務廳理事官、人事處給與科長、東京府在籍

妻　仲　明四〇、二生、兵庫山下文雄妹

男　建　一　昭八、七生

君は山形縣人古海精藏の弟にして明治三十三年五月五日を以て生れ同四十二年分れて一家を創立す大正十三年東京帝國大學法學部政治學科を卒業し高等試驗行政科に合格す同年四月大藏屬に任じ昭和二年司稅官に任ぜられ宇都宮稅務署長幸橋稅務署長を經て營繕管財局事務官に轉じ昭和七年退官し同年滿洲國建設の後其招聘に應じ國務院總務廳事務官に就任し主計處總務科長を經て人事處給與科長に補せられ康德元年七月同理事官に陞る（新京市新發屯官舍電三九八五）

聞博　薦任七等、吉林省公署事務官、警務廳警務科勤務、奉天省人

君は又孝天と稱し奉天省海城縣人にして千八百九十六年（光緒二十二年）を以て生る千九百二十二年國立北京法政大學を卒業す曾て奉天東邊道尹公署內務科長に進み次で熱河省天山縣長遼寧省建設廳第二科長等に任じたる事あり大同元年吉林省公署事務官に任ぜられ警務科長となる（吉林市老晉隆胡同四六）

へ之部

郉　克　莊

元熱河省政府委員兼建設廳長、奉天省人

君は又敬如と稱し奉天省盤山縣人にして千八百八十二年（光緒八年）を以て生れ夙に奉天高等巡警學堂を卒業す始め政界に志し奉天臨時省議會議員衆議院議員に選擧せられしが後吉林依蘭道尹に任じ千九百二十四年奉天東邊道尹兼安東交涉員に轉じ其後鴨綠江採材公司總經理より熱河省政府委員兼建設廳長に轉じたりしが千九百三十年辭したり尙氏名と字の原音は Ping Ko-chuang 及 Ching-ju なり

米濟遺爾吉

薦任八等、興安西分省事務官、民政廳勸業科長　興安西分省人

君は興安西分省科右前旗人にして千九百七年（光緒三十三年）を以て生る夙に奉天東北農林專科學校農科を卒業す曾て洮南縣教育局勸務同縣立第一校長たりし事ありしが後興安西分省事務官に任ぜられ民政廳勸業科長たり（興安西分省民政廳內）

邊　國　瑞

錢鈔業奉天取引所仲買永豐銀號出資者兼支配人、奉天省人

君は奉天省海城縣人にして千八百九十三年（光緒十九年）を以て生れ早くより實業界に入りて金融業に從事すること久しく且つ經驗深し九百二十八年千呉玉麟邊選三等と共同出資を以て奉天取引所仲買錢鈔業永豐銀號を開設し自ら支配人となる市中主要銀行と取引を有し現時取引高年額約一千萬元に及ぶ（奉天市附屬地浪速通二七永豐銀號內）電長二四一五・二六三九

邊　樹　藩

薦任七等、哈爾濱市政公署事務官、行政處勤務　奉天省人

君は奉天省瀋陽縣人にして千八百九十七年（光緒二十三年）を以て生る千九百十九年奉天高等師範學校を卒業す曾て中東鐵路扶輪傳習所訓育主任たりし事あり大同二年哈爾濱市政公署事務官に任じ行政處勤務となり以て今日に至る（哈爾濱市政公署行政處內）

邊　樹　芳

薦任八等、哈爾濱市政公署事務官、總務處第二科長　奉天省人

君は奉天省瀋陽縣人にして千九百年（光緒二十六年）を以て生る千九百二十年奉天省第二高級中學校を卒業す曾て奉天同澤女子中學校事務員を經て東鐵扶輪傳習所教員より東省特別縣市政管理局會計員たりしが後轉じて哈爾濱市政公署事務官に任じ總務處第二科長となり今日に至る（哈爾濱市政公署總務處內）

ホ之部

保聯亨　薦任八等、民政部事務官、土地局審査處長、奉天省人

君は又象乾と稱し奉天省瀋陽縣人にして千九百二年（光緒二十八年）を以て生る夙に旅順工科大學專門部採鑛冶金科を卒業す曾て東三省兵工廠審檢處技師に任じ後兵工學校教官たりしが千九百三十二年滿洲國成るや民政部事務官に任ぜられ土地局審査處審定科長となり今日に至る（新京市大經路民政部土地局審査處審定科内電四〇八九）

葆康　簡任一等、民政部大臣代理部務次長、奉天省人

君は又鏡泉と稱し奉天省遼陽縣人にして千八百八十二年（光緒八年）を以て生れ夙に奉天陸軍講武堂を卒業す千九百二十年察哈爾財政廳長に任じ後興業銀行總辦を經て千九百二十三年奉天稅捐局長に轉じ更に奉天察哈爾方面の官界に入りしが張景惠の東省特別區長官となるや同長官公署政務廳長に擧げられたり又曩に中東鐵路理事會特務委員たりし事あり千九百三十二年滿洲國成立と共に張景惠等と擧げられて民政部次長に任ぜられ東省特別區地畝管理局長を兼任す現時民政部大臣代理部務次長にして鴉片專賣籌備委員會副會長及逆產處理委員會臨時訂立條約準備委員會官衙建築計畫委員會國都建設計畫諮問委員會積缺善後委員會等の各委員として各方面の重職にあり尙氏名と字の原音は Pao Kaong 及 Ching-chuan なり（新京市室町四ノ一一電局三五〇一）

葆定　薦任六等、興安北分省公署理事官、總務廳會計科長、興安北分省人

君は又孟步洲と稱し興安北分省索倫右翼旗人にして千九百二年（光緒二十八年）を以て生る千九百二十四年國立北京大學豫科の出身なり官界に志し曾て呼倫貝爾副都統公署會計科員となりし事あり千九百三十二年滿洲國成立するや興安北分省公署事務官に任ぜられ總務廳會計科長となり康德元年七月同署理事官に昇任し以て今日に至る（興安北分省總務廳內）

方毓愷　薦任六等、奉天省公署技佐、民政廳工務處長、安徽省人

君は安徽省人にして夙に上海同濟大學を卒業す曾て滿洲に至り東三省兵工廠技師たりし事あり千九百三十二年滿洲國成立後奉天市政公署に入り技佐に進み民政廳工務處長に任ぜられ今日に至る（奉天省公署民政廳內）

包允榮　薦任七等、民政部事務官、總務司祕書科勤務、江蘇省人

君は又幼鄉と稱し江蘇省丹徒縣人にして千八百八十五年（光緒十一年）を以て生る千九百九年廣東法政學堂に學び早くより官界に入り廣東財政公所總務科長を經て安徽省長公署勤務たりしが滿洲に至り曾て哈爾濱特別區長官公署祕書たりし事あり千九百三十二年滿洲國成立後民政部事務官に任ぜられ現時總務司祕書科勤務たり（新京市大經路民政部總務司祕書科內電四〇七二）

包克臣　硫化塗料商公合興經營、山東省人

君は山東省蓬萊縣人にして千八百九十九年（光緒二十五年）を以て生る夙に

實業界に入り滿洲に至りて身を立て久しく實務に從事せる經驗を以て千九百二十七年奉天に硫化塗料商公合興を開設す市中內外銀行と取引し大阪上海天津方面より仕入れ販路を奉天紡紗廠東興染色公司其他に有し業績漸次隆昌に向ひつつあり賣上年額三十萬元に及ぶ（奉天市中街老天胡同路東公合興內）

包　善　一　前興安警備第一軍長

君は早くより內蒙古地方にありし勢力家たりしが千九百三十一年滿洲事變勃發するや逸早く獨立を宣言して同志を集め新國家建設運動に奔走し時局に善處するところあり千九百三十二年滿洲國成立するに及び興安警備第一軍長に任じ交通不備なる內蒙古の警備治安に當る尙氏名の原音は Pao Shan-i なり（內蒙古大耕子）

包尼雅巴斯爾　薦任六等、興安南分署公省理事官、民政廳勸業科長、興安南分省人

君は又沛霖と稱し興安南分省科爾沁左翼後旗敖果杲屯人にして千八百九十八年（光緒二十四年）を以て生る千九百二十二年奉天省立高級中學校を卒業す曾て內蒙古自治軍軍法處副處長たりし事あり千九百三十二年滿洲國成立後興安南分省公署事務官に任ぜられ民政廳勸業科長たり康德元年七月同署理事官に昇任以て今日に至る（遼源縣南大街双益地局）

彭　金　山　陸軍中將、第二軍管騎兵第三旅長、江西省人

君は又麗生と稱し江西省奉新縣人にして千八百七十五年（光緒元年）を以て生る夙に東三省陸軍講武學堂を卒業す早くより軍界に入り吳俊陞の下に累進して民國成立後奉天後路巡防騎兵第二營長より千九百十七年中央陸軍第二十九師第百十五團長に任じ次で騎兵第二十九團長を經て千九百二十二年黑龍江陸軍騎兵第一旅長となり奉直戰後騎兵第四旅長に轉じたる後千九百二十四年黑龍江省全省剿匪總令を兼任し爾來黑龍江游擊隊總司令黑龍江省興東鎭守使を經て千九百三十一年蒙邊陸軍騎兵第七支隊長に轉じ新國家成立と共に洮遼警備副司令官洮遼警備騎兵第四支隊長等に歷任し大同二年奉天警備軍騎兵第一旅長に轉補され康德元年七月滿洲帝國軍制改革により第二軍管區に編入せられ陸軍中將騎兵第三旅長たり尙氏名と字の原音は Peng Chin-shan 及 Li-sheng なり（奉天省遼源縣東門內）

彭　孔　門　吉林省敦化縣長、江蘇省人

君は江蘇省吳縣人にして千八百八十年（光緒十六年）を以て生る夙に吉林法政專門學校を卒業す官界に入り千九百三十一年吉林省敦化縣科長たりしが滿洲國成立後擧げられて同縣長に任ぜらる（吉林省敦化縣）

蓬　世　隆　薦任七等、哈爾濱警察廳警正、正陽警察署長、奉天省人

君は又輝東と稱し奉天省瀋陽縣人にして千九百一年（光緒二十七年）を以て生る千九百二十四年北京朝陽大學法律科を卒業す曾て東省特別區警官高等學校敎諭たりしが其後同特別區警察第五署長に任ぜられし事あり千九百三十二年滿洲國成立後哈爾濱警察廳警正に任ぜられ同警察廳正陽警察署長となり以て今日に至る（哈爾濱道裡斜紋九蹚街一一）

鮑觀澄　特任、外交部勤務　江蘇省人

君は又冠春と稱し江蘇省鎭江縣人にして千八百九十七年（光緒二十三年）を以て生れ夙に北洋大學を卒業す曾て外交部財政部長等に在職し千九百二十二年張作霖の顧問となり保境安民策を進言するところあり翌年上海電話局長に任じ千九百二十七年國民軍の北伐に從ひ天津に至り白崇禧秘書長となり千九百三十年安徽省長祕書に任ぜられしが同年末南京政府より突如逮捕せられ張學良の爲めに奉天に於て投獄せられしが千九百三十一年滿洲事變後釋放せられ天津に赴く再び逮捕の危に會ひしが免れて滿洲に入り新國家建設に奔走努力せり千九百三十二年哈爾濱市長に任じ同年夏滿洲國最初の駐日代表として渡日し國際的諸懸案に善處するところありしが大同二年五月駐日代表を退き歸國後特任官を以て待遇され現時外交部に於て特殊任務に當る尙氏名と字の原音は Pao Kuan-cheng 及 Kuan-chun なり（新京市）

龐作屏　黑龍江省公署參議　奉天省人

君は又鎭湘と稱し奉天省瀋陽縣人にして千八百九十一年（光緒十七年）を以て生れ夙に北京法政大學を卒業す曾て奉海鐵路局長たりしが千九百二十八年黑龍江省財政廳長に任じ翌年同省政府委員たりしが千九百三十二年滿洲國成立後黑龍江省公署參議に任ぜられたり尙氏名と字の原音は Pang Tso-ping 及 Chen-hsiang なり（哈爾濱市）

龐鳳書　薦任五等、熱河省公署理事官、總務廳人事科長、奉天省人

君は奉天省遼陽縣人にして夙に日本に留學し早稻大學政治科を卒業し曾て横濱市の茂木商店天津支店に勤務したる事あり其後滿洲に歸り遼陽滿洲紡績會社に入り又は自治指導部員たりしが千九百三十二年滿洲國成立後熱河省公署理事官に任ぜられ現時同公署總務廳人事科長として今日に至る（熱河省承德）

龐睦堂　大連西崗市商會長、福順義銀號及油坊經營、關東州人

君は關東州大連管內南關嶺會泉水屯人にして千八百八十年六月二十一日（光緒六年）を以て生る千八百九十六年自宅私塾の勉學を修めるや實業界に志して翌年大連灣福順棧に入り商務に從事して經驗を積む千九百十九年獨立して福順義銀號を經營し信用厚く隆昌を致し千九百二十九年油坊をも自營して今日に至る千九百二十三年大連西崗市商會長に選任現時に及び千九百二十四年大連市會議員に選ばれし事ある外千九百三十年大連睦堂幼稚園を開設する等同地の名望家たり（大連市西崗市街一九八）

寶熙　勳二位、特任、參議府參議、憲法制度調査委員會委員、奉天省人

君は又瑞臣と稱し奉天省長白縣人にして正藍旗人の出千八百七十一年（清同治十年）を以て生れ前清進士學部左侍郎たり憲政編査館提調修訂法律館大臣總理禁煙事務大臣太子少保實錄館總裁等に歷任し其後崇文門副監督大總統顧問約法會議員參政院參議等に任ぜられたる事あり千九百三十二年滿洲國成立するに及び代行府中令執政府內務長に特任せられしが後轉じて參議府參議となり憲法制度調査委員會委員に列す康德元年五月其功績により勳二位に敍せ

られ景雲章を賜はる尙氏名と字の原音は Pao Hsi 及 Jui-chen なり（新京市六馬衡參議府參議室內電四〇二二）

房衡國

綿絲布及內外雜貨商
同增利支配人
山東省人

君は山東省蕪縣人にして千八百八十年（光緒六年）を以て生る早くより商業に志し實務を習得し滿洲にて身を立て現時綿絲布及內外雜貨商同增利支配人として活躍す同店は劉換文馬止亭の二人合資經營に係り賣上年額五十五萬元を算す販路は奉天市の外に四平街公主嶺開原新京法庫北鎭等あり仕入先は大阪上海營口方面なり（奉天城內鼓樓南翰墨軒胡同同增利內電長三二三八）

卜和克什克

薦任七等、興安西分省公署理事官、民政廳文教科長
內蒙古人

君は內蒙古昭烏達盟奈曼旗の出にして千九百二年（光緒二十八年）を以て生る千九百二十八年北京法政大學を卒業し教育界に入りて嘗て北京蒙旗學校敎員たりし事あり千九百三十一年滿洲事變後新國家成立するや大同二年興安西分省事務官に任ぜられ民政廳文教科長となり後理事官に昇任して今日に至る（興安西分省公署民政廳內）

朴永泉

薦任八等、交通部事務官、總務司總務科勤務、奉天省人

君は奉天省蓋平縣人にして千九百三年（光緒二十九年）を以て生る夙に奉天省立第三師範學校を卒業す官界に志し嘗て瀋海鐵路公司祕書を經て同會計科長たりし事あり千九百三十二年滿洲國成立後大同二年交通部事務官に任ぜられ總務司總務科勤務たり（新京市馬濠門外交通部總務司總務科內電長四〇五四）

墨爾根巴圖魯

薦任六等、興安東分省公署理事官、民政廳文教科長
黑龍江省人

君は又莫智勇と稱し黑龍江省齊々哈爾人にして千九百六年（光緒三十二年）を以て生る千九百二十二年黑龍省立第一師範學校を卒業す嘗て黑龍江省湯原縣教育司長を經て東北蒙旗師範學校訓育員たりし事あり千九百三十二年滿洲國成立するや興安東分省公署事務官に任ぜられ民政廳文教科長となり康德元年七月同署理事官に昇任し以て今日に至る（興安東分省公署民政廳內）

星子敏雄

薦任六等、民政部事務官、總務司總務科長、熊本縣在籍

君は熊本縣人にして昭和三年東京帝國大學法學部政治學科卒業し爾來關東廳警視兼同關東廳事務官等に歷任し共間關東廳警務官練習所勤務兼同警務局衞生課長心得同警務局保安課長等に歷補し大同元年滿洲國成立後共招聘に應じ民政部事務官に任じ總務司總務科長に補せらる（新京市錦町二ノ七電長三六〇四）

星野直樹

【從五位勳六等】簡任一等、財政部理事官、總務司長、國道會議議員、東京府在籍

父　光多　萬延元、六生、現戶主
母　ミネ　明二、八生、長崎、池田卯三郎三女
妻　操　明三〇、二生、大阪、菅野道親長女、女子英學塾出身

男　正一　大九、六生

君は東京府人星野光多の二男にして明治二十五年四月を以て生る大正六年東京帝國大學法科大學政治學科を卒業し文官高等試驗に合格同年大藏屬となり爾來副司稅官北稅務署長司稅官稅務監督局事務官熊本大阪各稅務監督局經理部長大阪東京各稅務監督局間稅部長等に歷任し同十五年大藏事務官に任ぜられ主稅局勤務たりしも後退官し大同元年滿洲國建設後同國政府の招聘に應じ現時前記の要職に就任す傍ら滿洲中央銀行繼承資產審定臨時訂立條約準備逆產處理積缺善治各委員會幹事國都建設計畫諮問鴉片專賣籌備各委員會委員國道會議々員等被仰付家族は尙二男良二（大一〇、一二生）長女愼子（同一二九生）弟茂樹（明二七、二生）同妻はな（同二九、一生、東京、鳥居榮一妹）妹花子（同三五、五生）弟芳樹（同四二、三生）あり（新京市崇智路四號地ノ四電三六五九）

堀越英二

薦任七等、文敎部理事官、庶務司庶務科長兼文書科長
東京府士族

君は東京府士族にして明治二十二年を以て生る夙に明治大學文學部に學び日本圖書館協會幹事東京帝國大學附屬圖書館員を經て大正十年六月東京帝國大學書記に任じ同學本部事務主任を命ぜらる共間文部省成人敎育講座事務取扱內閣高等試驗書記等を囑託せられ昭和七年九月東京帝國大學事務官に就任したるが大同元年十月滿洲國文敎部事務官に就任し總務司文書科長を命ぜられ同二年四月庶務科長兼文書科長に轉じ次いで康德元年七月文敎部理事官に榮進す（新京市新發屯聚合住宅一二號電四三八〇）

本庄完

薦任七等、交通部事務官、郵務司庶務科長、大分縣在籍

君は大分縣人にして明治三十七年を以て生る昭和三年東京帝國大學法學部を卒業し帝國發明協會囑託大連滿洲報社々員奉天自治指導員等を經て大同元年滿洲國成立後其招聘に應じ交通部事務官に任じ郵務司庶務科長に補せられ今日に至る（新京市羽衣町三ノ四ノ二電三五七五）

本間德雄

【從四位勳五等】簡任二等、國道局技正、國道第一技術處長、國道會議幹事
新潟縣在籍

妻　三保子　明三三、一二生、兵庫、一瀨武內長女

男　春海　大八、五生

君は新潟縣人本間金雄の九男にして明治二十三年九月を以て生る第一高等學校を經て大正四年東京帝國大學工科大學土木工學科を卒業し朝鮮總督府技師に任じ京城土木出張所長たりしが勅任技師を經て大同元年滿洲國建設後同國政府の招聘に應じ總督府を退官し現時前記の要職に就任す兼ねて國道會議幹事たり歐米へ出張せしことあり家族は尙二男尙雄（大一〇、二生）長女友子（同一一、三生）三男端雄（同一三、二生）四男元雄（昭二、二生）兄雄四郞（明四、一二生、現戶主）同妻とみえ（同一一、四生、埼玉、松崎銀平妹）兄雄五郞（同一五、八生）同妻サキ（同二五、一一生、新潟、和田久太郞長女）及其子女兄吉純（同一八、一二生）同妻キワ（同二九、八生、新潟、和田久助二女）及其一子あり（新京市羽衣町四丁目一〇電四五五八）

マ之部

眞坂嘉與

薦任五等、法制局事務官、東京府士族

君は東京府人にして明治十五年を以て生る同三十五年東京郵便電信學校行政科を卒業し遞信省官吏となり貯金局事務官に任じ爾來福岡貯金支局貯金課長小樽貯金支局長臺灣總督府交通局囑託等を經て大同元年滿洲國成立と共に國務院法制局囑託となり現時法制局事務官たり（新京市梅ヶ枝町新都ビル二二號電四一〇六）

馬込信一

薦任四等、國務院總務廳理事官、人事處人事科長、千葉縣士族

君は千葉縣士族にして昭和三年東京帝國大學經濟學部を卒業し南滿洲鐵道會社に入り大同元年滿洲國成立後其招聘に應じ國務院總務廳事務官に任じ人事處人事科長に補せられ次いで康德元年七月同理事官に進む（新京市新發屯二六官舍電三五四四）

前田正利

薦任八等、奉天省公署事務官、民政廳總務科文書股長、鹿兒島縣在籍

君は鹿島島縣人にして明治二十五年を以て生る同四十三年私立鹿兒島中學を卒業し滿洲に渡り關東廳に奉職し大正十四年地方書記となり大連民政署に勤務し文書事務を執ること十年地方行政事務に携はる事十餘年にして大同元年四月滿洲國に招聘されて現職に就任す家族は妻キヨの外に三男一女あり（奉天市富士町四）

牧野一男

薦任七等、國務院總務廳事務官、主計處總務科長、岡山縣在籍

君は岡山縣人にして明治三十四年を以て生る夙に關西商業學校を卒業し南滿洲鐵道會社員を經て大同元年滿洲國成立後國務院總務廳事務官に任じ主計處總務科長となり今日に至る（新京市東二條通三八電三五四五）

槇田猷太郎

薦任四等、法制局統計處理事官、資料科長、鳥取縣在籍

妻　公子　明四四、二生、福岡田中喜代次五女、福岡縣立福岡高女出身

君は鳥取縣人槇田傳三郎の長男にして明治三十五年七月四日を以て生る大正十四年大阪外國語學校露語科を卒業後更に九州帝國大學に學び昭和三年同大學法文學部法律學科を卒へ南滿洲鐵道會社に入り總務部調査課勤務たりしが大同元年滿洲國成立後其招聘に應じ法制局統計處事務官に任じ資料科長に補せられ次いで康德元年七月同理事官に榮進し今日に至る（新京市蓬萊町一ノ六電三五五二）

升巴倉吉

薦任一等、奉天省公署理事官、實業廳總務科長、大分縣在籍

君は大分縣人にして明治二十一年を以て生る夙に東亞同文書院を卒業し南滿洲鐵道會社に入社勤續鐵道部に十年撫順炭礦に十年昭和四年參事に任ず滿洲事變勃發するや現職を拋ちて奉天に至り自治指導部諮議として建國工作に參畫し大同元年三月建國成るや奉天省公

署祕書となり五月實業廳總務科長に任じ今日に至る支那語に通曉し熱心なる指紋研究者にして滿洲國人の身分登記法に關して指紋應用の主張者として著聞す（奉天市淀町八電五一〇二）

松岡信夫　薦任三等、興安南分省公署參事官　熊本縣在籍

君は熊本縣人にして明治二十二年を以て生る大正二年東京帝國大學農科大學獸醫學實科を卒業し熊本縣海外協會派遣生として東蒙古赤峰に三箇年間蒙古調査に從事し後大倉組經營蒙古華興公司農場總辦となり大同元年滿洲國建設後入りて興安總署參與官に任ぜられ次で同二年興安南分省公署參事官に轉じ今日に至る（新京市千鳥町二ノ一電長四五五五）

松岡三雄　薦任四等、交通部理事官、總務司總務科長、山口縣在籍

君は山口縣人にして明治三十六年を以て生る昭和三年京都帝國大學經濟學部經濟學科を卒業し南滿洲鐵道會社員奉天自治指導部員を經て大同元年滿洲國成立後交通部事務官に聘せられ總務司總務科長に補せらる康德元年七月同理事官に進み以て今日に至る（新京市錦町三ノ一三電三五七九）

松木俠　簡任二等、法制局參事官、第一部長兼第二部長、山形縣士族

君は山形縣士族松木員の弟にして大正十一年東京帝國大學法科大學法律學科を卒業し南滿洲鐵道會社員となり後關東軍國際法顧問同統治部行政課長等を經て大同元年滿洲國成立後聘せられて同國法制局參事官に就任し歐米各國に出張を命ぜられ昭和九年歸國す現時法制局第一部長兼第二部長たり（新京市錦町四ノ二五「勤務先」同市六馬路法制局參事官室電四〇二四・四五五三）

松澤國治　【從五位勳六等】薦任三等、年爾濱警察廳副廳長、長野縣在籍

妻　壽子　明四一、二生、長野　鹽澤義夫三女

君は長野縣人松澤甚三郎の四男にして明治二十三年十月を以て生れ大正十年分れて一家を創立す同六年東京帝國大學法科大學獨法科を卒業す在學中文官高等試驗に合格し朝鮮總督府試補となり同七年朝鮮總督府道事務官に任じ全羅北道第一審査課長同第一部地方課長兼審査課長督府營林廠事務官黃海道財務部長慶尙北道財務部長全羅北道警察部長平安北道內務部長忠清北道內務部長等に歴補し大同元年滿洲國の成立と共に其招聘に應じ現時哈爾濱警察廳副廳長に任じ今日に至る（哈爾濱市南崗建築街八號）

松澤光茂　薦任二等、國務院總務廳理事官、情報處總務科長　山形縣士族

妻　サタ　明二八、三生、山口　森重又助長女

男　光昭　昭七、一生

君は山形縣士族松澤光憲の長男にして明治十四年二月廿二日を以て生れ大正二年家督を相續す明治三十七年六月早稻田大學を中途退學して米國に航し加州スタンフォード大學に入り後ケンタツキー州立大學大學院コロンバス・カレツヂに轉し同四十一年卒業す歸朝後東京商工會議所外事課長に就任せしも同四十二年之を辭し同四十四年布哇に招聘せられ布哇國際基督教青年會創立及其完成の爲力を盡す事十五箇年に及

ぶ昭和元年日本基督教青年會同盟總務部長に轉じて歸朝專ら對外報情及國際協和事業に貢献す大同元年滿洲國建設後其招聘に應じ國務院總務廳事務官にして情報處總務科長たりしが康德元年七月同理事官に榮進し今日に至る家族は尙長女朝子（大一一、四生）あり（新京市六馬路國務院總務廳情報處內電四五〇九）

松島鑑　簡任二等、實業部理事官、農務司長、國道會議議員　長野縣在籍

父　庄太郎　嘉永六、一生、現戶主

妻　スミヱ　明二七、三生、北海道、橋本左五郞二女

君は長野縣人松島庄太郞の四男同鑒の弟にして明治十九年七月を以て生る夙に東北帝國大學農科大學卒業滿鐵農務課長關東軍特務部囑託を經て滿洲國成立後其招聘に應じ實業部理事官に任じ農務司長兼林務司長に補せらる康德元年五月兼職を免ぜられ現に前記の官職に在り逆產處理委員會幹事國道會議々員官衙建築計畫委員會委員被仰付家族は尙二女巴滿子（大一五、一生）あり（新京市北安路八一二電三六八二）參照＝橋本左五郞、松島鑒の項

松田芳輔　薦任二等、北滿特別區公署警務處長　山形縣在籍

君は山形縣人にして明治二十三年を以て生る同四十五年盛岡高等農林學校を卒業し京都府技手に任じ文官高等試驗行政科に合格す爾來警視廳警部同官房文書課長同警視關東廳事務官高等警察課長等に任補し大同元年滿洲國成立と共に其招聘に應じ北滿特別區公署理事官に任ず康德元年七月同公署警察處長に轉じ現在に至る（哈爾濱市北滿特別區公署警察務處內）

松田令輔　【正六位】簡任二等、國務院總務廳主計處長、國道會議議員　山口縣在籍

母　モト　萬延元、二生、山口星出久之助長女

妻　ハル子　明四〇、二生、廣島海塚辰次郞長女

君は山口縣人松田喜一の七男にして明治三十三年四月二十二日を以て生る大正十二年東京帝國大學法學部英法科を卒業し爾後大藏屬に任じ廣島橫濱京橋各稅務署長を經て昭和七年三月釀造試驗所事務官兼大藏事務官に轉じ滿洲國建國後其招聘に應じ同年七月退官す現時國務院總務廳主計處長にして逆產處理積欠善後滿洲中央銀行繼承資產審定各委員會幹事國道會議々員等被仰付家族は尙長女禮子（昭三、九生）二女邦子（同八、一一生）兄治兵衞（明一四、一〇生、現戶主）同妻ミツ（同一九、五生、山口、山本市之助二女）及其一男三女あり姉ツネ（同三〇、九生）は山口縣人東隆治に嫁せり（新京市新發屯聚合住宅電三六〇二）

松原梅太郞　簡任二等、營口稅關長、石川縣在籍

君は石川縣人にして明治十七年を以て生る同四十四年東京帝國大學法科大學英法學科を卒業し海軍中主計に任ず後豫備役に編入と共に支那海關に轉じ天津海關員となる爾來溫州大連上海青島各海關に勤務し大同元年滿洲國建設と共に聘せられて營口稅關長に任じ今日に至れり（營口稅關內）

丸 才 司 簡任二等、北滿特別區高等檢察廳檢察官 千葉縣在籍

君は千葉縣人にして明治二十九年を以て生る大正十年東京帝國大學法學部を卒業し檢事に任じ東京區東京地方各裁判所檢事に補せらる大同三年滿洲國司法部の招聘に依り渡滿現職に就任今日に至れり（哈爾濱市北滿特別區高等檢察廳內）

丸 山 久 軍政部囑託 山梨縣在籍

君は山梨縣人にして明治二十一年を以て生る夙に海軍機關學校を卒業し機關少尉に任じ同中佐に陞る滿洲國成立後其招聘に依り軍政部囑託となり今日に至れり（新京市新發屯）

萬 咸 章 元洮昂鐵路管理局長 湖北省人

君は又文川と稱し湖北省黃岡縣人にして千八百九十五年（光緒二十一年）を以て生れ夙に保定陸軍軍官學校及北京航空學校を卒業す北京航空學校教官を經て東三省航空處飛虎隊上校隊長に任じ其後東北航空學校教育長兼教官東北航空處總辦代理東三省保定總司令部航空處長等に歷任し轉じて洮昂鐵路工程局副局長に任ぜられ千九百三十二年滿洲國成立するや洮昂鐵路管理局長に任じ洮索鐵路齊克鐵路各局長を兼任したる事あり尙氏名と字の原音は Wan Hsien-chang 及 Wen-chuan なり

萬 文 滙 薦任四等、吉林省公署事務官、警務廳外事科長、奉天省人

君は又宗海と稱し奉天省興京縣人にして千九百三年（光緒二十九年）を以て生る夙に日本に留學し千九百二十九年東京工業大學を卒業す歸國後天津河北省立工業大學教授たりしが後轉じて奉天紡紗廠技師營口紡紗廠工廠長等を經て哈爾濱電業局電鐵科長たりしが千九百三十二年滿洲國成立後吉林省公署事務官に任じ同署警務廳外事科長として現在に至る（吉林市）

萬澤正敏 薦任四等、交通部理事官、路政司庶務科長、滋賀縣在籍

君は滋賀縣人にして明治三十四年を以て生る大正十四年上海同文書院を卒業し南滿洲鐵道會社に入社し鐵道部旅客課關東軍囑託瀋海鐵路局顧問等を歷任して大同元年滿洲國成立と共に其招聘に應じ交通部事務官に任じ路政司庶務科長に補し尋で康德元年七月交通部理事官に進み今日に至る（新京市錦町三ノ三電三六九五）

ミ之部

三浦四郎助　薦任六等、興安總署技正、勸業處勤務　青森縣在籍

君は青森縣人にして明治二十六年を以て生る同四十五年青森縣立畜産學校を卒業し南滿洲鐵道農事試驗場に入る大同二年滿洲國政府の招聘に應じ興安總署勸業處技正に就任し今日に至れり（公主嶺菊地町）

三浦靖　【從七位】薦任四等、龍江稅務監督署副署長、宮城縣在籍

君は宮城縣人にして明治二十八年を以て生る大正七年小樽高等商業學校を卒業し直に三井物産會社に入り室蘭製鋼所勤務となる後同社を辭し官途に奉じ大正十一年關東廳屬に任じ累進して昭和五年關東廳理事官大連民政署財務課長たり昭和七年依願免本官となり同時に滿洲國に聘せられ奉天稅務監督署副署長に擧げられ更に龍江稅務監督署副署長に轉じ今日に至る（龍江稅務監督署內）

三浦碌郎　【從四位勳三等】簡任一等、吉林省公署理事官、總務廳長　東京府士族

母　こあや　元治元、八生、野尻正彦三女

妻　美好　明二五、二生、千葉野尻文夫姉

君は京都府士族三浦覺の長男にして明治十五年九月二十三日を以て生れ大正十年家督を相續す先是明治四十一年東京帝國大學法科大學法律科を卒業し文官高等試驗に合格す爾來東京永代橋深川扇橋四谷警察署長を經て大正六年熊本縣宇土郡長に任ず同八年臺灣總督府警視同十三年高雄州知事同十五年臺中州知事昭和二年臺北州知事に任じ同五年關東廳內務局長に轉じ南滿洲鐵道會社監理官普通試驗委員長官有財産調査委員租稅制度調査委員等を命ぜらる昭和七年退官し大同元年八月滿洲國政府の招聘に應じ吉林省公署理事官に任じ總務廳長の要職に補せらる尙逆産處理委員會幹事被仰付（吉林省城新開門裡紙房胡同第四號）

三城晃雄　薦任三等、稅關理事官、圖們稅關稅務科長兼總務科長　熊本縣在籍

君は熊本縣人にして明治三十五年を以て生る大正十四年東京帝國大學法學部政治學科を卒業し支那海關に入る大同元年滿洲國成立するや聘せられて稅關事務官に任じ圖們稅關稅務科長兼總務科長に補せられ康德元年七月稅關理事官に昇任す（圖們琿春稅關官舍內）

三谷清　【從五位勳四等】簡任二等、憲兵中佐、奉天省公署理事官、警務廳長、東京府在籍

父　仲之助　安政三、一二生、現戸主

母　富士子　明元、一生

妻　靜子　明二八、三生、杉坂鑽吉妹、三輪田高女出身

男　勝正　大二、一生、滿洲國陸軍步兵少尉

君は東京府人三谷仲之助の長男にして明治二十年十月二十九日を以て生る同四十二年陸軍士官學校を卒業し步兵少尉に任じ昭和七年憲兵中佐に累進す其間高崎步兵第十五聯隊附陸軍戸山學校

體操劍術學生福知山步兵第二十聯隊附を經て大正九年憲兵傳習所を卒業し步兵大尉より憲兵大尉に任ぜらる爾來姫路東京赤坂横濱名古屋各憲兵分隊長に歷補昭和二年奉天憲兵分隊長に轉じ同六年より現地に於て戰時に勤務し奉天省政府顧問を兼ぬ同七年四月依願豫備役仰付けられ同月滿洲國の招聘に應じ前記の官職に任じ現在に至る家族は尙二男矩正（大四、五年、東京、玉川中學在學）四男國治（同一〇、九生、奉天中學在學）五男忠雄（昭三、九生）あり（奉天市商埠地九徑路十六號電**四八九〇**「留守宅」東京市澁谷區原宿二ノ一七〇）

三宅福馬

【正五位勳四等】前滿洲國法制局長（簡任一等）高知縣在籍

妻 壽 明二二、八生、高知宮地茂平二女、東京府立第三高女出身

男 精造 大三、一一生

君は高知縣人三宅佐太郎の三男にして明治十六年六月を以て生れ同四十二年家督を相續す同三十五年東京郵便電信學校を卒業し通信事務官補遞信管理局事務官電氣局監理課長及業務課長通信局電信課長遞信官吏練習所教官臨時電信電話建設局書記官兼遞信書記官等に歷任し昭和四年臺灣總督府交通局參事に轉じ次いで同局理事交通局遞信部長兼監理課長事務取扱たりしも後退官し大同元年滿洲國建設後同國政府の招聘に應じ法制局長の要職に擧げられ積缺善後委員會鴉片專賣籌備委員會逆產處理委員會各委員臨時訂立條約準備委員會幹事たりしが康德元年退職す曩に朝鮮臺灣及支那に出張並に電氣事業研究のため瑞西米國に留學す著書に「電氣事業經濟論」「電氣事業の經濟」「事務管理法論」等あり家族は尙弟淸水（明三〇、一生、農學士）同妻フサ（同四〇、一〇生、吉留正之助長女）あり長女富美子（同四三、四生）は醫師山田博之に嫁し二男精二（同四〇、一生）は大倉家に養子となれり（日本東京市蒲田區女塚町一三八）

美濃部洋次

薦任三等、實業部理事官兼商標局事務官總務司勤務 兵庫縣在籍

君は兵庫縣人にして明治三十三年を以て生る大正十五年東京帝國大學法學部英法科を卒業し特許局屬官同事務官商工省事務官貿易局勤務を經て大同二年滿洲國の招聘に應じ商標局理事官審査課長兼實業部事務官庶務課長となり康德元年七月實業部理事官兼商標局事務官に任じ現に前記の職に在り（新京市馬濠門外實業部商標局電**四五六九・四五七〇**）

水原義雄

薦任七等、哈爾濱航政局事務官 香川縣在籍

君は香川縣人にして明治三十七年を以て生る昭和二年早稻田大學商學部を卒業後南滿洲鐵道會社に奉職し奉天驛助役たりしが大同元年滿洲國成立後其招聘に應じ監察院監察官に任じ次いで航政局事務官となり哈爾濱航政局勤務を命ぜられ今日に至る（哈爾濱航政局內）

皆川豐治

簡任二等、國務院總務廳理事官、人事處長兼恩賞處長 山形縣在籍

妻 みさを 明二九、八生、福井高松龍吉妹

男 廣居 大一五、九生

君は山形縣人皆川茂右衞門の四男にして明治二十八年四月二十五日を以て生

る大正九年東京帝國大學法科大學獨法科を卒業し同年南滿洲鐵道會社に入社し東亞經濟調査局に勤務す同十年退社翌年司法官試補となり同十二年檢事に任ず爾後東京仙臺若松盛岡秋田仙臺各地方裁判所勤務を命ぜられ昭和三年以降特に思想檢察に力を盡せり大同元年五月滿洲國建設に當り其招聘に應じ退官滿洲國最高檢察廳檢察官となり後國務院總務廳理事官に任じ當初祕書處長を勤め次で人事處長に轉じ康德元年三月恩賞處新設に當り同處長を兼ぬ又官衙建築計畫委員會臨時訂立條約準備各幹事被仰付家族は尙長女千里（大一二、九生）二女智子（昭四、三生）二男莞爾（同六、一一生）兄建藏（明二五、七生、現戶主）同妻みつ（同二七、一〇生、山形、勝木堅定二女）及其子女養兄忠藏（同一七、一〇生、山形、齋藤彥右衛門三男）同妻しえの（同二六、一一生、山形、渡部彌助妹）及其一子弟富之丞（同三五、九生）同妻とし（同四五、一生、兵庫足立武樹長女）あり姪公（大四、六生、兄建藏長女）は山形縣人水口九郎右衛門に嫁せり（新京市羽衣町四ノ二ノ二電三五五五）

宮村榮仁郎 簡任二等、圖們稅關長、石川縣在籍

君は石川縣人にして明治十四年を以て生る同三十八年上海東亞同文書院を卒業し營口鈔關員大連上海汕頭青島天津各海關員を經て大同元年滿洲國建設と共に聘せられて圖們稅關長に就任し今日に至る（圖們稅關官舍）

ム之部

向井俊郞　薦任二等、法制局理事官、統計處長兼總務科長　福岡縣士族

君は福岡縣士族向井哲吉の長男にして大正十一年東京帝國大學法科大學英法科を卒業し日本勸業銀行員東亞經濟調査局員を經て南滿洲鐵道會社に入り調査課勤務たりしが大同元年滿洲國成立後同國の招聘に應じ法制局統計處事務官に任じ統計處長兼總務科長に補せられ尋で康德元年七月同理事官に進む現時前記の職に在り（新京市崇智路三〇二電三五九七）

村上米太郞　勳五位、吉林省公署總務廳勤務　愛媛縣在籍

妻　靜代　愛媛、木村義仁五女

君は愛媛縣越智郡渦浦村の出身にして明治二十年十二月三日を以て生る同四十一年歩兵第二十二聯隊へ入營し大正元年滿洲に派遣され同七年露領派遣軍に從ふ同九年戰功により勳七等旭日章を受け翌年歩兵特務曹長に進み同十四年豫備役に編入さる昭和二年九月關東廳に奉職內務局地方課に勤務し同七年屬官となりしが大同元年十月吉林省公署屬官總務廳勤務に轉じて職を滿洲國に奉ず同二年四月吉林省公署民政部哈爾濱駐在員となり縣參事官代理を務めつゝありしが康德元年八月三十一日午前一時北鐵南部線五家子双城堡兩驛間に於て日本人七名外國人二名の乘客と列車襲擊の匪賊に人質として拉致されたり同九月二日松花江上三隻の戎克に監禁中日滿兩國の救援隊に遭遇して其の「日本人が居らぬか」の呼聲に對し銃殺の運命を顧みず所在を絕叫して一行を救ひ自ら兇彈に貫かれて重傷を負ふその犧牲的精神英雄的行爲は誠に一世の模範にして各方面の表彰其數を知らざる狀態なり滿洲國政府は勳五位景雲章を賜ひ之を發揚するところあり外國人にて同國勳位を授與せられし最初なり家族は尙一男二女あり（哈爾濱市）

村角克衞　薦任一等、民政部土地局總務處長　栃木縣在籍

君は栃木縣人にして明治二十七年を以て生る夙に東京帝國大學法學部政治學科を卒業し南滿洲鐵道會社に入り經理部に勤務す次で關東軍統治部囑託となり大同元年滿洲國の招聘に應じ國務院總務廳主計處事務官に任じ康德元年七月民政部土地局總務處長に轉ず（新京市浪速町二ノ二電三五七〇）

メ之部

明　善

薦任七等、興安警察局警正、札賚諾爾警察署長　興安北分省人

君は興安北分省陳巴爾虎旗人にして千八百九十三年（光緒十九年）を以て生る千九百十一年呼倫貝爾蒙旗學校を卒業す夙に官界に志すところあり千九百三十二年滿洲國成立するや興安北分省總務廳會計科需用股長となり大同二年轉じて滿洲里警察署長に任ぜられしが次で興安警察局警正に任じ興安北分省札賚諾爾警察署長となり以て今日に至る（興安北分省札賚諾爾）

米良重穗

薦任八等、大連稅關鑑査官　熊本縣在籍

君は熊本縣人にして明治十九年を以て生れ明治四十年早稻田大學を中途に退學して支那に渡り稅關事務に從ふ曾て青島海關員を經て上海廣東大連各海關に勤務したり大同元年大連稅關鑑査官に榮進し以て今日に至る（大連市大連稅關電長二二五〇六）

毛之部

母賽堯　時計理髮具醫療器商 中孚洋行支配人 河北省人

君は河北省樂亭縣人にして千九百一年（光緒二十七年）を以て生る夙に實業界に入りて商務に從事す千九百二十七年開設にして溫繼先溫子孚を出資者とする時計理髮器具醫療器具販賣中孚洋行支配人たり小壯活動家にして賣上年額約十萬元に及び大阪東京方面より仕入れ專ら奉天地場販賣とす（奉天市中街廣生堂胡同中孚洋行內）

毛遇風　薦任一等、國立賽馬場長、奉天省人

君は又瑞階と稱し奉天省遼中縣人にして千八百八十五年（光緒十一年）を以て生れ夙に日本に留學して陸軍士官學校を卒業す早くより軍警界に入り千九百十八年晉編奉軍第一師參謀長に累進し後千九百二十四年吉林軍械廠長に任じ第二奉直戰當時鎭威第四軍參謀長たりしが千九百三十二年滿洲國成立後吉林省警備副司令となり同省公署參議を兼ねしが其後國立賽馬場長に任じ以て今日に至る尙氏名と字の原音は Mao Yu-feng 及 Jui-chieh なり（吉林市）

毛五雲　工業藥品雜紗類雜貨商、久康貿易公司出資者兼支配人 江蘇省人

君は江蘇省上海人にして千八百九十年（光緒十六年）を以て生る夙に實業界に志して貿易業に從事し滿洲に於て身を立つ小壯よく硫化染料工業藥品雜紗類五金雜貨輸入商久康貿易公司の出資兼支配人として活躍す千九百二十年の開設にて專ら奉天地場賣をなし賣上年額約十八萬元を算すと云ふ（奉天市南市場久康貿易公司內電長三七八六）

毛里英於菟　【從六位】薦任二等、國務院總務廳理事官主計處特別會計科長兼祕書處經理科長 福岡縣在籍

父　保太郎　元治元、二生、現戶主

母　ミツキ　明二、三生、山口、士、三吉周亮長女

妻　喜美子　明四〇、三生、東京 大豐邦治長女

男　公一　大一五、六生

君は福岡縣人毛里保太郎の二男にして明治三十五年二月十六日を以て生る大正十四年東京帝國大學法學部政治學科を卒業し同年高等試驗行政科に合格す同十五年專賣局書記兼大藏屬となり昭和二年司稅官に任じ大牟田稅務署長同四年熊本稅務署長同七年下京稅務署長等に歷補す昭和八年退官し滿洲國政府に聘せられ國務院總務廳事務官に任じ主計處特別會計科長兼祕書處經理課長に補せられ尋で康德元年七月同理事官に進む現時前記の要職に在り家族は尙長女玲子（昭三、七生）二女岳子（同五、九生）二男瑰（同八、一生）及兄凱兒（明二八、五生）同妻直子（同三七、七生、東京、長谷川喬二女）共二男一女あり姉アヤコ（同三二、一一生）は東京府人堀尾豐熊に叔母モヨ（同一二、四生）は福岡縣人加來養禎長男友益に嫁し大叔父格藏（天保一三、一一生）は分家せり（新京市國務院總務廳主計處內電四五三一）

孟昭田　元熱河騎兵訓練監 山東省人

君は又蔭青と稱し山東省汶上縣人にして千八百八十年（光緒六年）を以て生れ夙に奉天講武學堂を卒業す早くより奉天軍に入り累進して千九百二十五年第一師第三十八旅長となり千九百二十七年熱河騎兵第一師長に任じ後東北陸軍熱河駐軍訓練總監部副監を經て熱河騎兵訓練監に昇任したる事あり尙氏名と字の原音は Meng Chao-tien 及 Yin-ching なり

望月秀二 薦任四等、實業部技佐、農務司漁牧科勤務、滋賀縣在籍

君は滋賀縣人にして明治二十二年を以て生る同四十四年東北帝國大學農科大學水產學科を卒業し北海道方面竝に支那沿岸各地水產研究及實地漁業に從事す大同元年滿洲國成立後實業部に聘せられ技正に任じ農務司漁牧科勤務を命ぜられ次で康德元年七月實業部技佐に轉じ以て今日に至る（新京市新發屯）

森　豐 薦任三等、交通部理事官、路政司第二科長、香川縣在籍

君は香川縣人にして明治三十一年を以て生る夙に日露協會學校を卒業し南滿洲鐵道會社に入り四平街驛助役を經て鐵道部貨物課勤務たりしが大同元年滿洲國成立後其招聘に應じ交通部事務官に任じ路政司第二科長に補せられ康德元年七月同理事官に榮進し今日に至る（新京市錦町三ノ三電三六二九）

森田鋼治 薦任六等、監察院審計官、香川縣在籍

君は香川縣人にして明治三十四年を以て生る大正十四年日本大學法文學部法律學科を卒業し官途に就き會計檢査院に奉職し副檢査官たりしが大同元年滿洲國成立するに及び招聘に應じ監察院審計官に任ぜられ現在に至る（新京市監察院審計部內電四二五九）

ヤ之部

矢田七太郎【從三位勳二等】特任參議府參議　東京府在籍

妻　鈴江　明二八、七生、東京志賀重昂長女、學習院女學部出身
男　申　大一二、一一生
女　榛江　大二、六生、自由學園出身
女　伊豆江　大三、六生、女子學習院高等科出身

君は靜岡縣人矢田周作の弟にして明治十二年十二月四日を以て生れ同四十年分れて一家を創立す同三十九年東京帝國大學法科大學政治學科を卒業し外交官及び領事官試驗に合格す同四十年領事官補となり廣東在勤を命ぜらる爾來外交官補大使館三等書記官領事大使館二等書記官總領事等に歷任支英米各國の漢口天津奉天桑港ロンドン上海各地に在勤し次で特命全權公使に任ぜられ瑞西國に駐劄せしも昭和九年依願本官を免ぜられ滿洲國の招聘に應じ現に同國參議府參議たり（新京市六馬路參議府內電長四〇二三）

山崎一雄　薦任七等、司法部事務官、總務司會計科長、德島縣在籍

君は德島縣人にして明治三十二年を以て生る大正十二年早稻田大學商學部を卒業し直に渡滿して南滿洲鐵道會社に入社し經理部勤務撫順炭礦勤務たりし事あり大同元年滿洲國建設と共に司法部事務官に任じ總務司會計科長に就任今日に至る（新京市入船町二ノ三電三五九五）

山田一隆　薦任三等、中央警察學校主事　福井縣在籍

君は福井縣人にして明治十四年を以て生る夙に福井縣小濱中學校を卒業し憲兵中尉北海道廳警部より警視廳警視に進み後朝鮮總督府警察講習所教授に轉じ歐米出張を命ぜらる歸朝後同講習所長に榮進退官し浙江省政府に傭聘せられしが大同元年滿洲國建設後其招きに依り中央警察學校主事に就任今日に至れり（新京市錦町三ノ七電三五五四）

山田弘之　薦任三等、國務院總務廳理事官、祕書處文書科長　愛知縣在籍

君は愛知縣人にして明治三十二年を以て生る大正十一年上海東亞同文書院を卒業し同十四年南滿洲鐵道會社に入社昭和六年事變と同時に奉天省政府諮議に招かる尋いで大同元年滿洲國建設を見るや法制局參事官司法部文書科長に擧げられ大同三年國務院總務廳事務官に任じ祕書處文書科長を命ぜられ康德元年七月同理事官に轉じ現時前記の職に在り（新京市六車路國務院總務廳祕書處文書科內電四〇三〇）

山田彌平　薦任四等、監察院監察官、監察部勤務　東京府在籍

君は東京府人にして明治十九年を以て生る夙に日本大學法科を卒業し官界に志し警視に任ぜられ後臺灣總督府高等警察課長新竹州苗栗郡守等に歷任して南方植民地方行政に盡すところありしが滿洲國建設後聘せられて監察院監察官に任ぜられ今日に至る（新京市西北門外監察院監察部內電四一二六）

山中岩次郎

【從七位】薦任六等、財政部事務官、理財司特殊金融科兼理財科兼稅務司關稅科勤務、茨城縣在籍

妻　濱野　明三六、二生、鳥取岡崎慶造長女
男　春樹　大一〇、三生

君は茨城縣人山中元二郎の二男にして明治二十三年十二月二十一日を以て生る夙に茨城縣立下妻中學校を卒へ大正元年八月朝鮮總督府に入り後關東廳に轉じ理事官に陞る昭和六年十月關東軍司令部臨時囑託を命ぜられ金融財政方面を擔任す同七年二月滿洲國政府の組織せらるるや入りて之に參畫し財政部の組成に努め關稅制度の確立に功あり昭和七年五月滿洲國の招聘に應じ關東廳理事官を辭し滿洲國財政部事務官に被任稅務司關稅科長代理を被命同八年四月理財司特殊金融科兼理財司理財科兼稅務司關稅科勤務を命ぜられ現在に至る理財の道に造詣深く曩には關東洲特惠關稅法滿洲國保險業法滿洲國金融組合法等を起草し關東軍司令部臨時囑託當時「滿蒙開發經濟政策要綱同說明書」なる論策を執筆提案し主腦部の採擇する所となり又その著「滿洲に於ける保險事業の現勢」はその名斯界に最も知らる其の他雜誌「エコノミスト」に時々經濟に關する論策を寄せたることありしが近時文筆に遠ざかる家族は尙二男雄凰（大一四、九生）あり（新京市街北安路九〇三）

山梨武夫

薦任三等、財政部理事官、總務司會計科長兼稅務司勤務
靜岡縣在籍

君は靜岡縣人にして明治三十五年を以て生る大正十五年東北帝國大學法文學部を卒業し專賣局書記兼大藏屬銀行檢査官補司稅官等に歷任し大同元年滿洲國成立後其招聘に依り渡滿財政部事務官總務司會計科長に就任康德元年七月前記官職に轉じ今日に至れり（新京市中通央三六電三六八三）

山根正直

薦任八等、奉天省公署技正、實業廳鑛務科長、山口縣士族

妻　琴　明八年生
男　正次　昭二年生

君は山口縣士族にして明治三十年七月二十六日を以て生る大正十年十月東亞同文書院鑛業科を卒業直に南滿洲鐵道會社に入り社長室監査課勤務となり同十四年哈爾濱事務所勤務に轉じ昭和四年再び本社詰めとなり興業部庶務課鑛務係を勤めたりしが同七年退社後滿洲國の招聘に應じて大同元年奉天省公署實業廳鑛敎科長に就任し今日に至る家族は尙長女松江（大一三年生）二女直子（昭四年生）三女安子（同六年生）四女壽惠子（同八年生）あり（奉天市浪速通三四電四七九五）

山本紀綱

薦任七等、吉林省公署事務官、總務廳調査科長、北海道在籍

母　キン　明二年生
妻　富美子　明三九年生

君は北海道人にして明治三十七年十一月十二日を以て生る大正十五年上海東亞同文書院を卒業し南滿洲鐵道會社に奉職し撫順炭礦に執務其後本社人事課に轉勤昭和六年滿洲事變に依り關東軍司令部に派遣せられ奉天自治指導部調査課に勤務す同元年滿洲國の建國成るや聘せられて吉林省公署事務官に任じ總務廳調査科長に補せられ今日に至る（吉林城內二道碼頭二一號電二〇七二）

山本茂　薦任三等、權度局理事官、總務科長　岐阜縣在籍

君は岐阜縣人にして明治三十三年を以て生る大正十四年東京帝國大學法學部獨法科を卒業し高等試驗行政科に合格す爾來商工省屬特許局事務官商工省事務官等に歷任し大同二年滿洲國政府の招聘に依り實業部に入り權度局事務官總務科長に就任し尋いで康德元年七月權度局理事官に轉じ今日に至る（新京市馬濠門外實業部權度局內電四五七二）

山本力　薦任六等、文教部事務官、學務司總務科長、鹿兒島縣在籍

君は鹿兒島縣人にして明治二十九年を以て生る大正十三年廣島高等師範學校文科三部を卒業し昭和六年關東廳視學に任ぜられ地方課學務係主任に補せらる大同元年滿洲國建設と共に招かれて文教部事務官學務司總務科長に就任今日に至る（新京市大經路市營住宅三號電四三七八）

大和新一郎　薦任七等、交通部事務官、郵務司貯金科長、東京府在籍

君は東京府人にして明治二十四年を以て生る夙に中央大學專門部に學び遞信省に入り小樽貯金支局勤務を經て大阪貯金局庶務課長に昇進し大同元年滿洲國成立するに及び其招聘に應じ交通部事務官に任じ現に郵務司貯金科長たり（交通部郵務司貯金科內電長四二五二）

ユ之部

由獻廷 協茂盛經營 山東省人

君は山東省福山縣人にして千八百七十七年八月二十日（光緒三年）を以て生る八歳にして本村小學校に修學し實業界に志して千八百九十二年芝罘に出で同地の協茂棧に入店し商務に從事するところあり千九百四年大連に到り支店協茂盛を設立し經營その任に當り業績を揚げ信用厚く以て今日に至る（大連市浪速町五〇協茂盛電四六三二）

兪紹武 哈爾濱稅關長 河北省人

君は河北省大興縣人にして千八百八十八年（光緒十四年）を以て生る千九百九年東省鐵路俄文學堂を卒業す夙に哈爾濱海關に入り滿洲里分關主任を經て綏芬河分關主任となり更に賓江海關在勤たりし事あり大同元年哈爾濱稅關長に轉ず尚氏名の原音は Yu Shao-wu なり（哈爾濱市南崗街）

尤文藻 商埠局財務科長 浙江省人

君は又潔丞と稱し浙江省吳興縣人にして千八百八十六年（光緒十二年）を以て生る千九百八年上海約翰大學を卒業す早くより外交官を志し法學碩士たり曾て北京外交部科員直魯巡閱使總司令部顧問となるワシントン會議に當りては中華民國代表に參加し後スペイン代理公使を勤務したる事あり千九百三十二年滿洲國成立後奉天市政公署祕書處に勤務し後商埠局財務科長に任じ今日に至る（奉天市商埠南市場耕研里）

熊希堯 薦任五等、吉林省公署理事官、民政廳總務科長、吉林省人

君は吉林省永吉縣人にして千八百八十三年（光緒九年）を以て生る千九百九年湖南中路師範優級選科を卒業す官界に志して千九百十三年湖南省行政公署教育司科長を經て千九百十七年吉林省教育廳視學に轉じ次で同省政務處第一科長より千九百三十一年吉林省和龍縣長に進みたる事あり千九百三十二年滿洲國成立するや吉林省公署事務官に任ぜられ民政廳總務科長となり康德元年七月同署理事官に昇任し以て今日に至る（吉林省城內江沿街）

熊璋 薦任七等、國務院總務廳事務官、需用處用度科勤務 杭州駐防滿洲旗人

君は又爾佳と稱し杭州駐防滿洲旗人にして千八百八十六年（光緒十二年）を以て生る千九百十年浙江高等學校を卒業す滿洲に到り曾て黑龍江愛琿稅捐分局長に進み次で遼源商埠局技士瀋陽縣公署第二科長等に歷任し千九百三十一年江蘇江儀煙酒公賣費稽征分局長に轉任す千九百三十二年滿洲國成立するや再び滿洲に來りて國務院總務廳事務官に任ぜられ需用處用度科勤務となり以て今日に至る（新京市日出町）

ヨ之部

沃勒巴圖魯

薦任七等、興安警察局警正、札蘭屯興安警察局特務科長　黑龍江省人

君は黑龍江省齊々哈爾人にして千八百九十八年（光緒二十四年）を以て生る千九百二十二年北京高等師範學校を卒業す初め教育界に入り曾て黑龍江蒙旗師範學校教務主任たりし事あり千九百三十二年滿洲國成立するや興安東分省公署警務科衛生股長たりしが其後興安警察局警正に任じ札蘭屯警察局特務科長として今日に至る（黑龍江省齊々哈爾市）

葉堯公

薦任二等、外交部理事官、總務司祕書科長、山東省人

君は山東省宛平縣人にして千八百九十九年（光緒二十五年）を以て生る千九百十九年北京大學文科を卒業す曾て黑龍江督軍公署員となりて一時鐵路公所に入り後青島特別市牲畜檢査處長を經て同市屠宰徵稅處長營業稅徵收處長等に歷任したる事あり千九百三十二年滿洲國成立後外交部祕書官に任じ現に同部總務司祕書科長たり康德元年七月同部理事官に昇任す（新京市大平街一八號電**四五二六**）

葉參

薦任五等、國務院總務廳事務官　安徽省人

君は安徽省桐城縣人にして千九百二年（光緒二十八年）を以て生る千九百二十二年財政部內國公債局員となり次で稅務處員監務署員等を經て後啓新洋灰公司文書科副主任に轉じたりしが千九百三十二年滿洲國成立するや國務院總務廳事務官に任ぜられ祕書處勤務たり（新京市西三道街）

楊怡銓

薦任五等、民政部理事官、衛生司保健科長、奉天省人

君は又横浦と稱し奉天省瀋陽縣人にして千八百八十九年（光緒十五年）を以て生る早くより官界に入り吉黑兩省の官吏を經て財政部印刷局營業課長東三省兵工廠材料處主任等に歷任したる事あり千九百三十二年滿洲國成立後民政部事務官に任じ後理事官に進み現に同部衛生司保健科長たり（新京市西五馬路南胡同門牌一一〇號電**二五九一**）

楊宇齊

奉天省鐵嶺縣長　奉天省人

君は又鳳閣と稱し奉天省法庫縣人にして千八百九十年（光緒十六年）を以て生る千九百十二年奉天高等中學を卒業す官界に志し曾て黑龍江省公署參議たりし事あり千九百三十一年滿洲事變後新國家成るや擧げられて奉天省鐵嶺縣長に任ぜらる（奉天省鐵嶺縣）

楊華

薦任四等、實業部技佐、工商司權度局長　河北省人

君は河北省天津縣人にして千八百八十四年（光緒十年）を以て生る夙に日本に留學し大阪高等工業學校を卒業す歸國後河北省工商廳第一科長兼第二科長たりし事あり千九百三十二年滿洲國成立後實業部事務官に任じ同部工商司權度科長たりしが後同部技正に進み康德元年七月權度局技佐に昇任し以て今日に至る（新京市西三道街大興銀號內電**三六五四**）

楊　階平　厚記糧棧出資者兼支配人、河北省人

君は河北省昌黎縣人にして千八百六十七年（清同治六年）を以て生る夙に商業に志して實務に從事すること多年滿洲特產物取扱に經驗深く現時善繼堂餘豐堂と共同出資を以て厚記糧棧を經營し自ら支配人として活躍し賣上年額約九十五萬元を算す同店は千九百十六年の開設にして販路を南滿各地に有し市中有力銀行と取引あり洮南の厚記糧棧昌圖の厚記福は共に支店なり（奉天市小西關大什字街北頭路北厚記糧棧內）

楊　遇春　滿洲採金(株)監事　奉天省人

君は又佩岩と稱し奉天省人にして千八百七十七年（光緒三年）を以て生れ夙に吉林軍官團を卒業す早くより軍界に入りて吉林軍騎兵團長黑龍江軍騎兵團長を經て步兵第二十旅長第十六師第十四旅長等に歷任したりしが千九百三十二年滿洲國成立に及び吉林省公署參議に任ぜられたり後滿洲採金會社創立に當り入りて監事となる尙氏名と字の原音は Yang Yu-chun 及 Pei-yen なり（吉林市）

楊　國東　元熱河道尹兼清鄉總辦、熱河省人

君は又子壬と稱し熱河省建平縣人にして千八百六十九年（清同治八年）を以て生れ早くより官界に入り曾て雙山通化縣知事熱河朝陽縣知事等に任じ其後熱河全區墾務總局總辦熱河菸酒事務總局長等に轉任し千九百二十七年熱河道尹兼清鄉督辦に任ぜられしが後辭任せり尙氏名と字の原音は Yang Kuo-tung 及 Tzu-jen なり

楊　子正　山貨及細皮商廣勝公出資兼支配人　河北省人

君は河北省昌黎縣人にして千八百七十年（清同治九年）を以て生る早くより實業界に入りて實務に從事し現時奉天にありて資產家厚生堂及永善堂と共に合資を以て山貨及細皮商廣勝公を經營し自ら支配人となる同店の開設は千九百十六年なるが賣上年額約百五十萬元を算し哈爾濱に廣勝隆朝陽鎭に廣勝店鄭家屯に廣勝合の各支店を設置して客筋としては市內の諸外商より天津上海大連大阪東京に及び業績隆昌なり（奉天市小西關大街路北廣勝公內）

楊　子和　燒鍋業馥泉泳支配人　山西省人

君は山西省祁縣人にして千八百八十六年（光緒十二年）を以て生る夙に實業界に入りて商業に從事し小壯よく燒鍋業馥泉泳支配人たり同店の出資者は山西省の名豐家にして祖父は前清政府財政司長に任じたる呂廷陽なり開設千九百七年賣上年額約一百五十萬元に及ぶと云ふ市中城東老龍口に分工廠を有し小南關大街に馥泉酒局營口に馥泉酒局の支店あり（奉天市大北關大街馥泉泳內）

楊　芷　薦任七等、熱河省公署事務官、民政廳土地科長、安徽省人

君は安徽省定遠縣人にして千八百九十五年（光緒二十一年）を以て生る夙に江寧法政學校を卒業す滿洲に到り官途につき熱河省平泉縣科長を經て熱河實業廳第二科長都統公署政務廳科長等に歷任し次で熱河省政府祕書たりしが大同二年同省公署事務官に任じ民政廳土地科長となり以て今日に至る（熱河省承德府）

楊守奎　錢舖會元公配人　河北省人

君は河北省臨楡縣人にして千八百九十七年（光緒二十三年）を以て生る實業界に志して金融業に從事し小壯を以てよく錢舖會元公の支配人となり貸出年額八十五萬元を算す出資者は孫會元堂にて千九百二十二年開設の新舖なるが新京市及哈爾濱市に支店を設置し客筋は市內粮棧油坊燒鍋及軍政界諸官衙方面なり（奉天市小西門裡大街路北會元公內）

楊守亭　熱河省陵源縣長　熱河省人

君は又仲達と稱し熱河省陵源縣人にして千八百九十年（光緒十六年）を以て生る夙に高級中學を卒業す曾て陵源保甲所長を經て陵源縣長代理となり次で建設局長教育局長維持會長等に歷任したる事あり大同二年熱河省陵源縣長に任ぜらる（熱河省陵源縣）

楊晉源　奉天省營口縣長　奉天省人

君は又君靑と稱し奉天省瀋陽縣人にして千八百八十七年（光緒十三年）を以て生る千九百十六年北京大學文科を卒業す官界に入り曾て奉天省公署祕書たりし事あり千九百三十二年滿洲國成立後擧げられて奉天省營口縣長に任ぜらる（奉天省營口縣）

楊乃時　齊々哈爾市長　奉天省人

君は奉天省遼中縣人にして千八百九十年（光緒十六年）を以て生る千九百十六年奉天法政專門學校を卒業す曾て奉天高等審判廳主任同書記官を經て鶴岡煤鑛公司公務課長となり次で呼海鐵路總務科長黑龍江省財政廳科長龍江稅務監督署科長等に歷任したる事あり千九百三十二年滿洲國成立後黑龍江省龍江縣長に任ぜられ後齊々哈爾市長となり大同二年渡日して六大都市を歷訪したる事あり（齊々哈爾市）

楊培　薦任六等、財政部理事官、稅務司經理科長、奉天省人

君は又植六と稱し奉天省海城縣人にして千八百九十八年（光緒二十三年）を以て生る千九百二十年國立瀋陽高等師範學校を卒業す曾て吉林省財政廳徵榷科員を經て財政廳第二科稅捐股長より吉林財政廳第二科長たりし事あり千九百三十二年滿洲國成立後財政部事務官に任じ同部稅務司經理科長となり康德元年七月同部理事官に昇任して今日に至る（新京市西四道街三一電四一一〇）

楊鳳翔　雜貨商益順合出資者兼支配人、河北省人

君は河北省樂亭縣人にして夙に實業界に志して商業に身を立て現時綏中縣に雜貨商益順合を經營す千九百二十九年開設の新舖なれ共大連安東營口奉天等專ら滿洲國內に仕入先を有し販路は大海熱境に至り興城關墻に亘る廣範圍にして賣上年額約十萬元同地方の著名なる店舖となりつゝあり（綏中縣東大街益順合內）

翟潤田　奉天省長白縣長　奉天省人

君は又雲奇と稱し奉天省梨樹縣人にして千八百九十七年（光緒二十三年）を以て生る夙に日本に留學し千九百二十二年北海道帝國大學を卒業す歸國後官界に入り千九百三十二年滿洲國成立後長白縣長に任じ以て今日に至る（奉天省長白縣）

橫瀬花兄七　薦任一等、實業部技正、農務司勤務　茨城縣在籍

君は茨城縣人にして明治二十五年を以て生る夙に北海道帝國大學農科大學を卒業し北海道廳技手に任じ後南滿洲鐵道會社に入社農政課勤務たりしが大同元年滿洲國に聘せられ實業部事務官に任じ農務司農務科長を命ぜられ次で康德元年七月實業部技正に轉じ農務司勤務となり以て今日に至る（新京市蓬萊町）

吉田正武　薦任七等、實業部事務官、總務司庶務科長、長崎縣在籍

君は長崎縣人にして夙に明治大學商學部を卒業し直に渡滿して大連機械製作所に就職し後轉じて大連福昌華工會社に勤務したりしが大同元年滿洲國成立するや其招聘に應じ現職に任ぜらる（新京市羽衣町電三五二八）

吉野淑計　簡任二等、吉林高等法院推事　京都府在籍

妻　みつ　明二九年生、京都府立第二高女出身

君は京都府人にして明治二十七年八月を以て生る大正八年京都帝國大學法學部を卒業し同十年判事に任じ大阪地方裁判所判事を命ぜらる後和歌山地方裁判所部長となり曩に新民事訴訟法中第六編の改正に就て調査研究を命ぜられたる事あり大同三年滿洲國政府の招聘に應じ司法部に入り吉林高等法院推事に任ぜられ今日に至る（吉林高等法院內）

吉村秀藏　薦任四等、吉林省公署駐延吉辦事處事務官、岡山縣在籍

君は岡山縣人にして明治二十五年五月二十三日を以て生る同四十三年兵庫縣巡査を拜命し大正四年警部補に同六年警部に累進す同十年臺灣總督府屬に轉じ警保局勤務となり同十二年朝鮮總督府道警部に翌年警視に任したりしが大同元年滿洲國建設後其招聘に應じ同二年四月吉林省公署駐延吉辦事處事務官に任じ現在に至る（吉林省公署駐延吉辦事處內）

ラ之部

羅　惠　薦任三等、國立種馬場長、洮南種馬場長　奉天省人

君は又秀川と稱し奉天省瀋陽縣人にして千八百九十四年（光緒二十年）を以て生れ夙に奉天法政專門學校政治經濟科を卒業す千九百二十七年河南省蘭封縣知事に任じ其後黑龍江省保安司令部中校副官同省會警察廳第一署長等を經て拜泉縣公安局長兼清鄉副局長に任じたりしが大同元年一時辭官せり大同二年六月軍政部馬政局成るに及び軍政部事務官より理事官に任じ馬政局勤務となる康德元年七月國立種馬場長に轉じ洮南種馬場長に補す（奉天省洮南縣洮南種馬場內）

羅　孝　然　薦任八等、哈爾濱市政公署技正、工務處勤務、奉天省人

君は奉天省瀋陽縣人にして千九百年（光緒二十六年）を以て生る千九百二十四年唐山交通大學土木科を卒業す曾て技術界に入り東海鐵路公司第四區主任を經て千九百三十一年濱江市政籌備處第二科長たりし事あり新國家成立後大同二年哈爾濱市政公署技正に任じ現時工務處勤務たり（哈爾濱市政公署工務處內）

羅　振　玉　勳一位、特任、監察院長、浙江省人

君は叔言と稱し浙江省上虞縣人にして千八百六十五年（清同治四年）を以て生れ清朝の遺臣として亦金石學の大家として知られ其蒐集に係る祕藏品誠に得難きもの多しと傳へらる曾て江楚編譯局主任を經て學部參事官京師大學堂農科監督南書房行走等に歷任したる事あり天津にありて宣統帝溥儀に使へ傍ら金石古文書の研究に從事すること多年千九百三十一年滿洲事變前既に滿洲に至り新國家建設の大業に盡力す滿洲國成立するに及び參議府參議臨時賑務處督辦に任ぜられしが大同二年故干沖漢の後を繼ぎ監察院長の顯職に轉じ今日に至る康德元年五月功績により勳一位に叙せられ景雲章を賜はる尙氏名と字の原音は Lo Chen-yu 及 Shu-yen なり（新京市大經路市營住宅五〇號電四五五六）

羅　振　邦　薦任三等、吉林省公署理事官、總務廳祕書處長、奉天省人

君は又靖寰と稱し奉天省海龍縣人にして千八百九十五年（光緒二十一年）を以て生れ夙に日本に留學して千九百二十三年東京高等師範學校文科を卒業す歸國後奉天省教育廳省視學を經て奉天市政公署教育課長奉天省教育諮議奉天市政公署衞生課長に歷任す後熱河都統署祕書熱河教育廳長代理等となり千九百二十六年奉天交涉署諮議政務處長に任じ千九百二十八年奉海鐵路公司總務處長より東三省交涉總署政務處長を經て千九百三十年吉長鐵路管理局祕書兼稽核課長に任じ此の間五等嘉禾章を受く千九百三十一年滿洲事變勃發後瀋海鐵路維持委員會總務處長として時局に當り新國家成立後吉林省公署祕書官に任じ後理事官に昇任して現に總務廳祕書處長たり尙氏名の原音は Lo Chen-pang なり（吉林市）

羅　清　齋　綿絲布商同順和出資者兼支配人

君は幼少より實業界に入りて商業に從事し特に綿絲布取引に精通するところ

あり同地方に於て斯業三十餘年の經驗を有し現に綿絲布商同順和の出資者兼支配人たり同店は他に福順興祥雲堂周介臣等合資經營に係り開設後七十年に達せんとし賣上年額五十三萬元を算す大阪上海方面に仕入先を有し販路は遠く四洮北滿兩路沿線各地に及ぶ取引銀行に中央銀行分行朝鮮銀行等あり（奉天城裡鼓樓南翰墨軒胡同路南同順祥內）

羅　潛

薦任六等、國務院總務廳祕書官、祕書處勤務、廣東省人

君は廣東省南海縣人にして千八百九十七年（光緒二十三年）を以て生る千九百十五年上海南洋大學を卒業す千九百二十年廣西陸軍第一師司令部軍法官を經て後千九百二十九年上海啓新洋灰公司海外推銷部主任たりし事あり千九百三十二年滿洲國成立するや國務院總務廳祕書官に任ぜられ祕書處勤務となり以て今日に至る（新京市西三道街）

羅　福　葆

簡任、尙書府祕書官兼禮官、浙江省人

君は又君羽と稱し浙江省上虞人にして千八百九十七年（光緒二十三年）を以て生る早くより官界に入り各地に任官したりしが千九百三十二年滿洲國成立後執政府祕書官に任じられたり後改稱により宮內府祕書官に轉じ總務科長を經て現に尙書府祕書官兼禮官たり尙氏名の原音は Lo Fu-pao なり（新京市）

駱　家　驥

薦任六等、吉林省公署事務官、民政廳土地科長、湖南省人

君は又仲驥と稱し湖南省江華縣人にして千八百八十一年（光緒七年）を以て生る千九百七年湖北普通學堂を卒業す翌年官立第十兩等小學堂長となりしが千九百十七年吉林敎育廳第二科員に轉じ千九百二十年官公署政務廳課長に進み千九百二十九年吉林省政府祕書たりし事あり千九百三十二年滿洲國成立後吉林省公署事務官に任ぜられ民政廳土地科長として今日に至る（吉林省公署民政廳內）

リ之部

李　維　周　黑龍江省公署參議　關東州人

君は又蔭棠と稱し關東州金州人にして千八百七十八年（光緒四年）を以て生れ曾て呼倫教育會長呼蘭勸學所總董を經て衆議院議員に選ばれし事あり其後黑龍江省督軍公署諮議同省議會議長呼海鐵路董事禁煙總局總辨等に歴任して千九百二十八年黑龍江省公署參議となり千九百三十二年滿洲國成立後も留任するところありたり尙氏名と字の原音は Li Wei-chou 及 Yin-tang なり（齊々哈爾市）

李　益　三　粮棧代理店鴻順隆支配人、河北省人

君は河北省昌黎縣人にして千八百九十年（光緒十六年）を以て生る夙に實業界に志して商業に從事し經驗を積む小壯の實務家として粮棧代理鴻順隆の支配人たり同店は千九百十八年の開設にして賣上年額約八十三萬元を算す與地一帶より仕入れ市中日鮮商店及南滿各地に販路を有す尙出資者馬占鰲は奉天地方の名望家として知らる（奉天市大西關大街路北鴻順隆內）

李　延　盛　薦任七等、黑龍江省公署視學、教育廳勤務、黑龍江省人

君は又宴春と稱し黑龍江省綏化縣人にして千九百二年（光緒二十八年）を以て生る千九百二十九年北平國立師範大學を卒業す曾て黑龍江省教育廳督學たりし事あり千九百三十二年滿洲國成立後黑龍江省立第二中學校長を經て同署視學に任ぜられ教育廳勤務となり以て今日に至る（黑龍江省齊々哈爾市）

李　魁　元　裕盛東絲房出資者兼支配人、山東省人

君は山東省黃縣人にして千八百八十八年（光緒十四年）を以て生る早くより商業界に志し現時裕盛東絲房支配人たり同店は山東黃縣城內裕泰成絲房の大投資者たる李耕讀堂と馬餘慶堂と三名合資經營するところにして仕入先は日本大阪支那上海周村天津に及び販路は吉林黑龍江兩省の各地に至り賣上年額八十數萬元に達す（奉天城內賈記胡同裕盛東內）

李　閣　忱　粮棧代理店裕豐源支配人、奉天省人

君は奉天省錦縣西橋人にして千八百九十三年（光緒十九年）を以て生る早くより實業界に志し商務に從事して多年の經驗あり現時米穀商裕豐源の支配人となり賣上年額約七十二萬元を算す出資者は奉天の資產家たる王子除なり千九百二十七年の開設にて遼陽站に倉庫を有し市中の日本商店大連營口等より仕入れ販路極めて廣し（奉天市大北關火神廟街路南裕豐源內）

李　桓　薦任四等、外交部領事、赤塔在勤、河北省人

君は河北省北平人にして千八百八十年（光緒六年）を以て生る夙に俄國レニングラード大學に學びたる事あり歸國後京兆守備隊司令に任じ其後中華民國レニングラード總領事館勤務たりし事あり千九百三十二年滿洲國成立後外交部領事に任じ現に赤塔領事館在勤として今日に至る（赤塔領事館內）

李琴在 書籍文房具印刷材料販賣福利興出資者兼支配人、河北省人

君は河北省保定縣人にして千九百年（光緒二十六年）を以て生る夙に商業界に入りて實務に從事し年少よく河北省東鹿縣人張作山と共に書籍文房具印刷材料商福利興を經營し支配人たり千九百二十九年開設の新舖なるが業績漸次見るべきものあり仕入先に大阪乾生棧公順棧上海怡泰盛等あり（奉天市小南門裡路東福利興内）

李桂林 前東省特別區長官公署路警處長 奉天省人

君は又馨山と稱し奉天省海城縣人にして千八百七十二年（淸同治十一年）を以て生れ夙に吉林軍官團の出身として奉天軍界に入り累進して吉林第七旅長奉天軍第二十六旅長等に歷任したり千九百三十一年滿洲事變後吉長警備司令兼第二十三旅長に任じ吉長地方の治安維持に當る滿洲國成立するや吉林警備第五旅長となり後東省特別區長官公署路警處長に轉じたり尚氏名と字の原音は Li Kuei-lin 及 Hsing-shan なり（哈爾濱市）

李傑勳 裕昌元經理 河北省人

妻 張秀芳 一九〇四（光緒三〇）年生
男 好仁 一九二四（民國一三）年生

君は河北省欒亭縣人にして千八百九十六年五月一日（光緒二十二年）を以て生る千九百十五年欒亭縣立高學校を卒業し實業界に志して直に滿洲に到り新京裕昌源店員となり業務に從事し千九百二十二年副經理に進む翌々年大連裕昌源副經理として轉勤したりしが千九百二十八年再び新京裕昌源に到て經理に重用され信任益々厚く次で大同元年大連裕昌源經理となり以て今日に至る（大連市淡路町二電四二二九五）

李佐臣 綢緞綿布雜貨商順記貨店主、山東省人

君は山東省黄縣人にして夙に實業界に入り志を立て實務に從事すること多年現時北滿海倫縣に綢緞綿布雜貨商順記貨店を經營出資者となり同縣人王作霖を支配人に擧用して共に業績向上に盡力す開設千九百二十九年四月にして基礎未だ確立するに至らざるが如きも賣上年額約十萬元を算し奥地店舗として良好なる發展をなせり大連哈爾濱に各支店を有す（海倫縣東大街路南順記貨店内）

李子安 建成興經營 山東省人

君は山東省蓬萊縣棗材店人にして千八百九十三年（光緒十九年）を以て生る幼少より本村私塾に修學し夙に實業界に志して商業に從事し經驗を積む滿洲に於て身を立て現時大連に在りて建成興を經營し業績を揚げ信用亦厚く小壯實業家として知らる（大連市東鄕町一一建成興電四二四一・五五七七）

李子芹 成裕昌東記油房經理 山東省人

君は山東省牟平縣解甲庄人にして千八百九十年十一月五日（光緒十六年）を以て生る千八百九十七年本村の私塾に入り學成るや實業界に志して芝罘に出で千九百七年同地裕興祥に商業見習として入り業務に從事すること久しく千九百十五年上海裕興祥の店員となり千九百十九年安東裕興祥經理となりし以來青島裕興祥大連成裕昌東記油房大連裕昌祥等の經理を經て千九百二十九年

哈爾濱東裕油坊の開設に盡力し翌年四平街裕興祥經理に任じ大同二年奉天裕興祥經理たり上記大連安東奉天四平街哈爾濱青島芝罘上海等の店舗は何れも同一系統に屬する大店舗たり（大連市三笠町一成祐昌東記電四六三八・六四八九）

李　子　敬　公濟粮棧支配人　奉天省人

君は奉天省遼陽縣人にして千八百八十二年（光緒八年）を以て生る夙に實業界に志して多年商業に從事し現時公濟粮棧の支配人たり同店は千九百十八年の開設にて元東三省官銀號を出資者とし大連哈爾濱新京開原鐵嶺公主嶺新民錦縣山城子海龍等に支店を有する大規模にして共仕入先も亦各鐵道沿線にあり賣上年額約四百萬元を算すと云はる中央銀行朝鮮銀行等と取引あり（奉天市大西關小什字街營房胡同路西公濟粮棧內）

李　子　元　雜貨卸商德昌慶支配人、河北省人

君は河北省臨楡縣人にして夙に實業界に志して商業に從事す現時錦縣の雜貨卸商德昌慶の支配人として活躍す同店は大同元年開設に係る新舖なれ共よく出資者同省人李秀峰を助けて經營に當り專ら國內に仕入先を有して朝陽方面に販路を廣げ賣上年額約三十萬元を算するに至る（錦縣北街天後宮胡同德昌慶內）

李　滋　然　源豐東絲房出資者兼支配人、河北省人

君は河北省撫寧縣人にして千八百七十九年（光緒五年）を以て生る夙に實業界に入りて志を立て現に奉天に於ける溫厚なる資產家として知られ信用亦厚し同じく信望厚き資產家劉興泉と共同出資を以て源豐東絲房を經營し業績を揚げ賣上年額約八十萬元を算す奉天市大西關に源豐茂を支店として設置し新京安東方面に販路を有す取引銀行に中央銀行奉天分行朝鮮銀行等あり（奉天市城內東升染坊胡同）

李　樹　英　靴下工場德豐號出資者、河北省人

君は河北省豐潤縣人にして千九百一年（光緒二十七年）を以て生る實業界に志して商業に從事し小壯を以て現時靴下工場德豐號に出資す同店は千九百十八年開設にて支配人は河北省寧河縣人趙星階なり趙も亦三十七歲の小壯實業家なるも市中日滿錦糸商奉天紡紗廠及大連營口上海各地より材料を仕入れ賣上年額約十二萬元を算するに至る（奉天市小西門外德豐號內）

李　樹　滋　黑龍江高等法院長　奉天省人

君は又潤生と稱し奉天省梨樹縣人にして千八百八十二年（光緒八年）を以て生れ夙に黑龍江法政肄育所より奉天法政學堂を卒業す早くより法曹界に入り龍江地方審判廳長を經て千九百二十六年黑龍江高等審判廳長となりしが千九百二十八年之を辭せり滿洲事變勃發するや建國運動に參與盡力し千九百三十二年新國家成立と共に司法部科長に任ぜられ大同元年夏黑龍江高等法院長に轉任す尚氏名と字の原音は Li Shu-tzu 及 Kuo-sheng なり（齊々哈爾市）

李　楫　五　薦任七等、熱河省公署事務官、教育廳社會教育科長　奉天省人

君は奉天省法庫縣人にして千九百一年

（光緒二十七年）を以て生る夙に北京大學法律科を卒業す官界に入りて曾て奉天省瀋陽縣公署科員を經て依安設治局科長洮南縣科長に進みたる事あり千九百三十二年滿洲國成立後熱河省事務官に任じ教育廳社會教育科長となり以て今日に至る（熱河省承德）

李　叔　平　滿洲炭礦（株）副理事長、河北省人

君は河北省寧津縣人にして千九百年（光緒二十六年）を以て生れ千九百二十一年上海同濟大學工科を卒業す曾て直隷省官產清理處測繪科長を經て察哈爾水災善後委員會委員となり張家口市政籌備處會辦直隷省長公署技正兼河道測勘處長等に歷任し後普育公司青島辦事處主任寶華實業公司經理たりしが千九百三十二年滿洲國成立と共に執政就任大典籌備處辦事に任ぜられ大同二年一月鶴岡煤礦公司專務董事に就任し康德元年五月滿洲炭礦會社副理事長となり今日に至る（哈爾濱道裡外國三道街三十六號）

李　春　元　薦任六等、吉林省公署事務官、警務廳保安科長、奉天省人

君は又鏡清と稱し奉天省營口縣人にして千八百八十四年（光緒十年）を以て生る千九百七年天津北洋大學堂政治科を卒業す曾て吉林省濱江警察廳總務科長より直隷省肅寧縣知事に進み次で吉林全省警務處祕書兼科長たりし事あり千九百三十二年滿洲國成立後吉林公署事務官に任じ警務廳保安科長となり以て今日に至る（吉林省城寶宣胡同一）

李　俊　儒　錢舖萬億恒支配人、山西省人

君は山西省太原縣人にして千八百五十九年（清咸豐九年）を以て生る夙に商業界に志して實務を習得し殊に金融業に經驗深く信用厚し現時奉天市の錢舖萬億恒支配人たり同店は賓覲珊の出資に係り千八百五十三年の開設と稱する老舖にて公主嶺及山城子に支店を有し貸出年額六十五萬元を算す客筋は主として燒鍋糧棧醬園當舖等なり市中內外銀行と取引あり（奉天市大北關元寶胡同路西萬億恒內）

李　純　璞　葯房老福順堂支配人、奉天省人

君は奉天省奉天人にして千八百九十七年（光緒三十年）を以て生る夙に實業界に入り商務に從事し漸次經驗を積みて現時葯房老福順堂支配人にして賣上年額約六十五萬元を算すと云ふ開設以來約四十年各地に支店を有し營口北平方面より主に仕入れ販路は奉吉黑三省の委託代理店を通じ範圍廣し出資者は李福堂なり（奉天市大南關大什字街路北老福順堂內）

李　紹　庚　北滿鐵路督辦、奉天省人

君は又夢白と稱し奉天省瀋陽縣人にして千八百九十五年（光緒二十一年）を以て生れ千九百二十年哈爾濱露國商業學校を卒業す千九百二十五年哈爾濱市政會議員兼特別市副市長となり翌年同市教育局長に昇任したり後浦潮駐在總領事に任ぜられたるも赴任せざりき千九百二十七年東支鐵路理事會理事となり次で代理理事長に昇り千九百三十二年滿洲國成立後同鐵道督辦兼理事長に任ぜられしが後改稱により北滿鐵路督辦として現時所謂北鐵交涉の難局に處す尙氏名と字の原音は Li Shao-keng 及 Meng-po なり（哈爾濱市）

李　湘　亭　和發永絲房支配人　河北省人

君は河北省武定縣人にして千八百九十年（光緒十六年）を以て生る夙に實業界に志して實務に從事す現に和發永絲房支配人として賣上年額約九十六萬元を算する取引の經營に當る出資者徐文は浙江省紹興縣人にして渡滿奉天居住三十餘年に及び同地の富商たり販路を開原四平街公主嶺方面に及ぼし支店永禎祥を有す（奉天城內官局子胡同和發永內）

李　振　聲　陸軍中將、軍政部勤務、奉天省人

君は又子鐸と稱し奉天省遼陽縣人にして千八百七十七年（光緒三年）を以て生る夙に奉天講武堂を卒業す軍界に入り累進して陸軍砲兵第二十七團長に進み次で步兵第五十四旅長步兵第五旅長騎兵第十六師長等に歷任し更に吉林陸軍訓練總監に任ぜられたる事あり千九百三十一年滿洲事變勃發の後一派と共に反滿運動の擧に出でたりしが遂に歸順して軍政部に勤務陸軍少將に任ぜられ其後同中將に昇任して今日に至る（吉林省城）

李　新　普　燒鍋業永隆源支配人　河北省人

君は河北省臨榆縣人にして千八百六十三年（淸同治二年）を以て生る夙に實業界に志して滿洲に於て身を立つ多年商業に從事し經驗深し千九百年開設に係る燒鍋業永隆源支配人として信用厚く賣上年額約八十三萬元と云ふ泰記錢莊の出資にして市中大東關永隆源酒局小南關大街永隆生酒局及營口永隆海酒店は何れも支店なり（奉天市小北邊門外永隆源內）

李　仁　芝　鮮魚野菜食料品雜貨商仁義和出資者兼支配人、河北省人

君は河北省深水縣人にして千八百八十年（光緒六年）を以て生る夙に實業界に志して商務に從事すること久しくその經驗を以て王文明と合資經營の鮮魚野菜食料品雜貨販賣仁義和の支配人となり平常の賣上年額約十五萬元を算すと云ふ千九百十二年の開設にして撫順に支店を有し市中賣を專らとす（奉天市小東門外菜行仁義和內）

李　瑞　麟　書籍文房具印刷材料販賣益順興支配人　河北省人

君は河北省豐潤縣人にして千八百八十三年（光緒九年）を以て生る早くより實業界に志して多年商業に從事す譚允丞劉忠元等の經營する同業福順業の出資に係る書籍文房具印刷材料商益順興支配人として活躍し賣上年額約四十五萬元を算するに至る同店は千九百二十一年の開設にして大阪及上海に夫々益順興仕入部あり奉天哈爾濱に支店を置き其販賣先は市中各小賣商印刷局滿洲國各官衙等にして主要銀行と取引を有す（奉天市小北門裡大街路東益順興內**電話二七六六**）

李　西　珍　北寧琺瑯工廠出資者兼支配人、奉天省人

君は奉天省安東縣人にして千八百九十三年（光緒十九年）を以て生る夙に實業界に志して實務の經驗を得琺瑯鐵器製造業北寧琺瑯工廠を經營す同廠は千九百二十九年開設の新舖なるがよく業績を揚ぐ仕入先は大阪方面に求め奉天を中心とする各鐵道沿線を販路とす（奉天市總站前路南北寧琺瑯工廠內）

李星臣 絲房及大藥店世一堂支配人、河北省人

君は河北省撫寧縣人にして早くより實業界に志して商業に從事し現時賣上年額約八十萬元を算する絲房及大藥店世一堂の支配人たり同店は河北省人慶餘堂の出資に係り大阪上海大連方面より仕入をなし支店に吉林市北支店の外に新京及哈爾濱に夫々世一堂あり（吉林省城西大街世一堂內）

李祖培 薦任六等、立法院事務官、祕書廳文書科長、河北省人

君は河北省人にして夙に奉天法政專門學校を卒業す曾て北京衆議院祕書を經て開通縣知事に任じ後余川縣知事奉天市政公署總省處長等を歷任したる事あり千九百三十二年滿洲國成立後立法院事務官に任じ祕書廳文書科長として今日に至る（新京市東四道掛立法院祕書廳文書科內電**四一六三**）

李同詩 南滿製酒公司出資者兼支配人、山東省人

君は山東省黃縣人にして千八百九十七年（光緒二十三年）を以て生る夙に實業界に志し小壯にして南滿製酒公司の出資者兼支配人たり同公司は千九百二十六年の開設にして陳孟遠を共同出資者とし露國酒釀造販賣並に紙捲煙草代理販賣をなす從て仕入先には東亞煙草會社英美煙公司南洋兄弟煙草公司上海萬泰洋行雙發合造酒公司等あり（奉天市附屬地千代田通二七南滿製酒公司內電**長三七九八**）

李槃 勳二位、特任、最高檢察廳長、憲法制度調查委員會委員、河南省人

君は又古民と稱し河南省光州縣人にして千八百七十七年（光緒三年）を以て生る夙に日本に留學し法政大學を卒業す歸國後河南法政專門學校敎授より法制局參事に轉じ南支那五省軍司令部軍法處長となり次で最高法院東北分院推事たりし事あり千九百三十二年滿洲國成立するや東北行政委員會建國會議奉天省政府代表となり次で司法部に任官し擧げられて最高檢察廳長の顯職に特任せられ傍ら憲法制度調查委員會委員として大いに期待さる康德元年五月勳二位に叙せられ景雲章を賜はる尙氏名の原音は Li Pan なり（新京市西三道街電**三六九〇**）

李斌元 元滿洲里市長兼東支鐵道交涉分局專員、奉天省人

君は又子惠と稱し奉天省海城縣人にして千八百九十年（光緒十六年）を以て生れ曾て奉天軍駐京司令部祕書長として其才幹を張景惠に知られ其信任を得て張に從ひ張の察哈爾都統時代頻りに活躍するところあり其後哈爾濱市政公所に入り次で千九百三十年滿洲里市長兼東支鐵道交涉分局專員に任じ滿洲事變前に及びたり尙氏名と字の原音は Li Pin-yuan 及 Tzu-hui なり

李普霖 昌圖城內商務會長、酒造業、富興泉主

君は夙に實業界に志して商業に從事し傍ら釀造業を經營して同地方の資產家たりその出資する富興泉は千九百七年の開設に係り始め元盛泉と稱したりしが淸末に推び改稱して現在に至る其材料は主として鐵嶺安東奉天方面より仕入れ販路は專ら地賣なり滿洲中央銀行昌圖支行を取引銀行とし業績益々揚る尙推されて昌圖城內商務會長の職にあり（昌圖東大街富興泉內）

李　文　蔚　吉林高等檢察廳長　奉天省人

君は又味秋と稱し奉天省海城縣人にして千八百八十七年（光緒十三年）を以て生れ夙に吉林法政專門學校を卒業す早くより法曹界に入り曾て吉林地方審判廳推事より同高等審判庭長及廳長を經て吉林地方法院長たりし事あり千九百三十二年滿洲國成立後吉林高等檢察廳長に任ぜられ今日に至る尙氏名と字の原音は Li Wen-yu 及 Wei-chiu なり（吉林市）

李　文　中　趙興隆糸房支配人、山東省人

君は山東省黃縣人にして千八百七十五年（光緒元年）を以て生る早くより商業に志し滿洲に入り實務に就き現時賣上年額約百萬元を算する趙興隆糸房の支配人として出資者趙積安堂を補佐して經營をなす同店は支店を奉天市內外新京撫順吉林等に置き開設以來百餘年の經驗を以て活躍し販路網は四洮路沿線に及ぶ（奉天市小北關九門外趙興隆內）

李　文　炳　陸軍中將、軍政部勤務

君は早くより軍警界に入り曾て吉林軍顧問たりし事あり吉林の熙洽の下にあり滿洲事變後克く吉林獨立に盡力し勦匪軍司令たり千九百三十二年新國家成立に及び陸軍少將吉林警備第二旅長に任ぜられ後陸軍中將に昇任し以て今日に至る尙氏名の原音は Li Wen-ping なり（吉林市）

李　文　滙　薦任六等、吉林省公署事務官、總務廳勤務、奉天省人

君は又從周と稱し奉天省錦縣人にして千八百九十六年（光緒二十二年）を以て生る千九百十八年奉天省立師範學校を卒業す初め錦縣高等小學校長を經て河洛道尹公署行政科長となり千九百二十七年吉林軍務公署軍需處第三科長に任じ千九百三十一年同省長公署軍政廳第三處科長吉林軍糧廠副長等に歷任したりしが大同二年吉林省公署事務官に任じ總務廳勤務となり以て今日に至る（吉林省城）

李　葆　華　薦任五等、黑龍江省公署理事官、總務廳勤務、奉天省人

君は奉天省遼陽縣人にして千九百一年（光緒二十七年）を以て生る夙に日本に留學し千九百二十九年東京帝國大學工學部應用化學科を卒業す歸國後曾て黑龍江省城商埠市政局工程科長たりし事あり其後黑龍江省公署祕書官に任ぜられ總務廳勤務たり康德元年七月同署理事官に昇任す（黑龍江省公署總務廳內）

李　慕　嶠　滿洲石油（株）監事　河北省人

君は河北省天津縣人にして千九百一年（光緒二十七年）を以て生れ夙に上海同濟大學工科を卒業す青島膠澳商埠督辦公署工程課建築股長工程事務所工程司兼建築部主任水道部主任を經て同公署官產清理處評價委員測量隊長淸丈課長となり次で天津淸丈測量處主任討逆軍交通總司令部參議鎭江關監督辦公署祕書等を歷任して一時實業界に轉じ天津寶華實業公司總理綏遠豳風社墾殖公司監察天津謙益公司董事等となり其後青島電話局工務科長工程司庶務股青島

無線電話籌備處長青島港政局小港分所長兼工程司代理等を經て陝西全省公路局長總工程司兼工務科長となり後陝西建設廳技正たりしが滿洲石油會社設立に當り入りて同社監事となる（新京市頭溝東八條通一八）

李　明　遠

哈爾濱特別市道外商會副會長、滿洲計器（株）董事、大滿洲忽布麥酒（株）監査役
河北省人

君は河北省樂亭縣人にして千八百七十八年（光緒四年）を以て生れ早くより實業界に入り地方商業機關の公職に就く千九百十六年より千九百二十二年迄濱江縣商會頭に任じ次で同商會副會長となり千九百二十六年同會長に任じ後會長を辭して同會常務委員となり大同元年十二月辭任し同時に副會長に轉じ大同二年七月同會の改稱して哈爾濱特別市道外商會となるや引續き副會長となり同記商場經理を兼ね尙前記各會社の重役たり（哈爾濱道外正陽木街二七）

李　銘　書

簡任一等、吉林省公署理事官、民政廳長
奉天省人

君は又子箴と稱し奉天省黑山縣人にして千八百七十八年（光緒四年）を以て生れ曾て黑龍江省督軍公署祕書吉林森林局長兼採金局長等に歷任したる事あり千九百二十六年吉海鐵路工程局總辦に任じ後改稱と共に同鐵路管理局總辦として千九百三十一年に及びたり同年滿洲事變勃發後熙洽を助けて吉林獨立に盡力し後吉林省公署祕書長となりしが滿洲國成立に及び吉林省公署理事官に任じ現に民政廳長たり康德元年六月簡任一等に昇叙さる尙氏名と字の原音は Li Ming-shu 及 Tzu-chen なり（吉林市）

陸　叔　言

中國無線電材料有限公司支配人
浙江省人

君は浙江省南京人にして千八百九十八年（光緒二十四年）を以て生る夙に實業界に志して商業に從事し滿洲に入りて身を立つ現時無線電材料及一般電料器商中國無線電材料公司の支配人たり同社は千九百二十五年の開設にして公稱資本一百萬元の株式組織なり吉林黑龍江兩省各地に店員を派し販賣に當らしめ賣上年額約三十萬元と云ふ（奉天市南市場三經路中國無線電材料公司內）

律　長　庚

北滿鐵路稽核局長
奉天省人

君は又夢符と稱し奉天省海城縣人にして千八百九十二年（光緒十八年）を以て生れ夙に天津新學院大學部を卒業す曾て日本及加奈陀に鐵道視察の爲め派遣せられたる事あり歸國後平綏鐵路事務處長を經て陸軍交通總司令部運輸處長洮昂鐵路事務處長等に歷任したり千九百三十二年滿洲國成立と共に東支鐵道稽核局長に轉任し後改稱により北滿鐵路稽核局長たり尙氏名と字の原音は Li Chang-keng 及 Meng-fu なり（哈爾濱市）

劉　亞　唐

黑龍江省璧州縣長
奉天省人

君は又興沛と稱し奉天省梨樹縣人にして千八百九十一年（光緒十七年）を以て生る千九百九年奉天高等巡警學堂を卒業す曾て黑龍江省璧州清鄉局長たりしが後擧げられて同縣長となり以て今日に至る（黑龍江省璧州縣）

劉　鳴　渙

薦任六等、奉天省公署祕書官、總務廳勤務
江西省人

君は又舜鈸と稱し江西省南城縣人にして千八百八十一年（光緒七年）を以て

生る千九百十年湖南法政學堂を卒業す官界に入り會て湖南提法司屬官を經て奉天軍械廠辨事員となり次で東三省兵工廠統計科長臨時治安維持會委員等を歴任し其後奉天市政公署祕書たりしが現時奉天省公署祕書官に任ぜられ總務廳勤務たり（奉天大東邊外黑龍江街三六）

劉　維　漢　黑龍江被服工廠長　奉天省人

君は又繼武と稱し奉天省洮南縣人にして千八百八十五年（光緒十一年）を以て生れ卒伍より身を起したる立志の人なり軍界に於て累進し第二十九師上校副官長軍事顧問團長等に歴任し滿洲事變勃發後は馬占山の說得各軍領の慰撫斡旋に努力し克く北邊軍界の動搖を防ぎたり千九百三十二年滿洲國成立するや擧げられて黑龍江被服工廠長となる尙氏名と字の原音は Liu Wei-han 及 Chi-wu なり（齊々哈爾市）

劉　維　清　奉天省臨江縣長　奉天省人

君は又紹先と稱し奉天省瀋陽縣人にして千八百七十八年（光緒四年）を以て生る夙に東京宏文學院を卒業す官界に志して各地に任官し千九百三十一年滿洲事變後新國家成るや大同元年奉天省新民縣長に擧げられ次で同省臨江縣長に轉じ以て今日に至る（奉天省臨江縣）

劉　燏　棻　滿洲中央銀行駐吉理事、吉林省人

君は又馨秋と稱し吉林省舒蘭縣人にして千八百九十年（光緒十六年）を以て生れ夙に日本に留學して法政大學を卒業す歸國後延吉道尹祕書を經て吉林交涉署祕書省政府祕書等に歴任したる事あり千九百三十二年滿洲國成立するや吉林公省長官署交際處長に任じ又吉林永衡官銀號總辦たりしが大同元年夏中央銀行の設立により入りて同行吉林駐在理事となり傍ら滿洲中央銀行繼承資產審定委員會幹事たり尙氏名と字の原音は Liu I-fen 及 Hsing-chiu なり（吉林市）

劉　允　升　黑龍江省會公安局長　山東省人

君は又守忱と稱し山東省日照縣人にして千八百八十二年（光緒八年）を以て生れ夙に奉天警備傳習所を卒業す軍警界に入り奉天黑龍江各省の警察官を經て黑龍江全省警察傳習所長に累進し後同省警備隊營務處參議同省公安局督察長等に歴任したり千九百三十一年滿洲事變勃發するや克く齊々哈爾の治安維持に當り時局收拾に善處したり新國家成るに及び黑龍江省會公安局長となれり尙氏名と字の原音は Liu Yun-sheng 及 Shou-chen なり（齊々哈爾市）

劉　蔭　三　糧棧代理店同合成出資者兼支配人　河北省人

君は河北省臨楡縣人にして千八百七十一年（清同治十年）を以て生る夙に實業界に志して多年實務に從事し特產物取扱に經驗あり千九百十六年開設の糧棧代理店同合成に福勝公糧棧と共同出資し且つ支配人として賣上年額約五十五萬元を揚ぐ奧地一帶より仕入れ市中の日本商店及南滿各地を販路とす（奉天市大北關上頭同合成內）

劉　遠　述　奉天市政公署祕書　關東州人

君は關東州旅順市人にして千九百年（光緒二十六年）を以て生る夙に日本に留學し千九百二十三年宮城縣立農學

校を卒業す歸國後關東州公學堂敎員より實業界に志し嘗て開原取引所信託會社調査主任となり次で奉天省城稅捐總局課長たりし事あり千九百三十二年滿洲國成立後奉天市政公署祕書處勤務たり（奉天市政公署祕書處內）

劉　遠　來

阜增祥總經理、西崗商會常任董事、關東州人

君は關東州大連市外凌水河子欒家屯會人にして千八百八十四年正月二日（光緒十年）を以て生る千八百九十一年本村私塾の修學成るや實業界に志して直に金州に到りて埠增德に入り實務に從事して經驗するところあり千八百九十九年西合慶を開設して業績を揚げし事ありしが次で千九百一年大連に阜增祥を創設して經營の任に當り信用厚く隆昌を致し現時傍ら推されて西崗商會常任董事たり（大連市泰山街二一三電二一六八七）

劉　恩　格

簡任二等、立法院祕書長、奉天省人

男　有　穆　新京地方檢察廳候補檢察官勤務

君は又鯉門と稱し奉天省遼陽縣人にして千八百九十一年（光緒十七年）を以て生れ夙に奉天法政學堂を卒業し更に日本に留學して日本大學法律專科を卒業す歸國後政界に入りて千九百十二年第一回民國國會に衆議院議員に選擧され且憲法起草委員となる千九百十七年臨時參議院議員同院內全院委員長となり第二回國會組織法を起草す翌年第二回國會衆議院議員且副議長に選ばれ二等大授嘉禾章を受く千九百十七年南北和議會議に際し北京政府和議代表となり一等大授嘉禾章を受け千九百二十年衆議院議長を代理し久しく立法行政に盡せし功績により徐大總統より一等大綬寶光嘉禾章を授けられたり千九百二十一年察哈爾省興和道尹に任じられしが翌年國會恢復と共に衆議院に列席して道尹を辭せり千九百二十三年曹錕の賄選擧に反對して議員を辭去す翌年段棋瑞執政政府參政に特任せられ千九百二十五年國憲起草委員會首席理事兼委員長代理となり翌年同會閉鎖と共に解任せり其後專ら憲法學詩文等の研究をなせしが千九百三十二年滿洲國成立後擧げられて立法院祕書長となり傍ら官衙建築計畫委員會委員として今日に至る著書に「今勇齊詩文集」「遼海詩傳」「比較憲法案」等あり尙氏名と字の原音は Liu En-ko 及 Li-men なり（新京市東馬路五號電三六三七）

劉　學　芬

泰華樓主、山東省人

君は山東省福山縣院下村人にして千八百九十年十一月二十四日（光緒十六年）を以て生る夙に本村國民學校に修學し實業界に志す嘗て北平に出で同地著名の料理業東興樓に入りて實務に從事し經驗するところあり現時大連に於て泰華樓總經理として信用厚く業績を揚ぐ（大連市監部通八一泰華樓電四六七一）

劉　鈞　仁

奉天省岫巖縣長、江蘇省人

君は又石農と稱し江蘇省鎭江縣人にして千八百九十六年（光緒二十二年）を以て生る千九百十七年江西法政專門學校を卒業す滿洲に於て身を立て大同元年北京滿鐵公所囑託より轉じて奉天省岫巖縣長に任ぜられ以て今日に至る（奉天省岫巖縣）

劉　敬　宜

前東支鐵道管理局工務處長、河南省人

君は又本翰と稱し河南省開封縣人にし

て千八百九十七年（光緒二十三年）を以て生れ夙に米國に留學してミシガン大學を卒業す千九百二十四年歸國後東北大學教授を經て千九百二十六年北京航空部專門委員航空月報主筆北京法政專門學校教授等に任じ翌年奉天軍第三四方面軍團參議河南省實業廳長河南全省水利局長河北守備軍外交科長等に任じ瀋復內閣成るや入りて農工部次長に任ぜられたり千九百二十八年東北邊防軍司令長官公署顧問に轉じ翌年東支鐵道管理局工務處長となり滿洲國成立後も一時留任するところありたり尙氏名と字の原音は Liu Ching-i 及 Pen-i なり

劉　敬　齋　絲房子及雜貨商天合利支配人、山東省人

君は山東省黃縣人にして千八百六十九年（淸同治八年）を以て生る早くより實業界に入り現時同縣の富豪單少卿の出資する絲房子及雜貨商天合利の支配人たり同店は開設後二百年を經過せる老舖にして奉天の天合輔天合東天合源等を始め各地に支店十餘ケ所を有するもの販路を吉林黑龍江各省に及ぼし賣上年額八十萬元と云ふ取引銀行に正金銀行中央銀行奉天分行等あり（奉天城裡西平街路南天合利內）

劉　慶　鎧　薦任、宮內府內廷官近待處總務科長江西省人

君は又嗣伯と稱し江西省南城縣人にして千八百七十三年（淸同治十二年）を以て生る前淸擧人の出なり早くより官界に入り曾て廣東財政廳長に進み次で財政部庫藏司長より鹽務署總務處長等に歷任し千九百三十二年滿洲國成立後執政府內廷官に任ぜられ內廷局總務科長たりしが改稱により現に宮內府近待處總務科長たり（新京市宮內府內）

劉　元　任　薦任六等、文敎部事務官、總務司祕書科勤務、福建省人

君は又覺亭と稱し福建省長樂縣人にして千八百七十七年七月二十九日（光緒三年）を以て生れ前淸の擧人なり千九百四年內閣中書を經て練兵處測繪學堂國文敎員兼軍令司文牘に任じ千九百七年陸軍部主事翌々年軍諮府第一廳副官となり千九百十二年陸軍部陸海軍會計審査處副官兼文牘に轉じ翌年察哈爾邊口稅局局長代理に任じ察哈爾財政廳科長として派遣され實業廳科長を兼ね轉じて集寧縣統捐局長を奉職す千九百二十五年河北省武强縣知事に任じ其後實業部辦事員河北肅寧縣淸理營產主任を經て千九百二十九年綏遠民政廳祕書たりしが滿洲國成立後大同元年八月文敎部事務官となり總務司祕書科に勤務以て今日に至る（新京市大馬路滿洲旅社）

劉　效　琨　元丈放東西夾荒事務局總辦、奉天省人

君は又次瑤と稱し奉天省遼陽縣人にして千八百八十九年（光緒十五年）を以て生れ夙に奉天法政專門學校を卒業す安奉鐵路警察局長營口警察廳長を經て奉天商埠局總辦葫蘆島商埠局長東北交通委員會委員等に歷任し千九百二十六年察哈爾實業廳長兼全區墾務局總辦に任じ千九百二十九年丈放東西夾荒事務局總辦に任ぜられ千九百三十一年に及びたり尙氏名と字の原音は Liu Hsiao-kun 及 Tzu-yao なり

劉　鴻　謨　吉林省饒河縣長奉天省人

君は又敬典と稱し奉天省瀋陽縣人にして千八百八十五年（光緒十一年）を以て生る夙に奉天警察學校を卒業す曾て

吉林省撫遠縣長代理兼清鄉局長たりしが後擧げられて同省饒河縣長に任じ以て今日に至る（吉林省饒河縣）

劉　昭　吉林省和龍縣長　湖北省人

君は又幼谷と稱し湖北省漢陽縣人にして千八百八十三年（光緒九年）を以て生る夙に日本に留學し千九百九年中央大學法科を卒業す歸國後官界に入り曾て吉林民政廳副科長たりし事あり千九百三十二年滿洲國成立後吉林省和龍縣長に任ぜらる（吉林省和龍縣）

劉心裁　山貨細皮及果物商同德潤支配人、奉天省人

君は奉天省錦縣人にして千八百八十九年（光緒十五年）を以て生る夙に實業界に志して商業に從事し現時賣上年額一百三十萬元を算する山貨細皮及果物商同德潤の支配人たり同店は千八百九十五年開設にして出資者河北省昌黎縣人劉菶亭は家財八十萬元と稱せらるゝ資產家たり山貨及細皮の仕入先は吉林黑龍江兩省瀋海路沿線各地なるが果物類は之を河北省昌黎臨楡方面よりす天津北平上海大連營口等に販路を有し奉天皇姑屯の同德潤昌黎縣の同德潤は共に支店なり（奉天市小北門裡淡泊胡同路北同德潤內電話二四二九）

劉瑞麟　熱河省平泉縣長　熱河省人

君は又鳳閣と稱し熱河省平泉縣人にして千八百八十二年（光緒八年）を以て生る夙に北平高等警官學校を卒業す軍警界に入りて曾て熱河省平泉縣警察所長を經て同警察廳警正維持會委員長等に任ぜられしが大同二年平泉縣長に擧げらる（熱河省平泉縣）

劉正堃　薦任六等、黑龍江省公署事務官、教育廳社會教育科長　黑龍江省人

君は又至元と稱し黑龍江省綏化縣人にして千八百七十八年（光緒四年）を以て生る夙に官界に入りて千九百九年冀州稅捐局長に進み次で河北省高陽縣長より黑龍江省農礦廳祕書處科長同教育廳祕書處科長等に歷任したる事あり千九百三十二年滿洲國成立後黑龍江省公署事務官に任ぜられ教育廳社會教育科長として今日に至る（黑龍江省公署教育廳內）

劉世忠　滿洲中央銀行駐江理事、河北省人

君は又子貞と稱し河北省臨楡縣人にして千八百八十九年（光緒十五年）を以て生れ早くより實業に從事す曾て奉天商業銀行山城鎭分行長海龍農工銀行經理等を經て千九百二十一年黑龍江廣信公司營業股長となり又同公司訥河分司經理たり千九百三十年同公司の黑龍江省官銀號と改組後實業科長に任じ翌年副經理に進み滿洲事變後總經理に昇任し千九百三十二年遂に黑龍江省官銀號總辦に任ぜられたりしが同年夏滿洲中央銀行成立するや同行黑龍江駐在理事として今日に至る尙氏名と字の原音は Liu Shih-chung 及 Tzu-chen なり（齊々哈爾市）

劉仙洲　大連儲蓄公司經理　山東省人

君は山東省福山縣人にして千八百九十二年八月二十一日（光緒十八年）を以て生る千八百九十八年より本村私塾に漢文を修學し實業界に志して大連に出で千九百七年同地裕盛和に入り商業を

習得するところあり翌年大連儲蓄公司に就任兩替業に從事す現時尙同公司の重要地位にありて業績を揚げ信用厚し千九百十七年大連錢鈔取引組合副組合長に就任し次で千九百二十五年同組合長たり千九百二十二年及千九百二十六年二回に亘り大連市會議員に選任され又千九百二十六年及翌年共に大連市商會副會長に選任せられし外千九百二十六年には大連山東同鄉會顧問に選任せらるゝが如く同地小壯實業家として知らるゝ有力者なり（大連市愛宕町四〇大連儲蓄公司電五六二二五）

劉　澤　漢　吉林省東寧縣長
山東省人

君は山東省黑縣人にして千八百九十四年（光緒二十年）を以て生る千九百十六年吉林師範學校を卒業す千九百三十二年滿洲國成立後大同二年吉林省東寧縣淸鄉局長より同縣長に昇任され以て今日に至る（吉林省東寧縣）

劉　廷　璽　錢舖豫豐長支配人
河北省人

君は河北省撫寧縣人にして千八百七十四年（淸同治十三年）を以て生る早くより實業界に入り金融業に永き經驗を有す現時錢舖豫豐長の支配人として貸出年額五十五萬元を算す同店は河北省人にして奉天の富商李伯勳の出資に係る李は家財二百萬元と稱し支店六ケ所を有し投資額二十萬元に及ぶ千八百七十五年の開設にして市內主要銀行と取引す（奉天城裡鼓樓西路北豫豐長內）

劉　廷　選　前黑龍江省公署參議
吉林省人

君は又梓陽と稱し吉林省伊通縣人にして千八百八十三年（光緒九年）を以て生れ夙に奉天法政專門學校を卒業す早くより官界に入り曾て河南禁煙總局會辦綏遠道尹綏遠市政局長同禁煙善後總局總辦等に歷任したる事あり千九百二十九年黑龍江省政府委員兼民政廳長に任ぜられ千九百三十一年滿洲事變後黑龍江全省淸鄉總局副局長として同地方剿匪治安維持に當りたり新國家成立と共に黑龍江省公署民政廳長に轉じたりしが大同元年夏同省公署參議たりし事あり尙氏名と字の原音は Liu Ting-hsuan 及 Tzu-yang なり（齊々哈爾市）

劉　哲　民　細皮商聚義成出資者兼支配人、河北省人

君は河北省山海關人にして千八百七十五年（光緒元年）を以て生る早くより實業界に入りて商業に從事し王敬宣曹裕民等五名と共同出資して現時細皮商同昌店を經營し且つ支配人たり同店は開設千九百二十年にして吉林黑龍江兩省及瀋海路沿線の毛皮集散地に店員を派して仕入れ主として英米露等の奉天在住外商を顧客とし賣上年額約七十萬元を算す取引銀行に中央銀行分行あり（奉天小西門裡潛德胡同路北聚義成內）

劉　天　成　奉天省輯安縣長
河南省人

君は又靜琢と稱し河南省商城縣人にして千八百八十八年（光緒十四年）を以て生る千九百十四年河南法政專門學校を卒業す官界に志し滿洲に於て身を立て曾て奉天省鐵嶺縣公署祕書たりし事あり千九百三十一年滿洲事變後大同元年奉天省輯安縣長に擧げらる（奉天省輯安縣）

劉　東　瀋　黑龍江省泰來縣長
奉天省人

君は又克忱と稱し奉天省遼中縣人にして千八百八十三年（光緒九年）を以て

生る千九百十年奉天兩級師範學校數理科を卒業す曾て河北省晉縣長たりし事あり千九百三十一年滿洲事變勃發後新國家成るや大同二年黑龍江省泰來縣長に任ぜらる（黑龍江省泰來縣）

劉 德 權

前黑龍江省公署理事官民政廳長
奉天省人

君は又鈞衡と稱し奉天省瀋陽縣人にして千八百八十六年（光緒十二年）を以て生れ夙に日本に留學し陸軍士官學校騎兵科を優等の成績にて卒業す千九百十一年既に陸軍少將に昇進し爾後黑龍江省都督府參謀長を經て同省陸軍會計審計處長第二混成旅長廣東廣西巡閱使振武軍總參謀長哈爾濱警務總局長中東路々警處長に歴任し千九百二十三年黑龍江省軍官養成所總辦同省邊防軍營務處總辦淸鄉局總辦等となり千九百二十五年黑龍江省全省警務處長兼省會警察廳長市政局長全省警備隊總辦等の要職を歴任す千九百二十七年特任覲威將軍補授陸軍中將の榮位に就きしが千九百三十二年滿洲國成立後黑龍江省公署警察廳長に任ぜられ後同省理事官民政廳長に轉じ簡任二等を以て待遇せられしが大同二年八月辭任す尙氏名と字の原音は Lui Te-chuan 及 Chun-heng なり（黑龍江省齊々哈爾市）

劉 德 麟

薦任七等、哈爾濱警察廳警正、香坊警察署長、奉天省人

君は又鄕五と稱し奉天省瀋陽縣人にして千八百八十四年（光緒十年）を以て生る千九百十六年奉天陸軍二十八師軍官團の出身なり軍警界に入りて東省特別區第三區警務第三署長に進み次で哈爾濱保安警察總隊長たりし事あり千九百三十二年滿洲國成立後大同二年哈爾濱警察廳警正に任ぜられ香坊警察署長となりて今日に至る（哈爾濱市）

劉 負 初

薦任一等、民政部理事官、總務司祕書科長、四川省人

君は又寄緣と稱し四川省節縣人にして千八百八十九年（光緒十五年）を以て生る千九百八年福建法政學堂を卒業す官界に入り曾て福建都督府祕書官を經て滿洲に轉じ察哈爾財政廳祕書課長より東省特別區行政長官公署總稽核科長たりし事あり千九百三十二年滿洲國成立するや民政部祕書官に任ぜられ總務司祕書科長となり康德元年七月同部理事官に昇任し以て今日に至る（新京市西三道街路北大興長院內電三五四九）

劉 文 範

內外雜貨各種農具商德聚和出資者兼支配人、山東省人

君は山東省黃縣人にして千八百六十七年（淸同治六年）を以て生る夙に實業界に入りて身を立て商業に從事して現時賣上年額數十萬元を算する內外諸雜貨及各種農具商德聚和の出資者兼支配人として活躍す同店は同介臣周寶山劉長順と共同出資にて支店通聚隆を奉天附屬地に置き大阪上海北平天津方面より仕入す奉天市の外に城西各縣及瀋海路沿線に販路を有す（奉天市鼓樓西牌樓胡同路南德聚和內）

劉 文 寶

吉林省農安縣長
湖北省人

君は又雲根と稱し湖北省漢陽縣人にして千八百七十七年（光緒三年）を以て生る夙に日本に留學し千九百七年法政大學法科を卒業す歸國後吉林警官高等學校敎授たりしが千九百三十二年滿洲國成立後吉林省農安縣長に任ぜられ以て今日に至る（吉林省農安縣）

劉　埜　奉天西安地法院長 山東省人

君は又承久と稱し山東省掖縣人にして千八百八十九年（光緒十五年）を以て生る夙に奉天法政專門學校を卒業す早くより法曹界に入りて海龍奉天新民各縣檢察員より瀋陽及復縣法院推事たりし事あり千九百三十二年滿洲國成立後奉天西安地法院長に任ぜられ以て今日に至る（奉天省西安）

劉　鳳　書　綢緞洋雜貨商隆升慶支配人、河北省人

君は河北省臨楡縣人にして早くより實業界に志し商業に從事するところあり滿洲に於て身を立て千九百三年開設に係る綢緞洋雜貨販賣隆升慶の支配人として活躍す同店は錦縣人侯翰鄉の出資にして上海大連奉天方面より仕入れ地場及近鄉に販路を有し賣上年額約十五萬元と稱す同地內に支店二箇所あり（錦縣西街路南隆升慶內）

劉　寶　麟　薦任三等、專賣局理事官、安東專賣署勤務、奉天省人

君は奉天省營口縣人にして千八百九十年（光緒十六年）を以て生る夙に營口縣立師範學校を卒業す曾て東北陸軍二十七師第一營軍需長に進み次で靜海縣稅捐局長より吉林第九旅騎兵團長に轉じ千九百三十二年滿洲國成立後吉林軍第一旅長に任ぜられしが後專賣局事務官となり安東專賣署勤務たり康德元年七月同局理事官に昇任す尙氏名の原音は Liu Pao-lin なり（安東市）

劉　卜　忱　陸軍上校、中央陸軍訓練處敎導隊長 奉天省人

君は奉天省海城縣人にして千九百年（光緒二十九年）を以て生る夙に北京陸軍大學を卒業す軍界に入りて東北陸軍步兵第三十九團第三營長に進み次で三四方面軍團部上校科長より第二十七師上校參謀長同第十一團長等に歷任したる事あり現時滿洲國陸軍上校に任ぜられ中央陸軍訓練處敎導隊長たり（奉天大東門裡金王府）

劉　夢　庚　前軍政部及黑龍江省公署高等顧問、札免林業籌辦處總辦 河北省人

君は又炳秋と稱し河北省撫寧縣人にして千八百八十年（光緒六年）を以て生れ夙に北京軍醫學校を卒業す保定軍病院長を經て天津造幣廠長直隸督軍署參議兼第二十六師北京辦事處長等に歷任したる事あり千九百三十二年滿洲國成立するや入りて軍政部及黑龍江省公署高等顧問に任じ傍ら黑龍江札免林業籌備處總辦たり尙氏名と字の原音は Liu Meng-keng 及 Ping-chiu なり（哈爾濱市）

龍　桂　林　粮棧代理店永生和支配人、河北省人

君は河北省昌黎縣人にして千八百九十五年（光緒二十一年）を以て生る早くより實業界に志し商業に從事す龍雨田を出資者とする粮棧代理店永生和支配人として賣上年額約五十八萬元を算する小壯の實務家たり同店は千九百四年の開設に係り市中小西關に永生茂粮車店の支店あり（奉天市皇姑屯後街路東永生和內）

龍　霈　軍政部祕書 黑龍江人

君は又雲と生稱し黑龍江省肇東縣人にして千八百九十四年（光緒二十年）を以て生る夙に陸軍々官學校第五期騎兵科を卒業す曾て陸軍々官學校上尉分隊長を

經て東北陸軍騎兵第十六師第十四旅第十八團中校團長となり次で東北陸軍騎兵第四上校參謀長に任じ更に吉林警備騎兵第一旅第三團上校團長たりし事あり千九百三十二年滿洲國成立するや軍政部に任官し祕書となり重用任務に活躍し以て今日に至る（新京市軍政部內電長四一一六・四一一七）

凌　陞

簡任二等、興安北分省長、內蒙古人

君は又雲志と稱し內蒙古索倫正黃旗達呼爾人にして勳一位參議府參議憲法制度調査委員會委員貴福の長男にて前清貝勒銜呼倫貝爾の旗長たる名族の出なり曾て呼倫貝爾副都統公署左右兩廳會辦を經て東三省保安總司令部及蒙古宣撫使顧問に任じ其後呼倫貝爾副都統公署左廳長に任ぜられし事あり滿洲事變勃發するや父貴福等と共に內蒙早に於て新國家建設に盡力し反對を排擊し千九百三十二年滿洲國成立するや興安北分省長に擧げられ今日に至る尙氏名と字の原音は Ling Sheng 及 Yun-chih なり（興安北分省呼倫貝爾市）

參照＝貴福の項

梁　禹　襄

簡任二等、北滿特別區公署理事官、教育處長、福建省人

妻　陳琇釵　一八九〇（光緒一六）年生
男　煦　一九一七（民國六）年生
男　淦　一九二〇（同九）年生
女　佩班　一九一九（同八）年生

君は又芬如と稱し福建省閩侯縣人にして千八百八十二年十月十五日（光緒七年）を以て生れ夙に奉天法政學堂に學ぶ千九百十五年奉天巡按使公署內務科主稿に任じ翌年同署改稱により奉天省長公署第三科主稿に轉ず千九百二十一年奉天綏中縣知事となり其後奉天市政公所總務課長直隸豐潤縣知事を經て千九百二十六年察哈爾都統署政務廳長に昇任し一時察哈爾交涉署特派交涉員を兼ねたり千九百二十八年東三省保安總司令部上校祕書より東省特別區長官公署祕書長に任じ千九百三十年同區地畝管理局長を兼任す此の間任官中の功績により三等嘉章五等文虎章を受けたり滿洲國成立後大同元年十二月東省特別區教育廳長に擧げられ大同二年六月改稱により北滿特別區公署教育處長に任ぜられ今日に至る家族は尙二女春瑞（一九二三年生）三女兆綏（一九二二年生）あり尙氏名と字の原音は Liang Yu-hsiang 及 Fen-ju なり（哈爾濱市吉林街）

梁　玉　書

奉天市政公署祕書、奉天省人

君は又素文と稱し奉天省新民縣人にして千八百七十七年（光緒三年）を以て生れ夙に北京大學を卒業す曾て北京政府內務部司長農商部工商司長に任じたりし事あり千九百三十一年滿洲事變後奉天省實業廳長に任ぜられしが新國家成立後奉天市政公署祕書となる尙氏名と字の原音は Liang Yu-shu 及 Su-wen なり（奉天市小南門內張盖胡同九五）

梁　桂　才

薦任六等、奉天省公署技佐、民政廳勤務、奉天省人

君は又馨沛と稱し奉天省遼陽縣雙廟子人にして千八百九十二年（光緒十八年）を以て生る千九百十七年北京工業專門學校を出で更に千九百二十年北京交通部郵電學校を卒業す技術界に志し曾て吉林電話局工程司吉林省公署技士等を

經て東北電政監督處長春電話局主任より吉林電話局長に進み東北交通委員會委員たりし事あり其後奉天省公署技正に任ぜられ民政廳勤務たり康德元年七月同署技佐に昇任す（奉天市商埠地政善里）

梁　成　柏　薦任四等、哈爾濱特別市公署理事官、總務處第一辨事處長　奉天省人

君は奉天省瀋陽縣人にして千八百八十八年（光緒十四年）を以て生る千九百十五年北洋工業專門學院を卒業す官界に志して各地に任官し後吉黑榷運局和龍鹽倉長となり次で東省特別區市政管理局祕書主任に任じたりしが大同二年哈爾濱特別市公署事務官に任ぜられ總務處第一辨事處長となり康德元年七月同署理事官に昇任し以て今日に至る（哈爾濱特別市公署總務處內）

梁　廷　樞　前吉林省公署參議　奉天省人

君は又鈞市と稱し奉天省新民縣人にして千八百八十一年（光緒七年）を以て生れ早くより官界に入り各地に任官し曾て吉林硝磺局長たりし事あり千九百三十二年滿洲國成立後吉林省公署參議となれり尙氏名と字の原音は Liang Ting-hsu 及 Chun-fu なり（吉林市）

廖　楚　洲　薦任四等、司法部理事官、行刑司保護科長、福建省人

君は又鳴章と稱し福建省閩侯縣人にして千八百八十九年（光緒十五年）を以て生る夙に日本に留學して關西大學法科を卒業す歸國後東三省法政學堂敎員を經て後南下し安徽省廬江縣知事に任じ次で財政部祕書吉林延吉交涉署祕書等に歷任したる事あり大同元年法令審議會委員となり同二年司法部事務官に任ぜられ行刑司保護科長となる康德元年七月同部理事官に昇任す（新京市西四道街）

廖　飛　鵬　黑龍江省公署參議　河南省人

君は又守仁と稱し河南省商城縣人にして千八百八十五年（光緒十年）を以て生れ夙に直隸高等巡警學堂を卒業す官界に入りて直隸縣省知事に進み其後保定道尹陸軍軍法處長軍需處官等を經て黑龍縣長兼商埠市政局長齊昂鐵路總辦呼倫縣長等に歷任したりしが千九百三十二年滿洲國成立後黑龍江省公署參議となれり尙氏名と字の原音は Liao Fei-peng 及 Shou-jeu なり（哈爾濱市）

林　延　琛　簡任二等、官內府審査局長、憲法制度調査委員會委員　福建省人

君は又子猷と稱し福建省人にして千八百八十六年（光緒十二年）を以て生る夙に日本に留學し法政大學を卒業す歸國後同法部檢事を經て萬國博覽會總務處長より淸皇室法律顧問國會祕書國憲起草委員會文書科長等に任じたる事あり千九百三十二年滿洲國成立後執政府審査官に任ぜられしが改稱により宮內府審査官となり現に會計審査局長にして傍ら憲法制度調査委員會委員たり尙氏名の原音は Lin Yen-chen なり（新京市宮內府會計審査局內）

林　鶴　皋　吉林省公署顧問、吉林電燈廠長、滿洲セメント㈱副社長、中東海林採木公司理事、哈爾濱セメント㈱相談役、新京民衆生計會長、吉林省人

君は又仙舟と稱し吉林省長嶺縣人にし

て千八百六十年（清咸豐十年）を以て奉天省錦州に生れ弱年より官途に就き郭爾羅斯前旗荒地開放總辦に任じて吉林省嶺縣を創設し在籍す資產家たるを以て曾て五十有餘箇の商舖に投資したる事あり其後民國國會議員に選ばれ千九百二十八年吉林省議會議長に任じ翌年東三省議會聯合會議長に推され千九百三十年東三省蒙旗處長に任じて南滿洲鐵道會社對張學良政府の鐵道交涉に盡瘁するところあり千九百三十一年中東海林採木公司理事に就任し吉林電燈廠長となる大同元年滿洲國建設に當り建國民衆總代表として活躍し國際聯盟調査團一行の來滿及報告發表に際しては國民代表となり建言抗爭克く建國の眞精神を世界に發表せり同年秋實業文化使節となり各地の代表者を率ひて渡日し朝野の有力者と接衝して歸滿大いに日滿經濟上の提携を唱導して合辨滿洲セメント同哈爾濱セメント二社を創設し共に重役となり現に吉林省公署顧問新京民衆生計會長たる外前記の各職に在り益々兩國の產業開發經濟提携の爲に力を致す尙氏名と字の原音は Lin Hao-kao 及 Hsien-chou なり（吉林商埠地五緯路一九號電二一二四）

林　棨

勳二位、特任、最高法院長、憲法制度調査委員會委員
福建省人

君は又少旭と稱し福建省閩侯縣人にして千八百八十年（光緒十年）を以て生れ夙に日本に留學して千九百四年早稻田大學邦語政治科を卒業す歸國後前淸時代既に學務參事京師法政專門學校敎務長京師大學堂法科監督等に歷任したる事あり千九百十二年敎育部專門敎育司長に任じ翌年大理院推事となり後京師高等審判廳長を經て江蘇湖北各省の高等審判廳長に歷任し千九百三十二年滿洲國成立するに及び最高法院長の重職に特任され憲法制度調査委員會委員たり康德元年五月其功績により勳二位に敍せられ景雲章を賜はる尙氏名と字の原音は Lin Chi 及 Shao-hsu なり（新京市東三條通九電三五三〇）

林　景　仁

薦任四等、外交部理事官、政務司歐米科長兼宣化司勤務
福建省人

君は又小眉と稱し福建省漳州龍溪縣人にして千八百九十四年（光緒二十年）を以て生る夙に瑞士國に留學して日內瓦大學を卒業す曾て臺灣に於て林本源製糖會社監査役新高銀行監査役等實業界に關係したる事ありしが後滿洲に到り千九百三十二年滿洲國成立するや外交部事務官に任ぜられ政務司歐米科長となり康德元年七月同部理事官に昇任し同年九月同部宣化司に兼務し以て今日に至る（新京市日本橋部）

林　仰　喬

薦任三等、奉天省公署理事官、總務廳統計科長、福建省人

君は福建省閩侯縣人にして千八百八十五年（光緒十一年）を以て生る淸附貢生なり官界に志し曾て奉天巡按使署科員を經て遼寧省政府第一科長簡任職昇任次で地方維持會科長たりし事あり千九百三十二年滿洲國成立後奉天省公署事務官に任じ現に總務廳統計科長となり康德元年七月同部理事官に昇任して今日に至る（奉天市大東門裡全王府胡同）

林　倘　梅

油坊經營
關東州人

君は關東州嶺前屯會傅家屯人にして千八百七十八年正月二十七日（光緒四年）を以て生る千八百九十五年本村私塾の修學成るや實業界に志して翌年金州に

出で德太成に入店見習となり實務に從事す次で千九百年鳳凰城洪興長に就職一層經驗を積むところあり千九百三年大連に到り萬度長商號を開設經營業績を揚げたり千九百十二年十月油坊を設立し經營以て今日に至る信用厚く業務隆昌なり（大連市鹿島町三電五二一六）

林　善　齋　萬義長油坊經營　關東州人

君は關東州大連管內嶺前會人にして千八百七十九年五月十一日（光緒五年）を以て生る千八百九十六年本村私塾の修學成るや實業界に志して早くより大連に出で同地萬度長雜貨兼粉業商に入り業務に從事すること久しく大いに經驗を積むところあり千九百二十二年自ら萬義長油坊を開設經營して信用厚く益々隆昌を致し以て今日に至る著名の實業家たり（大連市香取町三萬義長電四九八〇）

林　鈞　實　薦任八等、監察院監察官、監察部勤務　關東州人

君は關東州旅順管內王家店會鎭泉寺人にして千九百二年（光緒二十八年）を以て生る夙に日本に留學して早稻田大學政治經濟科を卒業す歸國後曾て東北交通大學教授たりしが後自治指導部員となり千九百三十二年滿洲國成立後監察院事務官に任ぜられ監察部勤務となり次で同院監察官となり以て今日に至る（新京市西北門外監察院監察部內電四一二六）

林　文　蔚　前吉林高等檢察廳長　奉天省人

君は奉天省海城縣人にして夙に吉林法政專門學校を卒業す早くより法曹界に入り各地の司法官に任じ千九百三十二年滿洲國成立するや擧げられて吉林高等檢察廳長の重職に任ぜられ後之を辭す（吉林市）

林　丙　炎　薦任二等、實業部理事官、經務司林務科長、福建省人

君は又君毅と稱し福建省人にして千八百九十年（光緒十六年）を以て生る夙に日本に留學し千九百十四年東京帝國大學農學部林科を卒業し歸朝後中日俄合辦札免採木公司總會計に就きたりし事あり千九百三十二年滿洲國成立後實業部事務官に任ぜられ同部總務司林務科長たり康德元年七月同部理事官に昇任し今日に至る（新京市）

林　庸　薦任七等、哈爾濱警察廳警正、南新警察署長、吉林省人

君は又立夫と稱し吉林省永吉縣人にして千八百九十年（光緒十六年）を以て生る千九百十年吉林高等巡警學堂を卒業す軍警界に入り曾て濱江警察廳第二署長を經て濱江公安局第一科長同公安局第三分局長等に歷任したる事あり現時哈爾濱警察廳警正に任じ南新警察署長たり（哈爾濱南新警察署內）

レ之部

冷紹伋　恒增利經營　山東省人

君は山東省蓬萊縣長山島人にして千八百七十三年（淸同治十二年）を以て生る幼少より本村私塾に入りて修學し實業界に志す千八百八十八年金州に到り廣增盛に於て商務に從事し經驗するところあり千八百九十八年大連に出で支店恒增利設立の任に當り次で長春恒增利四平街恒增盛の開設經營をなし業績を揚げ信用厚く今日に至る（大連市松林町八恒增利電四八三六）

冷殿甲　陸軍中校、第三軍管區司令部附　奉天省人

君は又鼎臣と稱し奉天省昌圖縣人にして千九百二年（光緒二十八年）を以て生る夙に東北講武堂を卒業す曾て奉天騎兵第三旅中尉に進み次で第八十八團連長上尉より東北邊防軍公署少校たりし事あり千九百三十二年滿洲國成立後陸軍少校に任じ大同二年同中校に進み黑龍江警備司令部附たりしが康德元年軍管區成立により現職にあり（黑龍江省城內）

厲通維　薦任八等、黑龍江省視學、教育廳勤務　黑龍江省人

君は又作新と稱し黑龍江省呼蘭縣人にして千九百一年（光緒二十七年）を以て生る夙に日本に留學して千九百二十七年廣島高等師範學校を卒業す歸國後黑龍江教育廳祕書を經て省立第一師範學校長に任じ後同省教育廳督學たりし事あり千九百三十二年滿洲國成立するや黑龍江省視學に任じ以て今日に至る（齊々哈爾市）

黎遐齡　奉天海龍地方法院東豐分庭推事　河北省人

君は又喬年と稱し河北省通縣人にして千八百八十四年（光緒十年）を以て生る夙に青島高等專門學校法科を卒業す司法界に入り天津第二檢察廳檢察官を經て同地方審判廳推事となり次で奉天開原鐵嶺各地法院推事たりし事あり後奉天海龍地方法院東豐分庭推事に任じ以て今日に至る（奉天省海龍縣東豐）

黎汝霖　黑龍江高等法院第一分院地方庭長　廣西省人

君は又昫霖と稱し廣西省鐘山縣人にして千八百八十八年（光緒十四年）を以て生る夙に廣西省立法政學堂別科を卒業す曾て長州地方檢察廳檢察官より黑龍江龍江地方審判廳推事となり福建第一高等檢察分廳檢察官同首席檢察官を經て再び滿洲に至り奉天鐵嶺地方審判廳豐縣分庭監督推事に任じ次で奉天第一高等審判分廳推事奉天瀋陽地方院庭長たりしが現時前記の職にあり（黑龍江省綏化縣城）

廉紹亭　糧棧代理店慶裕長支配人、河北省人

君は河北省寧河縣人にして千八百八十一年（光緒七年）を以て生る早くより實業界に志して商業に從事すること多年興順糧棧並孟印深孟隷唐等の出資に係る糧棧代理店慶裕長支配人たり同店は千九百二十六年開設の新鋪なるがよく賣上年額約六十一萬元と云ふ新民縣に慶裕長支店錦縣車站に慶裕糧棧支店を有す（奉天市皇姑屯中街路北慶裕長內）

ロ之部

呂　榮　寰

勳二任、特任、北滿特別區長官兼哈爾濱特別市長　奉天省人

君は又維東と稱し奉天省撫順縣人にして千八百九十年（光緒十六年）を以て生れ夙に江蘇省立法政専門學校を卒業す奉天辯護士公會長同省議會副議長等歷任し千九百二十二年華府會議に際し東三省代表として渡米したり又翌年露國に赴き歸國して露支會議東省委員長奉天交通會議委員奉露會議委員長等に任ぜらる千九百二十年東支鐵道理事より理事長に昇任し千九百二十七年東支鐵道督辦となりしが翌々年露支紛爭に會ひ辭任したり千九百三十二年滿洲國成立後鮑觀澄の後を承け哈爾濱市長兼東省特別區市政管理局長に任ぜられしが康德元年七月北滿特別區長官兼哈爾濱特別市長となる同年四月訪日視察團代表として渡日するところあり又同年五月共功績により勳二位に敍せられ景雲章を賜はる 尙氏名と字の原音は Lu Jung-huan 及 Wei-tung なり（哈爾濱市）

呂　宜　文

簡任二等、外交部事務官、通商司長　關東州人

君は又儀文と稱し關東州人にして千八百九十七年（光緒二十三年）を以て生る夙に日本に留學して明治大學を卒業す嘗て亞細亞製粉會社に入り後山城鎭電燈公司經理より泰東日報記者を經て東北航空軍司令部教務主任兼祕書長たりし事あり千九百三十二年滿洲國成立後外交部事務官に任じ通商司署司長より康德元年七月通商司長に任じ簡任二等に昇敍されて今日に至る尙同元年六月滿洲帝國籌辦隣國賑災委員會の成るや共幹事長として盡すところあり（新京市大經路頭條路三號電三六二一）

呂　訓　堂

福成公經營　山東省人

君は山東省牟平縣人にして千八百八十九年（光緒十五年）を以て生る幼少より本村私塾に於て修學すること五箇年後實業界に志して芝罘に出で實務に從事し經驗を積むこと約十箇年大いに得るところあり滿洲に於て身を立てんとして大連に到り千九百十八年十一月自ら福成公を開設經營し信用厚く隆昌を致し以て今日に至る知名の實業家たり（大連市西崗街一七四電三六九二）

路　爰　平

陸軍上校、第三軍管區司令部祕書長　黑龍江省人

君は黑龍江省龍江縣人にして千八百九十七年（光緒二十三年）を以て生る夙に北京法政大學を卒業す嘗て武陽縣知事に進みしが轉じて直隷三十五師執法處長となり次で騎兵第十七師祕書黑龍江警備司令部祕書たりし事あり滿洲國成立後陸軍上校に任ぜられ黑龍江警備司令部祕書長に補せらる康德元年軍管區成立により改稱以て今日に至る（黑龍江省城）

路　之　淦

簡任二等、黑龍江省公署祕書長、總務廳勤務、浙江省人

君は浙江省餘杭縣人にして千八百九十六年（光緒二十二年）を以て生れ千九百十九年上海復旦大學を卒業す早くより官界に志し千九百二十年陝北楡林榷運分局長を經て兩陝鎭守使本署參謀官西楡林道尹公署顧問武陟縣長等を歷任

し共後轉じて奉直魯聯軍第三十五師執法處長東北第三第四方面軍本部祕書黑河警備司令部祕書等となり後黑龍江省署祕書に任ぜられしが千九百三十二年滿洲國成立後黑龍江省署祕書官に任じ後祕書長に昇任今日に至る（哈爾濱市）

魯　綺　薦任七等、奉天省公署事務官、警察廳司法科長、奉天省人

君は又俠民と稱し奉天省懷德縣人にして千九百一年（光緒二十七年）を以て生る千九百二十三年北京警官高等學校正科を卒業す曾て長春第五警察署長に進み各地の警察官を經て東三省會警察局副局長に任じたる事あり千九百三十二年滿洲國成立後奉天省公署事務官に任じ現時同署警務廳司法科長たり（奉天市商埠地二經九緯路）

婁　學　謙　黑龍江省高等檢察廳長、吉林省人

君は又靜庵と稱し吉林省賓縣人にして千八百九十一年（光緒十七年）を以て生れ夙に北京朝陽大學法律科及北京司法講習所を卒業す法曹界に入り各地に任官して黑龍江省龍江地方檢察廳檢察長に累進し後同廳高等法院檢察處主席檢察官に任じたりしが千九百三十二年滿洲國成立後擧げられて黑龍江省高等檢察廳長に任ぜらる尙氏名と字の原音は Lou Hsueh-chien 及 Ching-an なり（齊々哈爾市）

婁　堂　階　粮棧代理店天泰號出資者、河北省人

君は河北省深縣人にして千八百七十五年（光緒元年）を以て生る夙に實業界に志して多年商業に從事し特產物取扱に經驗あり現時粮棧代理店天泰號の出資者たり同店は前淸康熙年間開設に係る老舖にして河北省東鹿縣人王逢春を支配人としてよく活躍し賣上年額約六十八萬元を算す市中日本商及南滿各地を販路とし通遼に支店天泰德を有す（奉天市大北門裡路東天泰號內）

盧　元　善　簡任二等、黑龍江省事務官、實業廳長、奉天省人

君は奉天省金州縣人にして千八百八十七年（光緒十三年）を以て生れ夙に日本に留學し千九百八年宮城縣農學校を卒業す歸國後南京書院農科敎員を經て山城鎭裕華電氣公司董事四洮鐵路局保線課通遼縣墾植公司總理等を歷任し軍政省高級祕書たりしが千九百三十二年滿洲國成立後黑龍江省事務官に任ぜられ現に同省實業廳長として今日に至る（哈爾濱市）

盧　康　海　吉林省葦河縣長、吉林省人

君は又潔と稱し吉林省永吉縣人にして千八百九十二年（光緒十八年）を以て生る千九百八年吉林軍官學校を卒業す夙に官界に入り曾て吉林省依蘭縣長に任ぜられたる事ありしが後轉じて現時同省葦河縣長たり（吉林省葦河縣）

ワ之部

和田三郎　薦任六等、熱河省公署事務官、警務廳警務科長　廣島縣在籍

君は廣島縣人にして明治十九年を以て生る同三十七年小學教員養成所を出で多年教職にありしが其後朝鮮總督府に任官して警視に進みたりし事あり大同三年滿洲國の招聘により熱河省公署事務官に任ぜられ警務廳警務科長となる（熱河省公署警務廳內）

和博薩敦　薦任六等、興安總署理事官、勸業處勤務　內蒙古人

君は又逸菴と稱し蒙古郭爾羅斯前旗人にして千八百九十年（光緒十六年）を以て生る千八百九十七年本旗崇正私塾を卒業す早くより任官し曾て長春蒙旗徵租局委員を經て長春蒙旗徵稅局會辨同旗徵租局長等に歷任したる事あり千九百三十二年滿洲國成立後興安總署事務官に任じ政務處財務官長となりしが康德元年七月同署理事官に昇任し勸業處勤務を命ぜられ以て今日に至る（新京市大經路興安總署勸業處內電四二三三）

若林佐太郎　（從五位勳五等）薦任五等、安東國境警察隊長　長野縣在籍

君は長野縣人にして明治十六年を以て生る同三十八年陸軍士官學校を卒業す大正七年西伯利亞に出征し後憲兵少佐に昇任同十四年豫備役に編入せらる滿洲國成立後聘せられて游動警察隊長に轉補せらる（安東市大和橋通二丁目）

渡部益次　薦任八等、濱江稅務監督署事務官監察科長　宮城縣在籍

君は宮城縣人にして明治二十年を以て生る早くより稅捐事務に從事し曾て稅務監督局雇員を經て同屬官となり次で仙臺稅務署長心得に進み昭和七年稅務監督局事務官に任じ仙臺監督局勤務たりしが千九百三十二年滿洲國成立するや聘せられて濱江稅務監督署監察科長に任ぜられ今日に至る（哈爾濱市馬家溝）

渡邊源五郎　中央陸軍訓練處經理養成部長　東京府在籍

君は東京府人にして明治十九年を以て生る夙に東京外國語學校獨語選科を出で更に陸軍經理學校を卒業す曾て陸軍經理學校教官たりしが後二等主計正となり第十第十二各師團經理部長陸軍一等主計正に進みたり滿洲國成立するや同國政府の招聘により中央陸軍訓練處經理養成部長に任ぜらる（奉天市中央陸軍訓練處內）

渡邊正作　薦任八等、參議府祕書局祕書官　三重縣在籍

君は三重縣人にして明治三十三年を以て生る夙に南滿洲鐵道會社見習學校を卒業し同社員となりしが大同元年滿洲國成立と共に其招聘に應じ參議府祕書局祕書官に任ぜられ今日に至る（新京市六馬路參議府祕書局內電長四〇二三）

Do歷史79　PC0638

康德元年版滿洲國名士錄

（日文原書復刻典藏本）

原　編　輯／內尾直昌
主　　　編／蔡登山
責任編輯／辛秉學
圖文排版／江怡緻
封面設計／蔡瑋筠

出版策劃／獨立作家
發　行　人／宋政坤
法律顧問／毛國樑　律師
製作發行／秀威資訊科技股份有限公司
地址：114 台北市內湖區瑞光路76巷65號1樓
電話：+886-2-2796-3638　傳真：+886-2-2796-1377
服務信箱：service@showwe.com.tw
展售門市／國家書店【松江門市】
地址：104 台北市中山區松江路209號1樓
電話：+886-2-2518-0207　傳真：+886-2-2518-0778
網路訂購／秀威網路書店：https://store.showwe.tw
國家網路書店：https://www.govbooks.com.tw

出版日期／2016年12月　BOD一版　**定價**／300元

獨立作家
Independent Author

寫自己的故事，唱自己的歌

康德元年版滿洲國名士錄（日文原書復刻典藏本）
/ 內尾直昌原編輯 ; 蔡登山主編. -- 一版. --
臺北市 : 獨立作家, 2016.12
面 ; 公分. -- (Do歷史 ; 79)
BOD版
復刻典藏本
ISBN 978-986-93886-0-3(平裝)

1. 偽滿州國 2. 人物志

628.47 105020373

國家圖書館出版品預行編目

讀者回函卡

感謝您購買本書，為提升服務品質，請填妥以下資料，將讀者回函卡直接寄回或傳真本公司，收到您的寶貴意見後，我們會收藏記錄及檢討，謝謝！
如您需要了解本公司最新出版書目、購書優惠或企劃活動，歡迎您上網查詢或下載相關資料：http:// www.showwe.com.tw

您購買的書名：____________________________________

出生日期：________年________月________日

學歷：□高中（含）以下　□大專　□研究所（含）以上

職業：□製造業　□金融業　□資訊業　□軍警　□傳播業　□自由業
　　　□服務業　□公務員　□教職　□學生　□家管　□其它______

購書地點：□網路書店　□實體書店　□書展　□郵購　□贈閱　□其他

您從何得知本書的消息？

□網路書店　□實體書店　□網路搜尋　□電子報　□書訊　□雜誌
□傳播媒體　□親友推薦　□網站推薦　□部落格　□其他______

您對本書的評價：（請填代號　1.非常滿意　2.滿意　3.尚可　4.再改進）

封面設計____　版面編排____　內容____　文／譯筆____　價格____

讀完書後您覺得：

□很有收穫　□有收穫　□收穫不多　□沒收穫

對我們的建議：____________________________________

請貼
郵票

11466
台北市內湖區瑞光路 76 巷 65 號 1 樓
獨立作家讀者服務部　收

（請沿線對折寄回，謝謝！）

姓　　名：＿＿＿＿＿＿＿＿　年齡：＿＿＿＿　性別：□女　□男

郵遞區號：□□□□□

地　　址：＿＿＿＿＿＿＿＿＿＿＿＿＿＿＿＿

聯絡電話：(日) ＿＿＿＿＿＿＿＿ (夜) ＿＿＿＿＿＿＿＿

E-mail：＿＿＿＿＿＿＿＿＿＿＿＿＿＿＿＿